"十四五"职业教育国家规划教材

"十三五"职业教育国家规划教材

高 等 职 业 教 育 系 列 教 材

路桥工程检测技术

主 编 孙 舒 贺新春

副主编 冯 莹 叶 伟 孙淑萍

参 编 姜荣斌

U0656151

机械工业出版社

本书所对应的路桥工程检测技术课程是高职高专院校交通土建类专业（道路桥梁工程技术专业、城市轨道交通工程技术专业、工程检测技术专业、工程监理技术专业）的核心技术课程。本书内容包含：试验准备，路基路面尺寸及厚度检测，无机结合料稳定土强度及钙镁含量检测，路基路面压实度、平整度、强度检测，路面抗滑、渗水及外观检测，桥梁地基与基础检测，桥梁构件检测。本书按任务模式编写，为便于巩固学习，每个任务后还设置了课堂测试。

本书可作为高职高专交通土建类专业教学用书，也可供相关从业人员参考。

为方便教学，本书还配有教学资源包及相关的检测视频，可登录机械工业出版社教育服务网 www.cmpedu.com 注册免费下载。

图书在版编目（CIP）数据

路桥工程检测技术/孙舒，贺新春主编.—北京：机械工业出版社，2018.10（2025.1 重印）

高等职业教育系列教材

ISBN 978-7-111-60976-6

Ⅰ.①路…　Ⅱ.①孙…②贺…　Ⅲ.①道路工程-检测-高等职业教育-教材②桥梁工程-检测-高等职业教育-教材　Ⅳ.①U41②U446

中国版本图书馆 CIP 数据核字（2018）第 216047 号

机械工业出版社（北京市百万庄大街 22 号　邮政编码 100037）
策划编辑：李　莉　责任编辑：李　莉　高凤春
责任校对：潘　蕊　封面设计：鞠　杨
责任印制：邰　敏
三河市国英印务有限公司印刷
2025 年 1 月第 1 版第 11 次印刷
184mm×260mm·11.5 印张·282 千字
标准书号：ISBN 978-7-111-60976-6
定价：39.80 元

电话服务　　　　　　　　　网络服务
客服电话：010-88361066　　机　工　官　网：www.cmpbook.com
　　　　　010-88379833　　机　工　官　博：weibo.com/cmp1952
　　　　　010-68326294　　金　书　网：www.golden-book.com
封底无防伪标均为盗版　机工教育服务网：www.cmpedu.com

关于"十四五"职业教育
国家规划教材的出版说明

为贯彻落实《中共中央关于认真学习宣传贯彻党的二十大精神的决定》《习近平新时代中国特色社会主义思想进课程教材指南》《职业院校教材管理办法》等文件精神，机械工业出版社与教材编写团队一道，认真执行思政内容进教材、进课堂、进头脑要求，尊重教育规律，遵循学科特点，对教材内容进行了更新，着力落实以下要求：

1. 提升教材铸魂育人功能，培育、践行社会主义核心价值观，教育引导学生树立共产主义远大理想和中国特色社会主义共同理想，坚定"四个自信"，厚植爱国主义情怀，把爱国情、强国志、报国行自觉融入建设社会主义现代化强国、实现中华民族伟大复兴的奋斗之中。同时，弘扬中华优秀传统文化，深入开展宪法法治教育。

2. 注重科学思维方法训练和科学伦理教育，培养学生探索未知、追求真理、勇攀科学高峰的责任感和使命感；强化学生工程伦理教育，培养学生精益求精的大国工匠精神，激发学生科技报国的家国情怀和使命担当。加快构建中国特色哲学社会科学学科体系、学术体系、话语体系。帮助学生了解相关专业和行业领域的国家战略、法律法规和相关政策，引导学生深入社会实践、关注现实问题，培育学生经世济民、诚信服务、德法兼修的职业素养。

3. 教育引导学生深刻理解并自觉实践各行业的职业精神、职业规范，增强职业责任感，培养遵纪守法、爱岗敬业、无私奉献、诚实守信、公道办事、开拓创新的职业品格和行为习惯。

在此基础上，及时更新教材知识内容，体现产业发展的新技术、新工艺、新规范、新标准。加强教材数字化建设，丰富配套资源，形成可听、可视、可练、可互动的融媒体教材。

教材建设需要各方的共同努力，也欢迎相关教材使用院校的师生及时反馈意见和建议，我们将认真组织力量进行研究，在后续重印及再版时吸纳改进，不断推动高质量教材出版。

机械工业出版社

前　言

本书内容包含：试验准备，路基路面尺寸及厚度检测，无机结合料稳定土强度及钙镁含量检测，路基路面压实度、平整度、强度检测，路面抗滑、渗水及外观检测，桥梁地基与基础检测，桥梁构件检测共 10 个任务。为便于巩固学习，每个任务后还设置了课堂测试。

本书以校园内实训场所为依托、以实际工作任务为载体、以交通土建工程类专业道路工程检测技术能力为主线，将学中做、做中学的思路贯穿始终。本书打破了传统的学科式教学模式，以真实工作任务为载体，给学生介绍将来在工作中必须掌握的检测技术。由于实际工程涉及的检测内容多、分类细，因此本书结合工程实际生产过程中最常用、关键的内容进行介绍。本书在编写过程中考虑到高职学生能力培养的特点，力求做到图文并茂、深入浅出、循序渐进、重点突出。

本书编写过程中，苏交科集团股份有限公司单瑞、江苏辉通检测有限公司陆剑云、江苏华宁工程咨询监理有限公司丁汉飞、江苏盛华工程监理咨询有限公司李庆等专家参与教材结构设置与内容编排，并且提供了大量工程案例和相关数据，在此表示感谢。

为贯彻党的二十大精神，加强教材建设，推进教育数字化，编者在动态重印过程中，对全书内容进行了全面梳理，优化版式设计，使教材更有利于学生自学使用。

为了方便教学，本书还配有教学资源包及相关的检测视频，可登录机械工业出版社教材服务网 www.cmpedu.com 注册免费下载。

本书由泰州职业技术学院孙舒、成都工贸职业技术学院贺新春主编，冯莹、叶伟、孙淑萍担任副主编，姜荣斌参与编写。在编写过程中，得到了有关院校及检测单位的支持和帮助，在此向相关人员表示感谢。

由于编写时间和编者水平有限，书中疏漏及不妥之处在所难免，敬请广大读者批评指正。

编　者

目 录

试验前的准备

任务1.1 试验检测的目的和试验检测规程

一、试验检测的目的和意义

工程试验检测工作是公路工程施工技术管理中的一个重要组成部分，同时，也是公路工程施工质量控制和竣工验收评定工作中不可缺少的一个主要环节。通过试验检测能充分地利用当地原材料，能迅速推广应用新材料、新技术和新工艺；能用定量的方法科学地评定各种材料和构件的质量；能合理地控制并科学地评定工程质量。因此，工程试验检测工作对于提高工程质量、加快工程进度、降低工程造价、推动公路工程施工技术进步，起到极为重要的作用。公路工程试验检测技术融试验检测基本理论和测试操作技能及公路工程相关学科基础知识于一体，是工程设计参数、施工质量控制、施工验收评定、养护管理决策及各种技术规范和规程修订的主要依据。

随着公路技术等级的提高，各级公路管理部门和施工单位已对加强质量检测与施工质量控制和验收工作予以了高度重视。作为施工技术人员和工程试验检测人员或质量控制管理人员，在整个施工期间，应在充分领会设计文件、熟悉现行施工技术规范和试验检测规程的前提下，严格做好路用材料质量、施工控制参数、现场施工过程质量和分部分项工程验收这四个关键环节的把关工作。

二、试验检测规程

试验检测工作是质检机构工作中的一个关键环节，试验检测结果的准确性与可靠性将直接影响质检机构的工作质量。为了确保提供的数据准确可靠，要求质检人员在试验检测的全过程中必须严格遵照有关试验检测规程，并力求消除试验检测人为误差，提高试验检测精度。

1. 试验检测标准和规程

质检机构必须具备所检测项目内容业务范围内的有关技术标准、操作规程、工作规范等技术文件，它是检测工作的依据，必须齐全。对于不具备正式标准的项目内容，也可以检测机构制定的有关内部暂行操作规程或技术文件为依据，对原材料或工程质量进行检测。但这要求有检测机构的正式文件，同时只有在受检单位同意后才能按这种规程或技术文件对原材料或工程质量做出是否合格的结论，否则只能按项目认证。

质检机构检测的依据是设计文件、技术标准及试验检测规程，特殊情况下可由用户提供检测要求。若现行标准缺少结果判断方法或结果判断方法不明确，用户应提供明确的结果判断方法。

2. 试验检测标准、规程名称

现行主要公路工程试验检测规程有：

1）《公路工程技术标准》（JTG B01—2014）。

2）《公路工程质量检验评定标准　第一册　土建工程》（JTG F80/1—2017）。

3）《公路土工合成材料试验规程》（JTG E50—2006）。

4）《公路土工试验规程》（JTG E40—2007）。

5）《公路工程无机结合料稳定材料试验规程》（JTG E51—2009）。

6）《公路工程水泥及水泥混凝土试验规程》（JTG E30—2005）。

7）《公路工程沥青及沥青混合料试验规程》（JTG E20—2011）。

8）《公路工程集料试验规程》（JTG E42—2005）。

9）《公路工程岩石试验规程》（JTG E41—2005）。

10）《公路路基路面现场测试规程》（JTG E60—2008）。

11）《公路工程地质勘察规范》（JTG C20—2011）。

12）《公路路基设计规范》（JTG D30—2015）。

13）《公路路基施工技术规范》（JTG F10—2006）。

14）《公路路面基层施工技术细则》（JTG/T F20—2015）。

15）《公路沥青路面设计规范》（JTG D50—2017）。

16）《公路沥青路面施工技术规范》（JTG F40—2004）。

17）《公路水泥混凝土路面施工技术细则》（JTG/T F30—2014）。

18）《公路桥涵地基与基础设计规范》（JTG D63—2007）。

19）《公路桥涵设计通用规范》（JTG D60—2015）。

20）《公路圬工桥涵设计规范》（JTG D61—2005）。

21）《公路钢筋混凝土及预应力混凝土桥涵设计规范》（JTG D62—2004）。

22）《公路水泥混凝土路面设计规范》（JTG D40—2011）。

23）《公路桥涵施工技术规范》（JTG/T F50—2011）。

24）《岩土工程勘察规范》（GB 50021—2011）。

25）《建筑基桩检测技术规范》（JGJ 106—2014）。

26）《公路养护技术规范》（JTG H10—2009）。

27）《公路勘测规范》（JTG C10—2007）。

任务 1.2　试验检测人员配置及检测机构资质要求

质检机构的人员配置应合理，人员的配置应包括行政管理人员、试验检测技术人员和其他工作人员三类，其中试验检测技术人员应由不同学科和不同职称的技术人员组成。检测部门人员、仪器设备、机构均应有相应的资质等级证书。

一、质检机构技术负责人、质量保证负责人及其他人员配置

质检机构的技术负责人要对整个质检机构的工作全部负责，业务上应该有较高的水平。另一方面，由于技术负责人在一定程度上决定了检测工作的质量，当技术负责人变动时，应检查在技术负责人变动后该机构的工作水平。质量保证负责人协助技术负责人对整个质检机构的全部检测工作的质量负责，在技术负责人不在时代行其职权。小的质检机构，质检负责人可由技术负责人兼任。质量保证负责人不一定要求精通所管辖的每一项具体工作，但必须熟悉本单位的主要业务，并且有一定的质量管理方面的知识。质量保证负责人必须是该机构的主要负责人之一，这有助于质量工作中的有关决定的贯彻执行。

技术负责人、质量保证负责人及质量检测管理人员，应熟悉国家、部门、地方关于产品质量检测方面的政策、法令、法规、规定；应熟悉工程技术标准；应熟悉抽样理论，能熟练地应用各类抽样标准，确定其样本大小；具备编制审定检测实施细则、审查检测报告的能力；熟悉掌握检测质量控制理论，具有对检测工作进行质量诊断的能力；熟悉国内外工程质量的检测方法、检测技术的现状及发展趋势，掌握国内外检测仪器设备的信息；能不断学习新知识，不断进行知识更新。

质检机构的技术负责人应有工程师以上职称，具有十年以上专业工作的经验，精通所管辖的业务。质检机构的人员应按所进行的业务范围进行配置，各类工程技术人员、工程师以上人员不得低于20%。各业务岗位人员的配置应与所从事的检测项目相匹配，重要的检测项目应有两人，每人可兼作几个项目。

二、试验检测人员要求

试验检测人员应按各自的岗位分工，认真履行岗位职责，做好本职工作，确保检测工作质量。

1. 对试验检测人员的要求

1）检测人员应熟悉检测任务、内容、项目，了解被测对象和所用检测仪器设备的性能。检测人员必须经过考核合格，取得上岗操作证后，才能上岗操作。凡使用精密、贵重、大型检测仪器设备者，必须熟悉该检测仪器的性能，具备使用该仪器的知识，经过考核合格，取得操作证书才能上岗操作，并能进行日常养护，进行一般或常规仪器的检验与校正。

2）检测人员应掌握所从事检测项目的有关技术标准，了解本领域国内外测试技术、检测仪器的现状及发展方向，具备制订检测大纲、采用国内外最新技术进行检测工作的能力。

3）检测人员应能正确如实地填写原始记录。原始记录不得用铅笔填写，必须有检测人员、计算和校核人员的签名。原始记录如确实更改，应在作废数据上画两条水平线，将正确数据填在上方，盖更改人的印章。原始记录保管期不得少于两年。检测结果必须由在本领域五年以上工作经验者校核，校核者必须在检测记录和报告中签字，以示负责。

4）检测人员应了解计量法常识及国际单位制基本内容，能运用误差理论、数理统计方面的知识对检测结果独立进行数据处理工作。

5）检测人员要坚持原则、忠于职守、作风正派、秉公办事，应对检测工作、数据处理工作持严肃的态度，以数据说话，不受行政或其他方面影响的干扰。

2. 对检测人员考核的主要内容

（1）工程质量检测专业知识 了解所用仪器设备的结构原理、性能及正确使用维护等知识；掌握所检测工程项目的质量标准和有关技术指标的程度；具有实际操作和数据处理的能力。

（2）计量基础知识 了解计量法常识，国际单位制基本内容，误差理论基本知识。

三、试验检测人员纪律

1）认真学习贯彻国家、部门、地方有关质量方面的文件、政策、法令、法规，严格按产品技术工作。

2）坚持原则、忠于职守，遵守质检机构规定的各项规章制度。

3）不准利用职权和工作条件接受受检企业或单位的礼品。

4）不准擅自多抽或少抽样品，不准违章处理或使用样品。

5）不准受贿；不准假公济私、弄虚作假。

6）作风正派，秉公办事。

四、试验检测机构的资质要求

1）试验技术及检测人员均应通过交通行业的培训，并应持有经交通行政主管部门批准的相应资格证书。技术主管应具有工程师以上技术职称。

2）试验检测机构仪器设备（包括标准物质）均应经相应质量技术监督部门的计量认证、审查验收并取得合格证。

3）试验检测机构应具有相应交通行政主管部门批准的公路工程试验检测机构的相应等级资质证书，并在规定范围内进行试验检测工作。

任务1.3 试验检测数据处理基础知识

一、数据的修约规则

工程质量的评价是以试验检测数据为依据，在试验检测过程中，任何测量的准确度都是有限的，只能以一定的近似值来表示测量结果。确定以几位数代表测量值或计算结果是非常重要的事情。

1. 质量数据

质量数据的来源，主要是工程建设过程中的各种检验，即材料检验、工序检验、竣工验收等，只有通过对它的收集、处理、分析，才能达到对生产施工过程的了解、掌握及控制。没有质量数据，就不可能有现代化的科学的质量控制。

质量数据就其本身的特性来说，可以分为计量值数据和计数值数据。

（1）计量值数据 计量值数据是可以连续取值的数据，如长度、厚度等，一般都是可以用检测工具计量的。

（2）计数值数据 有些反映质量状况的数据是不能用测量器具来度量的。为了反映或描述属于这种类型内容的质量状况，而又必须用数据来表示时，便采用计数的办法，凡属于这样性质的数据即为计数值数据。如不合格品数、不合格的构件数等，以断定方法得出的数据和以感觉性检验方法得出的数据大多属于计数值数据。

计数值数据有两种表示方法：一是直接用计数出来的次数、点数来表示；二是把计数出来的次数、点数与总检查次（点）数相比，用百分数表示。

2. 有效数字

在测量工作中，由于测量结果总会有误差，因此表示测量结果的位数不宜太多，也不宜太少，太多容易使人误认为测量精度很高，太少则会损失精度。测量过程中，由于受到一系列不可控制和不可避免的主观和客观因素的影响，所获得的测量值必定含有误差，即获得的测量值仅仅是被测量值的近似值。

另一方面，在数据处理过程中引入的诸如 π 等一些常量，在大多数情况下，是以无穷小数形式的无理数来表示，这就需要确定一项原则，将测得的或计算的数截取到所需的位数。

认为在一个数值中小数点后面的位数越多，这个数值就越准确；或者在计算中，保留的位数越多，这个数值就越准确的想法都是错误的。第一种想法的错误在于没有弄清楚小数点的位置不是决定准确与否的标准，而仅与所用计量单位的大小有关。如长度为 21.3mm 与 0.0213m，其准确程度完全相同；第二种想法的错误在于不了解所有测量由于仪器和人们的感官，只能达到一定的准确程度。这个准确程度一方面决定于所用仪器刻度的精细程度；另一方面也与所用方法有关。因此在计算结果中，无论取多少位数都不可能把准确程度增加到超过测量误差所允许的范围。反之，表示一个数值时，如果书写的位数过少，即数值所取的有效位数少于实际所能达到的精度，不能把已经达到的精度表示出来，也是错误的。

例如，不考虑测量误差，单从有效数字来考虑，在数学上 23 与 23.00 两个数是相等的。而作为表示测量结果的数值，两者相差是很悬殊的。用 23 表示的测量结果，其误差可能为 ±0.5；而 23.00 表示的测量结果，其误差可能是 ±0.005。再如，1 和 0.1 在数值上相差 10 倍，单从数值上看两数是不等的，而作为测量结果可能因所用单位不同，所表示的测量结果和所达到的精度是相同的。

因此，在对测量数据的处理中，掌握有效数字的有关知识是十分重要的。有效数字的概念可表述为：由数字组成的一个数，除最末一位数字是不确切值或可疑值外，其他数字皆为可靠值或确切值，则组成该数的所有数字包括末位数字称为有效数字，除有效数字外其余数字为多余数字。对于"0"这个数字，它在数中的位置不同，可能是有效数字，也可能是多余数字。432 整数前面的"0"无意义，是多余数字。对纯小数，在小数点后，数字前的"0"只起定位，决定数量级的作用（相当于所取的测量单位不同），所以，也是多余数字。

处于数中间位置的"0"是有效数字。处于数后面位置的"0"是否算有效数字可分三种情况：

1）数后面的"0"，若把多余数字的"0"用 10 的乘幂来表示，使其与有效数字分开，这样在 10 的乘幂前面所有数字包括"0"皆为有效数字。

2）作为测量结果并注明误差值的数值，其表示的数值等于或大于误差值的所有数字，包括"0"皆为有效数字。

3）上面两种情况外的数后面的"0"则很难判断是有效数字还是多余数字，因此，应避免采用这种不确切的表示方法。一个数，有效数字占有的位数，即有效数字的个数，为该数的有效位数。

为弄清有效数字的概念，举例如下：

00713、0.0715、7.03、7.03×10^2 这四个数的有效位数均为3，有效数字都是3个。

在测量或计量中应取多少位有效数字，可根据下述准则判定：

1）对不需要标明误差的数据，其有效位数应取到最末一位数字为可疑数字（也称不确切或参考数字）。

2）对需要标明误差的数据，其有效位数应取到与误差同一数量级。

3. 质量数据的修约规则

数据获得后，还涉及数据的定位问题，也就是出现了对规定精确程度范围之外的数字如何取舍的问题。在统计中一般常用的数值修约规则如下：

（1）确定修约间隔

1）指定修约间隔为 10^{-n}（n 为正整数），或指明将数值修约到 n 位小数。

2）指定修约间隔为1，或指明将数值修约到"个"数位。

3）指定修约间隔为 10^n（n 为正整数），或指明将数值修约到 10^n 数位，或指明将数值修约到"十""百""千"……数位。

（2）进舍规则

1）拟舍弃数字的最左一位数字小于5，则舍去，保留其余各位数字不变。

【例1-1】 将12.1498修约到"个"数位，得12；将12.1498修约到一位小数，得12.1。

2）拟舍弃数字的最左一位数字大于5，则进，即保留数字的末位数字加1。

【例1-2】 将1268修约到"百"数位，得 13×10^2（特定场合可写为1300）。示例中，"特定场合"是指修约间隔明确时。

3）拟舍弃数字的最左一位数字是5，且其后有非0数字时进一，即保留数字的末位数字加1。

【例1-3】 将10.5002修约到"个"数位，得11。

4）拟舍弃数字的最左一位数字为5，且其后无数字或皆为0时，若所保留的末位数字为奇数（1，3，5，7，9），则进一，即保留数字的末位数字加1；若所保留的末位数字为偶数（0，2，4，6，8），则舍去。

【例1-4】 修约间隔为0.1（或 10^{-1}）。

拟修约数值	修约值
1.050	10×10^{-1}（特定场合可写成为1.0）
0.35	4×10^{-1}（特定场合可写成为0.4）

【例1-5】 修约间隔为1000（或 10^3）。

拟修约数值	修约值
2500	2×10^3（特定场合可写成为2000）
3500	4×10^3（特定场合可写成为4000）

5）负数修约时，先将它的绝对值按1）~4)的规定进行修约，然后在所得值前面加上负号。

【例1-6】 将下列数字修约到"十"数位。

拟修约数值	修约值
-355	-36×10（特定场合可写为 -360）
-325	-32×10（特定场合可写为 -320）

【例1-7】 将下列数字修约到三位小数，即修约间隔为 10^{-3}。

拟修约数值	修约值
-0.0365	-36×10^{-3}（特定场合可写为 -0.036）

（3）不允许连续修约

1）拟修约数字应在确定修约间隔或指定修约数位后一次修约获得结果，不得多次按（2）规则连续修约。

【例1-8】 修约97.46，修约间隔为1。

正确的做法：97.46→97。

不正确的做法：97.46→97.5→98。

【例1-9】 修约15.4546，修约间隔为1。

正确的做法：15.4546→15。

不正确的做法：15.4546→15.455→15.46→15.5→16。

2）在具体实施中，有时测试与计算部门先将获得数值按指定的修约数位多一位或几位报出，而后由其他部门判定。为避免产生连续修约的错误，应接下述步骤进行：

① 报出数值最右的非零数字为5时，应在数值右上角加"＋"或加"－"或不加符号，分别表明已进行过舍、进或未舍未进。

【例1-10】 16.50$^+$表示实际值大于16.50，经修约舍弃为16.50；16.50$^-$表示实际值小于16.50，经修约进一为16.50。

② 如对报出值需进行修约，当拟舍弃数字的最左一位数字为5，且其后无数字或皆为0，数值右上角有"＋"者进一，有"－"者舍去，其他仍按（2）的规定进行。

【例1-11】 将下列数字修约到"个"数位（报出值多留一位至一位小数）。

实测值	报出值	修约值
15.4546	15.5$^-$	15
-15.4546	-15.5$^-$	-15
16.5203	16.5$^+$	17
-16.5203	-16.5$^+$	-17
17.5000	17.5	18

（4）0.5单位修约与0.2单位修约 在对数值进行修约时，若有必要，也可采用0.5单位修约或0.2单位修约。

1）0.5单位修约（半个单位修约）。0.5单位修约是指按指定修约间隔对拟修约的数值0.5单位进行的修约。

0.5单位修约方法如下：将拟修约数值 X 乘以2，按指定修约间隔对 $2X$ 依（2）的规定修约，所得数值（$2X$ 修约值）再除以2。

【例1-12】 将下列数字修约到"个"数位的0.5单位修约。

拟修约数值 X	$2X$	$2X$ 修约值	X 修约值
60.25	120.50	120	60.0

60. 38	120. 76	121	60. 5
60. 28	120. 56	121	60. 5
−60. 75	−121. 50	−122	−61. 0

2）0.2 单位修约。0.2 单位修约是指按指定修约间隔对拟修约的数值 0.2 单位进行的修约。

0.2 单位修约方法如下：将拟修约数值 X 乘以 5，按指定修约间隔对 $5X$ 依（2）的规定修约，所得数值（$5X$ 修约值）再除以 5。

【例 1-13】 将下列数字修约到"百"数位的 0.2 单位修约。

拟修约数值 X	$5X$	$5X$ 修约值	X 修约值
830	4150	4200	840
842	4210	4200	840
832	4160	4200	840
−930	−4650	−4600	−920

（5）书写极限数值的一般原则

1）标准（或其他技术规范）中规定考核的以数量形式给出的指标或参数等，应当规定极限数值。极限数值表示符合该标准要求的数值范围的界限值，它通过给出最小极限值和（或）最大极限值，或给出基本数值与极限偏差值等方式表达。

2）标准中极限数值的表示形式及书写位数应适当，其有效数字应全部写出。书写位数表示的精确程度，应能保证产品或其他标准化对象应有的性能和质量。

上述数值修约规则（有时称之为"奇升偶舍法"）与以往用的"四舍五入"的方法区别在于，"四舍五入"法对数值进行修约，从很多修约后的数值中得到的均值偏大，用上述修约规则，进舍的状况具有平衡性，进舍误差也具有平衡性，经过这种修约后，修约值之和变大与变小的可能性是一样的。

二、抽样检验

1. 总体与样本

检验是质量管理工作的重要内容之一，常称为质量检验，其主要功能是对产品的合格性进行控制。在工程质量检验中，除重要项目外，大多数采用抽样检验，这就涉及总体与样本的概念。

总体又称为母体，是统计分析中所要研究对象的全体。而组成总体的每个单元称为个体。

从总体中抽取一部分个体就是样本（又称为子样）。例如，从每一桶沥青中抽取 2 个试样，一批沥青有 100 桶，抽检了 200 个试样做试验，100 桶沥青称为总体，200 个试样就是样本。而组成样本的每一个个体，即为样品。样本中的某一个，就是该样本中的一个样品。

检验的意义：将用某种方法检验物品的结果与质量判定标准比较，判断出各个物品是"合格"还是"不合格"。

2. 抽样检验的意义

在产品检验中，全数检验的应用场合很少，大多数情况下是采取抽样检验。这是因为：

1）由于无破损检验仪具器械的种类少，性能难以稳定，在不采用无破损性检验时，就得采用破坏性检验，而破坏性检验是不可能对全部产品都做检验的。

2）当检验对象为连续性物体或粉块混合物时（如沥青、水泥等），在一般情况下不可能对全体物品的质量特性进行检测试验。

3）由于产品批的质量往往有所波动，采用全数检验实际上做不到，用无损检验也有可能导致由于产品不良品率高而带来重大经济损失。

4）抽样检验由于检验的样本较少，因而可以收集质量信息，提高检验的全面程度和促进产品质量的改善。

3. 抽样检验的条件

抽样检验是从批中抽取较少的样本进行检验，根据试验结果来判定全批产品是否合格。为使抽样检验对判定质量好坏提供准确的信息，必须注意抽样检验应具备的条件。

（1）要明确批的划分　即要注意使同批产品在原材料、工艺条件、生产时间等方面具备基本相同的条件。例如，抽样检验水泥、沥青等物品的质量特性时，应将相同厂家、相同品种或强度等级的产品作为一个批。

（2）必须抽取能代表批的样本　由于抽样检验是以样本检验结果来推断批的好坏，故样本的代表性尤为重要。为使所抽取的样本能成为批的可靠代表，常采用如下方法：

1）单纯随机取样。这是一种完全随机化的取样，它适用于对总体缺乏基本了解的场合。

2）分层取样。当批量或工序被分为若干层时，可从所有分层中按一定比例取样。例如有两台拌和机同时拌制原材料相同的同强度等级混凝土，为了检验生产混凝土的质量特性，采用抽样方法时，应注意对两台拌和机分别取样，这样便于了解不同"层"的产品质量特性，研究各层造成不良品率的原因，也可将甲、乙样品混合进行试验，了解混合产品的质量特性。

3）两级取样。当物品堆积在一起构成批量时，可先将若干箱中进行第一级随机取样，挑出部分箱物品，然后再从已挑选出的箱中对物品进行随机取样。

4）系统取样。当对总体实行单纯随机抽样有困难时，如测定公路路基的弯沉值，可采用一定间隔进行抽取的抽样方法，称为系统抽样。

（3）要明确检验标准　所谓检验标准，是指对于一批产品中不良品的质量判定标准。

（4）要有统一的检测试验方法　产品质量判定标准应与统一的检测试验方法所测定结果相比照。

三、数据的统计特征与分布

工程质量数据的统计特征量分为两类：一类表示统计数据的差异性，即工程质量的波动性，主要有极差、标准偏差、变异系数等；另一类是表示统计数据的规律性，主要有算术平均值、中位数、加权平均值等。

质量控制中，就是要应用数理统计方法，从反映工程质量的数据的差异性中寻找其规律性，从而预测和控制工程质量。

1. 算术平均值

算术平均值是表示一组数据集中位置最有用的统计特征量，经常用样本的算术平均值来代表总体的平均水平。样本的算术平均值则用 $\bar{x}$ 表示。如果 n 个样本数据为 $x_1, x_2, x_3, \cdots, x_n$，那么，样本的算术平均值为

$$\bar{x} = \frac{1}{n}(x_1 + x_2 + \cdots + x_n) = \frac{1}{n}\sum_{i=1}^{n}x_i \tag{1-1}$$

【例 1-14】 某路段沥青混凝土面层抗滑性能检测，摩擦系数的检测值（共 10 个测点）分别为 58、56、60、53、48、54、50、61、57、55（摆值）。求摩擦系数的算术平均值。

解： 由式（1-1）可知，摩擦系数的算术平均值为

$$\overline{BPN} = (58 + 56 + 60 + 53 + 48 + 54 + 50 + 61 + 57 + 55)摆值/10 = 55.2$$

2. 中位数

在一组数据 x_1，x_2，$\cdots$，x_n。中，按其大小次序排序，以排在正中间的一个数表示总体的平均水平，称为中位数，或称为中值，用 $x_{0.5}$ 表示。n 为奇数时，正中间的数只有一个；n 为偶数时，中间的数有两个，取这两个数的平均值作为中位数，即

$$x_{0.5} = \begin{cases} x_{\frac{n+1}{2}} & (n\ 为奇数) \\ \frac{1}{2}(x_{\frac{n}{2}} + x_{\frac{n}{2}+1}) & (n\ 为偶数) \end{cases} \tag{1-2}$$

【例 1-15】 检测值同例 1-14，求中位数。

解： 检测值按大小次序排列为：61、60、58、57、56、55、54、53、50、48（摆值），则中位数为

$$\overline{BPN} = \frac{BPN_{(5)} + BPN_{(6)}}{2} = \frac{56 + 55}{2} = 55.5$$

3. 极差

在一组数据中最大值与最小值之差称为极差，记作 R，即

$$R = x_{\max} - x_{\min} \tag{1-3}$$

【例 1-16】 检测值同例 1-14，求极差。

解： 由式（1-3）可知，检测数据的极差为

$$R = BPN_{\max} - BPN_{\min} = 61 - 48 = 13$$

极差没有充分利用数据的信息，但计算十分简单，仅适用于样本容量较小（$n < 10$）的情况。

4. 标准偏差

标准偏差有时也称为标准离差、标准差或均方差，它是衡量样本数据波动性（离散程度）的指标。在质量检验中，总体的标准偏差（σ）一般不易求得。样本的标准偏差 S 按下式计算：

$$S = \sqrt{\frac{(x_1 - \bar{x})^2 + (x_2 - \bar{x})^2 + \cdots + (x_n - \bar{x})^2}{n-1}} = \sqrt{\frac{\sum\limits_{i=1}^{n}(x_i - \bar{x})^2}{n-1}} \tag{1-4}$$

【例 1-17】 仍用例 1-14 的数据，求样本标准偏差 S。

解： 由式（1-4）可知，样本标准偏差为

$$S = \left\{ \frac{1}{10-1}\left[(58-55.2)^2 + (56-55.2)^2 + (60-55.2)^2 + (53-55.2)^2 + (48-55.2)^2 + \right.\right.$$

$$\left.\left. (54-55.2)^2 + (50-55.2)^2 + (61-55.2)^2 + (57-55.2)^2 + (55-55.2)^2 \right] \right\}^{1/2}$$

$$= 4.13$$

5. 变异系数

标准偏差是反映样本数据的绝对波动状况。当测量较大的量值时，绝对误差一般较大；测量较小的量值时，绝对误差一般较小，因此，用相对波动的大小，即变异系数更能反映样本数据的波动性。变异系数用 C_v 表示，是样本标准偏差 S 与算术平均值的比值，即

$$C_v(\%) = \frac{S}{\bar{x}} \times 100\% \qquad (1-5)$$

【例1-18】 若甲路段沥青混凝土面层的摩擦系数算术平均值为55.2（摆值），标准偏差为4.13（摆值）；乙路段的摩擦系数算术平均值为60.8（摆值），标准偏差4.27（摆值）。求两路段的变异系数。

解： 由式（1-5）可知，两路段的变异系数分别为

$$甲路段　C_v = \frac{4.13}{55.2} \times 100\% = 7.48\%$$

$$乙路段　C_v = \frac{4.27}{60.8} \times 100\% = 7.02\%$$

从标准偏差看，$S_甲 < S_乙$。但从变异系数分析，$C_{v甲} > C_{v乙}$，说明甲路段的摩擦系数相对波动比乙路段的大，面层抗滑稳定性较差。

四、试验检测数据的统计特征与分布

质量数据具有一定的规律性，这种规律性一般用概率分布来描述。概率分布的形式有很多，常用的有正态分布、t 分布。

1. 正态分布

正态分布是应用最多、最广泛的一种概率分布曲线，是其他概率分布的基础。

正态分布的概率密度函数为

$$f(x) = \frac{1}{\sqrt{2\pi}\sigma} e^{-\frac{(x-\mu)^2}{2\sigma^2}} \quad (-\infty < x < +\infty) \qquad (1-6)$$

式中　x——随机变量；

　　　μ——正态分布的平均值；

　　　σ——正态分布的标准偏差。

则称 x 服从参数为 μ、σ 的正态分布，记为 $X \sim N(\mu, \sigma^2)$。当已知 μ、σ 时就可以绘出正态分布曲线，如图1-1所示。

正态分布的特征：

1）正态曲线关于 $x=\mu$ 对称。

2）当 $x=\mu$ 时取到最大值，x 离 μ 越远，$f(x)$ 的值越小。

特别，当 $\mu=0$、$\sigma=1$ 时的正态分布，称为标准正态分布，用 $N(0,1)$ 表示。其概率密度函数和分布函数分别用 $\varphi(x)$、$\Phi(x)$ 表示，即

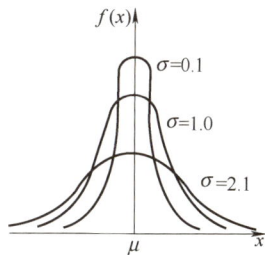

图1-1　正态分布曲线

$$\varphi(x) = \frac{1}{\sqrt{2\pi}} e^{-\frac{x^2}{2}} \qquad (1-7)$$

$$\Phi(x) = \frac{1}{\sqrt{2\pi}}\int_{-\infty}^{x} e^{-\frac{t^2}{2}}\mathrm{d}t \qquad (1\text{-}8)$$

已经编制了 $\Phi(x)$ 的函数表，可供查用。

对于正态分布 $N(\mu, \sigma)$，它的测量值落入区间 (a, b) 的概率 $P(a<x<b)$（即测量值落入区间 (a, b) 的可能性）是明确的，它等于 $x_1=a$、$x_2=b$ 时横坐标与曲线所围成的面积，用下式表示：

$$P(a<x<b) = \Phi\left(\frac{b-\mu}{\sigma}\right) - \Phi\left(\frac{a-\mu}{\sigma}\right)$$
$$(1\text{-}9)$$

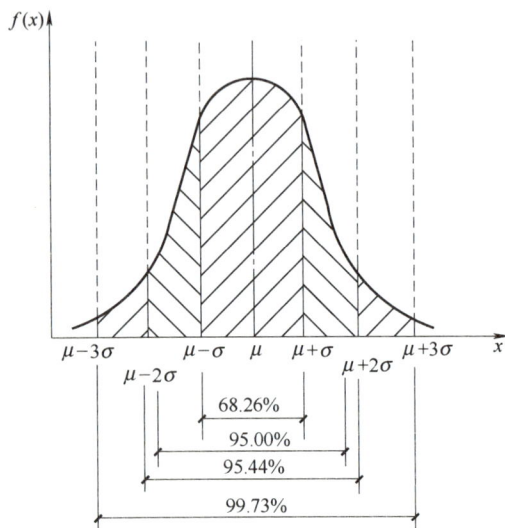

图 1-2　正态分布与置信区间

利用式（1-8）、式（1-9），可求得双边置信区间的几个重要数据（如图1-2所示）：

$$P\{\mu-\sigma<x<\mu+\sigma\} = 68.26\%$$
$$P\{\mu-2\sigma<x<\mu+2\sigma\} = 95.44\%$$
$$P\{\mu-3\sigma<x<\mu+3\sigma\} = 99.73\%$$
$$P\{\mu-1.96\sigma<x<\mu+1.96\sigma\} = 95.00\%$$

双边置信区间可统一写成

$$\mu-u_{1-\beta/2}\cdot\sigma<x<\mu+u_{1-\beta/2}\cdot\sigma \qquad (1\text{-}10)$$

式中　　　　　　　β——显著性水平；

$1-\beta/2$——置信水平；

$u_{1-\beta/2}$——双边置信区间的正态分布临界值；

$\mu-u_{1-\beta/2}\cdot\sigma$，$\mu+u_{1-\beta/2}\cdot\sigma$——置信下限与上限。

同理可得，单边置信区间时

$$P\{x<\mu+\sigma\} = P\{x>\mu-\sigma\} = 84.13\%$$
$$P\{x<\mu+2\sigma\} = P\{x>\mu-2\sigma\} = 97.72\%$$
$$P\{x<\mu+3\sigma\} = P\{x>\mu-3\sigma\} = 99.87\%$$
$$P\{x<\mu+1.645\sigma\} = P\{x>\mu-1.645\sigma\} = 95.00\%$$

其置信区间可表示为

$$x<\mu+u_{1-\beta}\cdot\sigma \text{ 或 } x>\mu-u_{1-\beta}\cdot\sigma \qquad (1\text{-}11)$$

式中　$\mu-u_{1-\beta}\cdot\sigma$，$\mu+u_{1-\beta}\cdot\sigma$——单边置信下限与上限。

在公路工程质量检验与评价中，把式（1-10）、式（1-11）中 μ 称为保证率系数（常用 Z_α 表示），其取值与公路等级有关，而且常常用样本的平均值 $\bar{x}$、标准偏差 S 分别代替上述公式中 μ 与 σ。

2. t 分布

t 分布的概率密度函数为

$$t(x,n) = \frac{\Gamma\left(\frac{n+1}{2}\right)}{\sqrt{\pi n}\,\Gamma\left(\frac{n}{2}\right)}\left(1+\frac{t^2}{n}\right)^{-(n+1)/2} \qquad (-\infty<x<+\infty) \qquad (1\text{-}12)$$

式中　x——随机变量；

　　　n——样本容量，在数理统计学中称为自由度。

当随机变量 x 服从自由度为 n 的 t 分布时，记作 $X \sim t(n)$，其分布图形如图1-3所示。

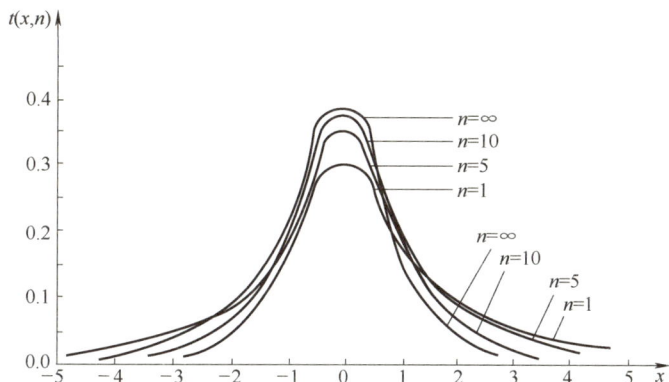

图1-3　t 分布曲线

可以证明：当 $n \to \infty$ 时，t 分布趋于正态分布，一般说来，当 $n > 30$ 时，t 分布与标准正态分布就非常接近了。但对较小的 n 值，t 分布与正态分布之间有较大的差异，且

$$P\{|T| \geqslant t_0\} \geqslant P\{|x| \geqslant t_0\} \tag{1-13}$$

其中 $X \sim N(0,1)$，即在 t 分布的尾部比在标准正态分布的尾部有着更大的概率。

在施工质量评价中，常需要解决总体标准偏差 σ 未知，如何估计平均值置信区间的问题。为解决这一问题，一个很自然的想法，就是利用样本标准偏差 S 代替总体标准偏差 σ。

设 $(x_1, \cdots, x_n)$ 来自正态分布总体，根据抽样分布定理可知

$$T = \frac{\bar{x} - \mu}{S/n} \sim t(n-1) \tag{1-14}$$

因此，根据给定的 β 和自由度 $n-1$，由"t 分布概率系数表"查得 $t_{1-\beta/2}(n-1)$ 之值，得平均值 μ 的双边置信区间

$$\left(\bar{x} - t_{1-\beta/2}(n-1)\frac{S}{n}, \bar{x} + t_{1-\beta/2}(n-1)\frac{S}{n}\right) \tag{1-15}$$

同理可得 μ 的单边置信区间

$$\mu < \bar{x} + t_{1-\beta/2}(n-1)\frac{S}{n} \text{或} \mu > \bar{x} - t_{1-\beta/2}(n-1)\frac{S}{n} \tag{1-16}$$

五、可疑数据处理

工程质量常会发生波动情况。由于质量的波动，自然会引起质量检测数据的参差不齐，有时还会发现一些明显过大或过小的数据，这些数据为可疑数据。因此，在进行数据分析之前，应用数理统计法判别其真伪，并决定取舍。常用的方法如下：

1. 拉依达法

当试验次数较多时，可简单地用3倍标准偏差（$3S$）作为确定可疑数据取舍的标准。当某一测量数据与其测量结果的算术平均值 $\bar{x}$ 之差大于3倍标准偏差时，用公式表示为

$$|x_i - \bar{x}| > 3S \tag{1-17}$$

则该测量数据应舍弃。

这是美国混凝土标准中所采用的方法，由于该方法是以 3 倍标准偏差为判别标准，所以也称为 3 倍标准偏差法，简称 $3S$ 法

取 $3S$ 的理由是：根据随机变量的正态分布规律，在多次试验中，测量值落在 $\bar{x}-3S$ 与 $+3S$ 之间的概率为 99.73%，出现在此范围之外的概率仅为 0.27%，也就是在近 400 次试验中才能遇到一次，这种事件为小概率事件，出现的可能性很小，几乎是不可能的，因而在实际试验中，一旦出现，就认为该测量数据是不可靠的，应将其舍弃。

另外，当测量值与平均值之差大于 2 倍标准偏差（即 $|x_i-\bar{x}|>2S$ $|x_i-\bar{x}|>2S$）时，则该测量值应保留，但需存疑。如发现生产（施工）、试验过程中，有可疑的变异时，该测量值则应予舍弃。

【例 1-19】 试验室进行同配合比的混凝土强度试验，其试验结果为（$n=10$）：23.0MPa、24.5MPa、26.0MPa、25.0MPa、24.8MPa、27.0MPa、25.5MPa、31.0MPa、25.4MPa、25.8MPa，试用 $3S$ 法判别其取舍。

解： 分析上述 10 个测量数据，$x_{\min}=23.0$MPa 和 $x_{\max}=31.0$MPa 最可疑。故应首先判别 $x_{\min}$ 和 $x_{\max}$

经计算：$\bar{x}=25.8$MPa，$S=2.1$MPa

由于

$$|x_{\max}-\bar{x}|=|31.0-25.8|\text{MPa}=5.2\text{MPa}<3S=6.3\text{MPa}$$
$$|x_{\max}-\bar{x}|=|23.0-25.8|\text{MPa}=2.8\text{MPa}<3S=6.3\text{MPa}$$

故上述测量数据均不能舍弃。

拉依达法简单方便，不需查表，但要求较宽，当试验检测次数较多或要求不高时可以应用，试检测次数较少时（如 $n<10$），在一组测量值中即使混有异常值，也无法舍弃。

2. 肖维纳特法

进行 n 次试验，其测量值服从正态分布，以概率 $l/(2n)$ 设定一判别范围 $(-k_nS, k_nS)$，当偏差（测量值 x_i 与其算术平均值 $\bar{x}$ 之差）超出该范围时，就意味着该测量值 x_i 可疑，应予舍弃。判断范围由下式确定：

$$\frac{1}{2n}=1-\int_{-k_n}^{k_n}\frac{1}{\sqrt{2\pi}}e^{-\frac{t^2}{2}}dt \tag{1-18}$$

式中 k_n——肖维纳特系数，与试验次数 n 有关，可由正态分布系数表查得，见表 1-1

表 1-1 肖维纳特系数

n	k_n	n	k_n	n	k_n	n	k_n	n	k_n	n	k_n
3	1.38	8	1.86	13	2.07	18	2.20	23	2.30	50	2.58
4	1.53	9	1.92	14	2.10	19	2.22	24	2.31	75	2.71
5	1.65	10	1.96	15	2.13	20	2.24	25	2.33	100	2.81
6	1.73	11	2.00	16	2.15	21	2.26	30	2.39	200	3.02
7	1.80	12	2.03	17	2.17	22	2.28	40	2.49	500	3.20

因此，肖维纳特法可疑数据舍弃的标准为

$$\frac{|x_i-\bar{x}|}{S}\geqslant k_n \tag{1-19}$$

【例1-20】 试验结果同例1-19，试用肖维纳特法进行判别。

解：查表1-1，当 $n=10$ 时 $k_n=1.96$。对于测量值31.0MPa，则有

$$\frac{|x_i - \bar{x}|}{S} = \frac{|31.0 - 25.8|\text{MPa}}{2.1\text{MPa}} = 2.48 > k_n = 1.96$$

说明测量数据31.0是异常的，应予舍弃。这一结论与拉依达法的结果是不一致的。

肖维纳特法改善了拉依达法，但从理论上分析，当 $n \to \infty$，$k_n \to \infty$，此时所有异常值都无法舍弃。此外，肖维纳特系数与置信水平之间无明确联系。

3. 格拉布斯法

格拉布斯法假定测量结果服从正态分布，根据顺序统计量来确定可疑数据的取舍。

进行 n 次重复试验，测得结果为 x_1，x_2，$\cdots$，x_i，$\cdots$，x_n，x_i 服从正态分布。

为了检验 x_i（$i=1$，2，$\cdots$，n）中是否有可疑值，可将 x_i 按其值由小到大的顺序重新排列，得

$$x_{(1)} \leqslant x_{(2)} \leqslant \cdots \leqslant x_{(n)}$$

根据顺序统计原则，给出标准化顺序统计量 g：

$$\left. \begin{array}{l} \text{当最小值} x_{(1)} \text{可疑时，则} \quad g(1) = \dfrac{\bar{x} - x_{(1)}}{S} \\[2mm] \text{当最大值} x_{(n)} \text{可疑时，则} \quad g(n) = \dfrac{x_{(n)} - \bar{x}}{S} \end{array} \right\} \quad (1-20)$$

根据格拉布斯统计量的分布，在指定的显著性水平 β（一般 $\beta = 0.05$）下，求得判别可疑值的临界值 $g_0(\beta, n)$，格拉布斯法的判别标准为

$$g \geqslant g_0(\beta, n) \qquad (1-21)$$

当时 $g \geqslant g_0(\beta, n)$，该测量可疑值是异常的，应予以舍去。格拉布斯系数 $g_0(\beta, n)$ 列于表1-2。

表1-2 格拉布斯系数 $g_0(\beta, n)$

n \ β	0.01	0.05	n \ β	0.01	0.05	n \ β	0.01	0.05
3	1.15	1.15	13	2.61	2.33	23	2.96	2.62
4	1.49	1.46	14	2.66	2.37	24	2.99	2.64
5	1.75	1.67	15	2.70	2.41	25	3.01	2.66
6	1.94	1.82	16	2.74	2.44	30	3.10	2.74
7	2.10	1.94	17	2.78	2.47	35	3.18	2.81
8	2.22	2.03	18	2.82	2.50	40	3.24	2.87
9	2.32	2.11	19	2.85	2.53	50	3.34	2.96
10	2.41	2.18	20	2.88	2.56	100	3.59	3.17
11	2.48	2.24	21	2.91	2.58			
12	2.55	2.29	22	2.94	2.60			

利用格拉布斯法每次只能舍弃一个可疑值，若有两个以上的可疑数据，应该一个一个数

据舍弃。舍弃第一个数据后，检测次数由 n 变为 $n-1$，以此为基础再判别第二个可疑数据。

【例 1-21】 试用格拉布斯法判别例 1-19 测量数据的真伪。

解：1）测量数据按从小到大次序排列如下：

23.0MPa　24.5MPa　24.8MPa　25.0MPa　25.4MPa　25.5MPa　25.8MPa　26.0MPa

27.0MPa　31.0MPa

2）计算数据特征量：

$$\bar{x} = 25.8\,\text{MPa}, S = 2.1\,\text{MPa}$$

3）计算统计量：

$$g(1) = \frac{\bar{x} - x_{(1)}}{S} = \frac{25.8\,\text{MPa} - 23.1\,\text{MPa}}{2.1\,\text{MPa}} = 1.29$$

$$g(10) = \frac{x_{(10)} - \bar{x}}{S} = \frac{31.0\,\text{MPa} - 25.8\,\text{MPa}}{2.1\,\text{MPa}} = 2.48$$

由于 $g(10) > g(1)$，首先判别 $x_{(10)} = 31.0\,\text{MPa}$。

4）选定显著性水平 $\beta = 0.05$，并根据 $\beta = 0.05$ 和 $n = 10$，由表 1-2 查得 $g_0(0.05, 10) = 2.18$。

5）判别：

由于 $g(10) = 2.48 > g_0(0.05, 10) = 2.18$，所以 $x_{(10)} = 31.0\,\text{MPa}$ 为异常值，应予舍弃，这一结论与肖维纳特法结论是一致的。

仿照上述方法继续对余下的 9 个数进行判别，经计算没有异常值。

任务 1.4 质量检验评定标准

一、一般规定

1）根据建设任务、施工管理和质量检验评定的需要，应在施工准备阶段按《公路工程质量检验评定标准　第一册　土建工程》附录 A 将建设项目，划分为单位工程、分部工程和分项工程。施工单位、工程监理单位和建设单位应按相同的工程项目划分进行工程质量的监控和管理。

① 单位工程：在建设项目中，根据签订的合同，具有独立施工条件和结构功能的工程。

② 分部工程：在单位工程中，应按结构部位、路段长度及施工特点或施工任务划分为若干个分部工程。

③ 分项工程：在分部工程中，应按不同的施工方法、材料、工序及路段长度等划分为若干个分项工程。

2）工程质量检验评分以分项工程为单元，采用 100 分制进行。在分项工程评分的基础上，逐级计算各相应分部工程、单位工程、合同段和建设项目评分值。

3）工程质量评定等级分为合格与不合格，应按分项工程、分部工程、单位工程、合同段和建设项目逐级评定。

4）施工单位应对各分项工程按《公路工程质量检验评定标准　第一册　土建工程》所列基本要求、实测项目和外观鉴定进行自检，按附录 K 中"分项工程质量检验评定表"及相关施工技术规范提交真实、完整的自检资料，对工程质量进行自我评定。

工程监理单位应按规定要求对工程质量进行独立抽检，对施工单位检评资料进行签认，对工程质量进行评定。

建设单位根据对工程质量的检查及平时掌握的情况，对工程监理单位所做的工程质量评分及等级进行审定。

质量监督部门、质量检测机构可依据《公路工程质量检验评定标准　第一册　土建工程》对公路工程质量进行检测评定。

二、工程质量评分

1. 分项工程质量评分

分项工程质量检验内容包括基本要求、实测项目、外观鉴定和质量保证资料四个部分。只有在其使用的原材料、半成品、成品及施工工艺符合基本要求的规定，且无严重外观缺陷和质量保证资料真实并基本齐全时，才能对分项工程质量进行检验评定。

一般项目的合格率不得低于80%，涉及结构安全和使用功能的重要实测项目为关键项目（在文中以"△"标识，其合格率不得低于95%（机电工程为100%），否则为不合格。

实测项目的规定极值是指任一单个检测值都不能突破的极限值，不符合要求时该实测项目为不合格。

分项工程的评分值满分为100分，按实测项目采用加权平均法计算。存在外观缺陷或资料不全时，须予减分。

$$分项工程得分 = \frac{\sum(检查项目得分 \times 权值)}{\sum 检查项目权值} \tag{1-22}$$

$$分项工程评分值 = 分项工程得分 - 外观缺陷减分 - 资料不全减分 \tag{1-23}$$

（1）基本要求检查　分项工程所列基本要求，对施工质量优劣具有关键作用，应按基本要求对工程进行认真检查。经检查不符合基本要求规定时，不得进行工程质量的检验和评定。

（2）实测项目计分　对规定检查项目采用现场抽样方法，按照规定频率和下列计分方法对分项工程的施工质量直接进行检测计分。

检查项目除按数理统计方法评定的项目以外，均应按单点（组）测定值是否符合标准要求进行评定，并按合格率计分。

$$检查项目合格率(\%) = \frac{检查合格的点(组)数}{该检查项目的全部检查(组)数} \times 100\% \tag{1-24}$$

$$检查项目得分 = 检查项目合格率 \times 100 \tag{1-25}$$

（3）外观缺陷减分　对工程外观状况应逐项进行全面检查，如发现外观缺陷，应进行减分。对于较严重的外观缺陷，施工单位须采取措施进行整修处理。

（4）资料不全减分　分项工程的施工资料和图表残缺，缺乏最基本的数据，或有伪造涂改者，不予检验和评定。资料不全者应予减分，减分幅度可按《公路工程质量检验评定标准　第一册　土建工程》3.2.7条所列各款逐款检查，视资料不全情况，每款减1~3分。

2. 分部工程和单位工程质量评分

附录A所列分项工程和分部工程区分为一般工程和主要（主体）工程，分别给以1和2的权值。进行分部工程和单位工程评分时，采用加权平均值计算法确定相应的评分值。

$$分部（单位）工程评分值 = \frac{\sum\left[分项（分部）工程评分值 \times 相应权值\right]}{\sum 分项（分部）工程权值} \tag{1-26}$$

3. 合同段和建设项目工程质量评分

合同段和建设项目工程质量评分值按《公路工程竣（交）工验收办法》计算。

4. 质量保证资料

施工单位应有完整的施工原始记录、试验数据、分项工程自查数据等质量保证资料，并进行整理分析，负责提交齐全、真实和系统的施工资料和图表。工程监理单位负责提交齐全、真实和系统的监理资料。质量保证资料应包括以下六个方面：

1）所用原材料、半成品和成品质量检验结果。

2）材料配合比、拌和加工控制检验和试验数据。

3）地基处理、隐蔽工程施工记录和桥梁、隧道施工监控资料。

4）质量控制指标的试验记录和质量检验汇总图表。

5）施工过程中遇到的非正常情况记录及其对工程质量影响分析评价资料。

6）施工过程中如发生质量事故，经处理补救后达到设计要求的认可证明文件等。

三、工程质量等级评定

1. 分项工程质量等级评定

分项工程评分值不小于 75 分者为合格；小于 75 分者为不合格；机电工程、属于工厂加工制造的桥梁金属构件不小于 90 分者为合格，小于 90 分者为不合格。

评定为不合格的分项工程，经加固、补强或返工、调测，满足设计要求后，可以重新评定其质量等级，但计算分部工程评分值时按其复评分值的 90% 计算。

2. 分部工程质量等级评定

所属各分项工程全部合格，则该分部工程评为合格；所属任一分项工程不合格，则该分部工程为不合格。

3. 单位工程质量等级评定

所属各分部工程全部合格，则该单位工程评为合格；所属任一分部工程不合格，则该单位工程为不合格。

4. 合同段和建设项目质量等级评定

合同段和建设项目所含单位工程全部合格，其工程质量等级为合格；如所属任一单位工程不合格，则合同段和建设项目的工程质量评为不合格。

公路工程质量检验项目参见《公路工程质量检验评定标准　第一册　土建工程》（下简称《评定标准》）的规定。

任务1.5　公路试验检测数据报告编制要求

交通基础设施建设高速发展的二十余年里，试验检测数据报告对工程质量保障的重要性已被广大建设者和管理者认同，用检测报告的形式为决策者提供必要信息已成为广泛的需求，推行标准化是市场的需要，也是行业发展的趋势。

交通运输部工程质量监督局（原交通部基本建设质量监督总站）自 2006 年立项开展交通

基本建设工程试验检测数据报告标准化研究以来，在全国范围内开展了大量的调研工作并广泛征求有关方面意见，对试验检测数据报告格式不统一的问题进行了深入分析，对影响试验检测数据报告标准化进程的因素进行了充分研究，确定了以提高交通建设工程质量水平为宗旨、以加强公路工程试验检测行业管理为手段、以建立有效的动态更新机制为保障、以发展信息化技术为支撑的技术路线，归纳总结出试验检测数据报告的基本管理与技术要素，为搭建试验检测数据共享与交流平台奠定基础。研究工作根据行业管理的迫切要求和近几年来工程检测的实际需要，围绕公路工程试验检测项目（参数）数据报告的标准化展开，以工地试验室在记录报告及检测管理方面的基本需求为重点和突破口，向上扩展到综合乙级的全部检测项目（参数）和综合甲级、专项类的部分常用重点检测项目（参数）。自2012年《公路试验检测数据报告编制导则释义手册》（以下简称"本规范"）颁布，公路试验检测报告有了标准要求。通过对公路试验检测数据报告格式的统一，达到推动试验检测管理标准化、规范化和科学化的目的，提高质量控制水平，为试验检测数据信息化管理创造基础条件。公路试验检测数据报告包括公路试验检测记录表（以下简称"记录表"）和公路试验检测报告（以下简称"报告"）。

1. 公路试验检测报告的格式与要素

试验检测机构常见的记录有管理记录和技术记录。本规范指的是技术记录，技术记录是将被测对象按照规范标准要求进行试验检测后所产生的数据和信息，包括原始观察数据、导出数据、确保检测活动公正准确可以追溯的其他信息，如试验环境条件、检测活动的主要仪器设备、试验检测人员信息等。利用数据和信息可以判定被测对象是否达到了规定的技术指标或技术要求，及时掌握质量波动状况和变化趋势，为质量判定提供依据。

原始记录应具有溯源性、真实性、完整性和准确性。溯源性是指通过记录的信息可追溯试验检测过程的各环节和要素，并能还原整个检测过程，因此记录的信息应尽可能详尽，包括记录有关样品、试验检测过程的完整信息；真实性就是如实地记录当时当地进行的试验检测的情况，包括试验检测过程中的数据、现象、仪器设备、环境条件等信息；完整性是指记录中涉及或影响报告中检测结果、数据和结论的因素都必须完整、详细，应能使未参加检测的同专业人员能从记录上查得审核报告所需的全部信息；准确性包括试验检测所测得原始数据、计算、修约的正确性，以及环境条件、设备状态等信息的准确性。

公路试验检测数据报告如图1-4所示。报告按内容属性，由管理要素和技术要素构成，其中管理要素包括标题区、落款区、基本信息区和附加声明区等内容，技术要素包括检验对象属性区和检验数据区等内容。

（1）管理要素

1）标题区，又称为"表头"，位于记录表/报告表格区外部上方，用于表征记录表/报告的属性信息。

2）落款区，位于记录表/报告表格区外部下方，用于表征记录表/报告的签署信息。

3）基本信息区，位于记录表/报告表格区的上部，用于表征被检对象信息及试验检测条件信息。

4）附加声明区，又称为"备注"，位于记录表/报告表格区的下部，用于补充试验检测需说明的信息。

（2）技术要素

1）检验对象属性区，为报告的专有信息，用于描述被检对象的专属信息，位于报告表

JT/T 828—2012

××××试验检测报告

第×页，共×页

×B××××××

试验室名称：		报告编号：	

标题区

施工/委托单位		委托编号	
工程名称		样品编号	
工程部位/用途		样品描述	
试验依据		判定依据	
主要仪器设备及编号			

基本信息区

检验对象属性区

检验数据区

检测结论：

备注：

附加声明区

试验：　　审核：　　签发：　　日期：　　年　月　日(专用章)

落款区

图1-4　试验检测报告格式

格区中部偏上位置，上紧接"基本信息区"。

2）检验数据区，位于记录表/报告表格区中部偏下位置，"附加声明区"的上方，在记录表中用于表征试验过程中的原始数据、过程数据及试验结果等信息；在报告中用于表征试验检测结果与结论等信息。

2. 试验检测记录表编制要求

记录表标准格式的编制要求，是为了统一工地现场质量控制的关键和常用参数的试验检测记录表格式，以推动工程管理规范化和科学化，创造试验检测数据电子信息化管理条件，提高工程质量管理工作的效率。

本规范以《公路水运工程试验检测机构等级标准》为基本依据，对记录表所涉及的管理要素与技术要素内容进行详细的规定，特别明确表格名称、唯一性标识编码的具体编写方式与管理规定记录表示例如图1-5所示。

第1页，共1页

JJ050la

水泥混凝土抗压强度试验检测记录表(立方体)

试验室名称：××××试验检测中心　　　　　　　　　　记录编号：JL-2012-TYH-008

工程部位/用途	××××大桥×墩台	委托/任务编号	PW-2012-008
试验依据	JTC E40-2005 T0553-2005	样品编号	YP-2012-TYH-008
试验条件	温度21℃，湿度61%	试验日期	2012-6-27 — 2012-7-25
样品描述	无掉边，无缺角		
主要仪器设备及编号	NYL-2000 压力机(SB-007);钢直尺(SB-028)		
混凝土种类	普通混凝土	养护条件	温度20℃，湿度96%

试件编号	成型日期	强度等级/MPa	试验日期	龄期/d	试件尺寸/mm	权限荷载/kN	抗压强度测值/MPa	抗压强度测定值/MPa	换算成标准试件抗压强度值/MPa
YP-2012-TYH-008-1	2012-6-27	30	2012-7-25	28	150×150×150	778.45	34.6	37.0	37.0
						894.54	39.8		
						820.45	36.5		
YP-2012-TYH-008-2	2012-6-27	30	2012-7-25	28	150×150×150	768.34	34.1	35.0	35.0
						800.56	35.6		
						791.34	35.2		
YP-2012-TYH-008-3	2012-6-27	30	2012-7-25	28	150×150×150	821.00	36.5	35.5	35.5
						795.67	35.4		
						777.34	34.5		
/	/	/	/	/	原始观测项目	数据处理过程	试验结果		
/	/	/	/	/	/	/	/		
					/	/	/		
/	/	/	/	/	/	/	/		

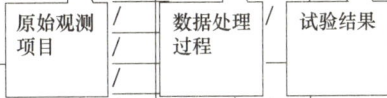

备注：

试验：　　　　　　　　复核：　　　　　　　　　　　日期：　年　月　日

图1-5　记录表示例

（1）管理要素　管理要素主要包括标题区、落款区、基本信息区和附加声明区。

1）标题区主要包括：表格名称、唯一性标识编码、试验室名称、记录编号和页码等内容。

① 表格名称，位于标题区第一行居中位置。以《公路水运工程试验检测机构等级标准》中综合甲级（桥梁结构、构件，隧道，交通安全设施等除外）、桥梁隧道工程专项和交通工程专项中所列的"项目""主要试验检测参数"（以下简称"参数"）栏的内容为依据，原则上采用"项目名称＋参数名称＋试验检测记录表"的形式，特殊情况可见《公路试验检测数据报告编制导则释义手册》（JT/T 828—2012）6.1.1.2 条。

② 唯一性标识编码，以区分记录表的管理编码，具有唯一性，与表格名称同处一行，靠右对齐。记录表唯一性标识编码采用 2＋2＋2＋1 四段位的编码形式，即用"专业编码"＋"项目编码"＋"参数编码"＋"方法区分码"的形式表示，其结构如图 1-6 所示。

记录表唯一性标识编码各段位的编制要求为：

a. 专业编码，由两位大写英文字母组成，第一位字母用于区分专业类别，用 J、Q、A 分别代表公路工程、桥梁隧道工程、交通工程专业，第二位字母为 J，代表记录表。

b. 项目编码，由两位数字组成，用《公路水运工程试验检测机构等级标准》中的"综合甲级（桥梁结构、构件，隧道，交通安全设施等除外）""桥梁隧道工程专项""交通工程专项"中"项目"序号表示，采用 01～99 的形式。

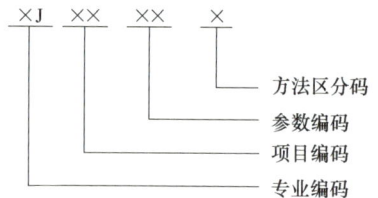

图 1-6　记录表唯一性标识编码结构示意图

c. 参数编码，由两位数字组成，用《公路水运工程试验检测机构等级标准》中与项目对应的"参数"栏内各参数的顺序号表示，采用 01～99 的形式；多参数记录表，该段位为排在前面的参数的顺序号。

d. 方法区分码，由一位小写英文字母组成，采用 a～z（i, l, o 除外）的形式，用于区分单项目或多项目对同一参数的不同试验方法，由试验室自行制定。如粗集料颗粒级配（干筛法 a、水洗法 b）、细集料颗粒级配（干筛法 c、水洗法 d）、矿粉颗粒级配（水洗法 e）等。无方法区分码时，此段位编码省略。

唯一性标识编码示例见表 1-3。

表 1-3　唯一性标识编码示例

序　号	项　目	参　数	参 数 号	表 格 名 称	唯一性标识编码
1	土	颗粒级配	0101	土的颗粒分析试验检测记录表（筛分法）	JJ0101a
				土的颗粒分析试验检测记录表（密度计法）	JJ0101b
				土的颗粒分析试验检测记录表（移液管法）	JJ0101c

③ 试验室名称，位于标题区第二行位置，靠左对齐。在不引起歧义时，可用"公路水运工程试验检测机构等级证书"的编号表示试验室名称，工地试验室名称应能反映出其母体试验室及项目标段的信息。

④ 记录编号，与"试验室名称"同处一行，靠右对齐。记录编号由试验室自行编制，用于试验参数、试验过程的识别。

⑤ 页码，位于表格的页眉处，靠右对齐，以"第×页，共×页"的形式表示。

2）落款区，由"试验""复核""日期"三部分组成。日期为记录表的复核时间，以"××年××月××日"的形式表示，如"2010 年 04 月 30 日"。

3）基本信息区，包括但不限于工程部位/用途、委托/任务编号、样品名称、样品描述、样品编号、试验条件、试验依据、试验日期、主要仪器设备及编号等内容。相关编写要求为：

① 工程部位/用途：为二选一填写项，当可以明确被检对象在工程中的具体位置时，宜填写工程部位的桩号；当指明数据报告结果的具体用途时，宜填写相关信息。

② 委托/任务编号：由试验室自行编制，用于表示外部委托/内部任务流转的唯一性编号，一般宜填写委托编号，用于盲样管理时可填写任务编号。

③ 样品名称：按标准规范要求填写。

④ 样品描述：描述样品的状态，如样品的结构、形状、规格、颜色、数量等信息。

⑤ 样品编号：由试验室自行编制，用于区分每件独立样品的唯一性编号。

⑥ 试验条件：用于描述试验时的环境条件，如试验的温度、湿度、照度以及在标准中有明确规定的其他环境条件的实测值或范围值。

⑦ 试验依据：进行试验所依据的现行有效的标准、规程或其他技术文件。宜至少填写出完整的标准、规程编号，如 GB/T 232—2010；必要时，可写至标准、规程的方法编号或条款号，如 JTG E42—2005 T0305—1994。

⑧ 试验日期：为试验的起止时间，以时间段或时间点表示。

⑨ 主要仪器设备及编号：试验所用主要仪器设备的信息，宜包括仪器设备名称、型号规格及唯一性标识。

4）附加声明区，可用于：

① 对试验检测的依据、方法、条件等偏离情况的声明。

② 其他见证方签认。

③ 其他需要补充说明的事项。

（2）技术要素　技术要素的检验数据区用于记录试验过程和试验结果的信息，是试验室按试验依据编制的技术内容，宜包括但不限于原始观测项目、数据处理过程与方法、试验结果等，相关编写要求为：

① 原始观测项目：应包含获取试验结果所需的充分信息，以便该试验在尽可能接近原条件的情况下能够复现。

② 数据处理过程与方法：宜保留试验数据的处理过程，给出由原始观测数据导出试验结果的过程记录、数据修约或方法等。

③ 试验结果：宜按试验依据文件要求给出该项试验的测试结果。

课堂测试

一、单选题

1. 公路工程质量检验评分的评定单元为（　　）。

A. 单位工程　　　B. 分部工程　　　C. 分项工程　　　D. 单项工程

2. 根据现行《公路工程质量检验评定标准　第一册　土建工程》的划分，（　　）为分部工程。

A. 软土地基　　　B. 小桥　　　C. 基层　　　D. 大型挡土墙

3. 当分项工程加固、补强后，评分值为 86 分，该分项工程可评为（　　）。

A. 优良　　　　B. 合格　　　　C. 不合格　　　　D. 无法评定

4. 进行沥青混凝土路面施工，每日需对生产的混合料进行抽验，矿料级配、沥青含量、马歇尔稳定度等结果的合格率应不小于（　　）%。

A. 80　　　　B. 85　　　　C. 90　　　　D. 95

5. 分部工程和单位工程采用（　　）评分方法。

A. 合格率评分法　　　　　　B. 数理统计评分方法

C. 加权平均计算法　　　　　D. 外观缺陷扣分法

6. 评定为不合格的分项工程，经加固、补强或返工、调测，满足设计要求后，可以重新评定其质量等级，但计算分部工程评分值时，按其复评分值的（　　）%计算。

A. 75　　　　B. 95　　　　C. 80　　　　D. 90

7. 《公路工程质量检验评定标准　第一册　土建工程》不适用于下列哪项工程？（　　）

A. 新建二级公路　　　　　　B. 改建三级公路

C. 改建一级公路改建　　　　D. 高速公路大修

8. 涉及结构安全和使用功能的重要实测项目为关键项目，其合格率不得低于（　　）。

A. 85%　　　　B. 90%　　　　C. 95%　　　　D. 100%

9. 对于涉及结构安全的使用功能的重要实测项目，属于工厂加工制造的交通工程安全设施及桥梁金属构件其合格率不低于（　　）。

A. 85%　　　　B. 90%　　　　C. 95%　　　　D. 100%

二、判断题

1. 实测项目的规定极值是指任一单个检测值都不能突破的极限值，不符合要求时该实测项目为不合格。（　　）

2. 大中修工程的质量检验评定标准为《公路工程质量检验评定标准》。（　　）

3. 由于施工单位、工程监理单位和建设单位在工程质量监管体系中的作用不同，因此，对工程项目的划分应有所侧重。（　　）

4. 互通式立体交叉的路基、路面、交通安全设施按公路全线纳入相应单位工程。（　　）

5. 桥梁工程按特大桥、大桥、中桥、小桥分别作为一个单位工程。（　　）

6. 分部工程通常都具有独立施工条件。（　　）

7. 每 10km 或每标段路基工程可以作为单位工程。（　　）

8. 土工合成材料处治层在进行路基土石方工程评分时，其权值为1。（　　）

9. 按路段长度划分的分部工程，高速公路、一级公路宜取低值，二级及二级以下公路可取高值。（　　）

10. 施工单位应对各分项工程按《公路工程质量检验评定标准》所列基本要求和实测项目进行自检。（　　）

三、多选题

1. 属于工程项目质量保证资料的有（　　）。

A. 原材料质量检验结果　　　　B. 隐蔽工程施工记录

C. 混合料配合比试验数据　　　D. 大桥施工监控资料

2. 下列工程中可为单位工程的有（　　）。

A. 一条公路的路基工程　　　　　　B. 一个合同段的路基工程

C. 一个合同段的排水工程　　　　　D. 一个合同段的交通安全设施

3. 分项工程质量检验的内容包括（　　　）。

A. 基本要求　　　B. 实测项目　　　C. 外观鉴定　　　D. 质量保证资料

4. （　　　）可依据《公路工程质量检验评定标准　第一册　土建工程》对公路工程质量进行检测评定。

A. 质量监督部门　　B. 质量检测机构　　C. 建设单位　　　D. 总监理工程师

5. 分部工程质量等级分为（　　　）。

A. 合格　　　　B. 良好　　　　C. 不合格　　　　D. 优秀

四、问答题

1. 分部工程质量的评分值及等级是如何确定的？

2. 沥青混凝土面层的基本要求有哪些？

3. 某路段水泥混凝土路面板厚度检测数据见表1-4。保证率为95%，设计厚度 $h_d = 25cm$，代表值允许偏差 $\Delta h = 5mm$，合格值允许偏差为 $-10mm$，试对该路段的板厚进行评价。（根据 $n = 30$，$\alpha = 95\%$，查表得 $t_\alpha / \sqrt{n} = 0.310$）

表1-4　水泥混凝土路面板厚度检测数据汇总

序　号	1	2	3	4	5	6	7	8	9	10
厚度 h_i/cm	25.1	24.8	25.1	24.6	24.7	25.4	25.2	25.3	24.7	24.9
序　号	11	12	13	14	15	16	17	18	19	20
厚度 h_i/cm	24.9	24.8	25.3	25.3	25.2	25.0	25.1	24.8	25.0	25.1
序　号	21	22	23	24	25	26	27	28	20	30
厚度 h_i/cm	24.7	24.9	25.0	25.4	25.2	25.1	25.0	25.0	25.5	25.4

4. 某高速公路沥青混凝土面层设计厚度为16cm，厚度允许偏差分别为 -8%（代表值）和 -15%（合格值）的总厚度。评定路段厚度检测结果（20个测点）分别为16.6、15.9、15.4、14.8、15.1、14.6、15.7、15.8、15.3、16.2、16.5、16.9、15.8、17.1、15.6、16.7、15.8、15.9、16.2、16.8（单位：cm）。试按保证率95%评定该路段的厚度是否合格？并计算实际得分。

💡 **启示角**

"十三五"期间我国公路总里程居世界第一

"十三五"以来，全国高速公路建设次第开花，一批批重大公路项目在大江南北纷纷落地，在青藏高原、在彩云之南、在千湖之省、在粤港澳大湾区……！"十纵十横"综合运输大通道加快联通，中国公路网在不断延伸。如今，我国公路通车里程达510万公里，其中高速公路15.5万公里，居世界第一位，覆盖了98.6%的20万人口以上的城市和地级行政中心。普通干线公路实现提质升级，基础服务网络广泛覆盖，截至2019年年底，全国二级及以上等级公路里程达67.2万公里。

一条条"康庄大道"的修建是我国经济和科技快速腾飞的缩影，作为新一代"公路人"，我们要努力学习，打下坚实的基础，为国家交通事业的发展贡献自己的力量。

任务 2

路基路面几何尺寸及路面厚度检测

对公路路基路面各个层次进行各种测定时，为使获取的试验数据具有代表性，往往采用随机取样选点的方法。随机取样选点是按照数理统计原理，在路基路面现场测定时决定测定区间、测定断面、测点位置的方法。

任务2.1 路基路面现场测试随机选点

随机取样选点法需要的仪器及材料包括：

量尺（钢尺、皮尺等）；硬纸片（共28块，每块大小为2.5cm×2.5cm，并从1~28编号后装入一个布袋里）；骰子（2个）；其他（毛刷、粉笔）等。

一、测定区间或测定断面的确定方法

首先是路段的确定。根据路面施工或验收、质量评定方法等有关规范决定需要检测的路段。检测路段可以是一个作业段、一天完成的路段或路线全程。在路基、路面工程检查验收时，通常取1km为一个检测路段。下面主要介绍测定断面的确定步骤（测定区间的确定与此相同）。

1）将检测路段划分为一定长度的区间或按桩号间距（一般20m）划分成若干个断面，依次编号为1，2，3，…，n，总的区间数或断面数为T个。

2）从布袋中随机摸出一块硬纸片，硬纸片上的数字为表2-1的栏号（表中仅列出1~5栏），共28栏。从1~28栏中选出该栏号对应的一栏。

3）按照测定区间数、断面数检测频度的要求，确定测定断面的取样总数n。依次找出与A列01，02，03，…，n对应的B列数值，共n对对应A、B值。当n>30时，应分次进行。

4）将n个B值与总的区间数或断面数T相乘，四舍五入成整数，即得到n个断面的编号。

5）查断面编号对应的桩号，即为拟检测的断面。

【例2-1】 拟从K18+000~K19+000的检测路段中选择20个断面测定路面宽度、高程、横坡度等外形尺寸，断面桩号决定方法如下：

1）1km总的断面数T=1000/20=50，编号1~50。

2）从布袋中摸出一块硬纸片，其编号为5，栏号为5，即使用表2-1中的第5栏。

3）从第5栏中A列中挑出小于20所对应的B列数值，将B与T相乘，取整，四舍五

入得到 20 个编号，并得到 20 个断面的桩号。计算过程列于表 2-2 中。

表 2-1 一般取样的随机数表

栏号 1			栏号 2			栏号 3			栏号 4			栏号 5		
A	B	C	A	B	C	A	B	C	A	B	C	A	B	C
15	0.033	0.578	05	0.048	0.879	21	0.013	0.220	18	0.089	0.716	17	0.024	0.863
21	0.101	0.300	17	0.074	0.156	30	0.036	0.853	10	0.102	0.330	24	0.060	0.032
23	0.129	0.916	18	0.102	0.191	10	0.052	0.746	14	0.111	0.925	26	0.074	0.639
30	0.158	0.434	06	0.105	0.257	25	0.061	0.954	28	0.127	0.840	07	0.167	0.512
24	0.177	0.397	28	0.179	0.447	29	0.062	0.507	24	0.132	0.271	28	0.194	0.776
11	0.202	0.271	26	0.187	0.844	18	0.087	0.887	19	0.285	0.089	03	0.219	0.166
16	0.204	0.012	04	0.188	0.482	24	0.105	0.849	01	0.326	0.037	29	0.264	0.284
08	0.208	0.418	02	0.208	0.577	07	0.139	0.159	30	0.344	0.938	11	0.282	0.262
19	0.211	0.798	03	0.218	0.402	01	0.175	0.647	22	0.405	0.295	14	0.379	0.994
29	0.233	0.070	07	0.245	0.808	23	0.196	0.873	05	0.421	0.282	13	0.394	0.405
07	0.260	0.073	15	0.248	0.831	26	0.240	0.981	13	0.451	0.212	06	0.410	0.157
17	0.262	0.308	29	0.261	0.037	14	0.255	0.374	02	0.461	0.023	15	0.438	0.700
25	0.271	0.180	30	0.302	0.883	06	0.310	0.043	06	0.487	0.539	22	0.453	0.635
06	0.302	0.672	21	0.318	0.088	11	0.316	0.653	25	0.497	0.396	21	0.472	0.824
01	0.409	0.406	11	0.376	0.936	13	0.324	0.585	25	0.503	0.893	05	0.488	0.118
13	0.507	0.693	14	0.430	0.814	12	0.351	0.275	15	0.594	0.603	01	0.525	0.222
02	0.575	0.654	27	0.438	0.676	20	0.371	0.535	27	0.620	0.894	12	0.561	0.980
18	0.591	0.318	08	0.467	0.205	08	0.409	0.495	21	0.629	0.841	08	0.652	0.508
20	0.610	0.821	09	0.474	0.138	16	0.445	0.740	17	0.691	0.583	18	0.668	0.271
12	0.631	0.597	10	0.492	0.474	03	0.494	0.929	09	0.708	0.689	30	0.736	0.634
27	0.651	0.281	13	0.498	0.892	27	0.543	0.387	07	0.709	0.012	02	0.763	0.253
04	0.661	0.953	19	0.511	0.520	17	0.625	0.171	11	0.714	0.049	23	0.804	0.140
22	0.692	0.089	23	0.591	0.770	02	0.699	0.073	23	0.720	0.695	25	0.828	0.425
05	0.779	0.346	20	0.604	0.730	19	0.702	0.934	03	0.748	0.413	10	0.843	0.849
09	0.787	0.173	24	0.654	0.330	22	0.816	0.802	20	0.781	0.603	16	0.858	0.849
10	0.818	0.837	12	0.728	0.523	04	0.838	0.166	26	0.830	0.384	04	0.903	0.327
14	0.905	0.631	16	0.753	0.344	15	0.904	0.116	04	0.843	0.002	09	0.912	0.382
26	0.912	0.376	01	0.806	0.134	28	0.969	0.742	12	0.884	0.582	27	0.935	0.162
28	0.920	0.163	22	0.878	0.884	09	0.974	0.046	29	0.926	0.700	20	0.970	0.582
03	0.945	0.140	25	0.930	0.162	05	0.977	0.494	16	0.951	0.601	19	0.975	0.327

注：此表共 28 个栏号，第 6~28 栏号中的 A、B、C 值可参照有关规程、规范或标准。

表 2-2　路面宽度、高程、横坡度检测断面随机选点计算

断面序号	5 栏 A 列	B 列	B × T	断面编号	桩　号
1	17	0.024	1.20	1	K18 + 020
2	07	0.167	8.35	8	K18 + 160
3	03	0.219	10.95	11	K18 + 220
4	11	0.282	14.10	14	K18 + 280
5	14	0.379	18.95	19	K18 + 380
6	13	0.394	19.70	20	K18 + 400
7	06	0.410	20.50	21	K18 + 420
8	15	0.438	21.90	22	K18 + 440
9	05	0.488	24.40	24	K18 + 440
10	01	0.525	26.25	26	K18 + 520
11	12	0.561	28.05	28	K18 + 560
12	08	0.652	32.60	33	K18 + 660
13	18	0.668	33.40	33	K18 + 680
14	02	0.763	38.00	38	K18 + 700
15	10	0.843	42.15	42	K18 + 840
16	16	0.858	42.90	43	K18 + 860
17	04	0.903	45.15	42	K18 + 840
18	09	0.912	45.60	46	K18 + 920
19	20	0.970	48.50	49	K18 + 980
20	19	0.975	48.75	49	K19 + 000

二、测点位置的确定方法

1）从布袋中任意取出一个纸片，纸片上的号即为表 2-1 中的栏号。从 1～28 栏中选出该栏号的一栏。

2）按照测点数的频率要求（取样总数为 n），依次找出栏号的取样位置数，每个栏号均有 A、B、C 三列。根据检验数据 n（当 $n > 30$ 时应分次进行），依次在所定栏号的 A 列找出等于所需取样位置的全部数，如 01，02，03，…，n。

3）确定取样位置的纵向距离。找出与 A 列中数值相对应的 B 列数值，以此数值乘以检测区间的总长度，并加上该段的起点桩号，即得出取样位置距该段起点的距离或桩号。

4）确定取样位置的横向距离。找出与 A 列数值相对应的 C 列数值。以此数值乘以检测路段（路基或路面）的宽度，再减去宽度的一半，即得出取样位置距路中心线的距离。如差值为正值，表示在中心线的右侧；如差值为负值，表示在中心线的左侧。

【例 2-2】　拟从 K18 + 000～K19 + 000 的检测路段中共选择 6 个测点进行钻孔取样检测压实度、结构层的厚度等，钻孔位置决定方法如下：

1）选定随机数编号为3，即采用表2-1中的第3栏。

2）从第3栏 A 列中选不大于6的数为：01、06、03、02、04、05。

3）从 B 列中挑出与 A 列中 6 个数相对应的 6 个数，分别为 0.175、0.310、0.494、0.699、0.838、0.977，填于表2-3。

4）取样路段长为1000m，乘以 B 列的6个数列于表中，加上起点的桩号即为测点桩号。

5）从 C 列中挑出与 A 列相对应的数值列于表2-3中。

6）路面宽度为10m，用路面宽度分别乘以 C 列数值再减去路面宽度的一半即为测点的横向位置。计算结果列于表2-3。

表2-3　钻孔位置取样选点计算表

测点编号	A	B	距测点距离/m	测点桩号	C	两边缘距离/m	距中线距离/m
1	01	0.175	175	K18+175	0.647	6.47	1.47
2	06	0.310	310	K18+310	0.043	0.43	-4.57
3	03	0.494	494	K18+494	0.929	9.29	4.29
4	02	0.699	699	K18+699	0.073	0.73	-4.27
5	04	0.838	838	K18+838	0.166	1.66	-3.34
6	05	0.977	977	K18+977	0.494	4.94	-0.06

任务2.2　路基路面几何尺寸检测

一、检测项目与要求

在路基路面施工过程中、交工验收期间及旧路调查中，都有必要检测路基路面各部分的几何尺寸，以保证其符合规定的要求。几何尺寸检测所使用的仪器与材料有钢尺、经纬仪、全站仪、水准仪、塔尺、粉笔等。几种结构层的几何尺寸检测项目的要求见表2-4所列。其他结构层检测项目的要求参见《公路工程质量检测评定标准　第一册　土建工程》，主要有纵断面高程、中线偏位、宽度、横坡等。

表2-4　几何尺寸检测要求

结构名称	检查项目	规定值或允许偏差		检查方法和频率
		高速公路、一级公路	其他公路	
土方路基	纵断面高程/mm	+10、-15	+10、-20	水准仪：中线位置每200m测2点
	中线偏位/mm	50	100	全站仪：每200m测2点，弯道加HY、YH两点
	宽度/mm	满足设计要求		尺量：每200m测4点
	横坡（%）	±0.3	±0.5	水准仪：每200m测2个断面
	边坡	满足设计要求		尺量：每200m测4点

（续）

结 构 名 称	检查项目		规定值或允许偏差		检查方法和频率
			高速公路、一级公路	其他公路	
水泥混凝土面层	纵横缝顺直度/mm		≤10		纵缝20m拉线尺量：每200m 4处；横缝沿板宽拉线尺量：每200m 4条
	中线偏位/mm		20		全站仪：每200m测2点
	宽度/mm		±20		尺量：每200m测4点
	纵断面高程/mm		±10	±15	水准仪：每200m测2个断面
	横坡（%）		±0.15	±0.25	水准仪：每200m测2个断面
沥青混凝土和沥青碎石面层	纵断高程/mm		±15	±20	水准仪：每200m测2个断面
	中线偏位/mm		20	30	全站仪：每200m测2点
	宽度/mm	有侧石	±20	±30	尺量：每200m测4个断面
		无侧石	不小于设计值		
	横坡（%）		±0.3	±0.5	水准仪：每200m测2个断面

二、准备工作

1）在路基或路面上准确恢复桩号。

2）按随机取样的方法，在一个检测路段内选取测定的断面位置及里程桩号。通常将路面宽度、横坡、高程及中线偏位选取在同一断面位置，且宜在整数桩号上测定。

3）根据道路设计的要求，确定路基路面各部分的设计宽度的边界位置；确定设计高程的纵断面位置；在与中线垂直的横断面上确定成型后路面的实际中线位置，在测定位置上用粉笔做上记号。

4）根据道路设计的路拱形状，确定曲线与直线部分的交界位置及路面与路肩（或硬路肩）的交界处作为横坡检验标准；当有路缘石或中央分隔带时，以两侧路缘石边缘为横坡测定的基准点，用粉笔做上记号。

三、纵断面高程测定

1）将水准仪架设在路面平顺处，整平，以路线附近的水准点高程为基准，依次将塔尺竖在中线的测定位置上，记录测定点的高程读数，以 m 为单位，准确至 0.001m。

2）连续测定全部测点并与水准点闭合。

各测点的实测高程 H_i 与设计高程 H_{0i} 之差为 ΔH_i，即

$$\Delta H_i = H_i - H_{0i} \qquad (2-1)$$

四、水准仪测定路面横坡

1）对无中央分隔带的公路路面横坡是指路拱两侧直线部分的坡度，以百分数表示。测定方法如下：将水准仪架设在路面平顺处整平，将塔尺分别竖在路拱曲线与直线部分的交界位置 d_1 处以及路面与路肩交界位置 d_2 处，d_1 和 d_2 两测点必须在同一横断面上，测量 d_1 和 d_2 处的高程，记录高程读数，以 m 为单位，准确至 0.001m。

2）对有中央分隔带的公路路面横坡是指路面与中央分隔带交界处及路面边缘与路肩交界处两点的高程差与水平距离的比值，以百分数表示。测定方法如下：将水准仪架设在路面平顺处，整平，将塔尺分别竖在路面与中央分隔带分界的路缘带边缘 d_1 处以及路面与路肩交界（或外侧路缘石边缘）的标记 d_2 处，d_1 和 d_2 两测点必须在同一横断面上，测量 d_1 和 d_2 处的高程，记录高程读数，以 m 为单位，准确至 0.001m。

3）用钢尺测量两测点的水平距离 B_i，以 m 为单位。对于高速公路、一级公路，准确至 0.005m；对于其他等级公路，准确至 0.01m。

4）各断面横坡度为两点的高程差与两点水平距离之比。

各测点断面的横坡度 i_i 按式（2-2）计算，准确至一位小数。按式（2-3）计算实测横坡 i_i（%）与设计横坡 i_{0i}（%）之差 Δi_i（%）。

$$i_i = \frac{h_{d1} - h_{d2}}{B_i} \times 100 \tag{2-2}$$

$$\Delta i_i = i - i_{0i} \tag{2-3}$$

式中　h_{d1}，h_{d2}——各测点断面两测点 d_1 和 d_2 的高程读数。

五、路基路面宽度及中线偏位测定

路基宽度指行车道与路肩宽度之和，以 m 为单位，当设有中间带、变速车道、爬坡车道、紧急停车带时，尚应包括这些部分的宽度。路面宽度包括行车道、路缘带、变速车道、爬坡车道、硬路肩和紧急停车带的宽度，以 m 计。其测定方法如下：

用钢尺沿中心线垂直方向水平量取路基路面各部分的宽度，以 m 为单位。对高速公路及一级公路，准确至 0.005m；对其他等级公路，准确至 0.01m。

测量时量尺应保持水平，不得将尺紧贴路面量取，路面宽度必须是水平宽度，如果尺子贴地面量，测定的是斜面，这是不正确的。另外测定时不得使用皮尺，必须使用钢尺。

各测定断面的实测宽度 B_i 与设计宽度 B_{0i} 之差为 ΔB_i，即

$$\Delta B_i = B_i - B_{0i} \tag{2-4}$$

实测宽度与设计宽度的差应符合规定值。

路基、路面实际中心线偏离设计中心线的距离为路基、路面中线偏位，以 mm 为单位。中线偏位的测定方法如下。

有中线坐标的道路：首先从设计资料中查出待测点 P 的设计坐标，用经纬仪对该设计坐标进行放样，并对放样点 P' 做好标记，量取 PP' 的长度，即为中线平面偏位 Δ_{CL}，以 mm 为单位。对高速公路及一级公路，准确至 5mm；对其他等级公路，准确至 10mm。

无中桩坐标的低等级道路：首先恢复交点或转点，实测偏角和距离，然后采用链距法、切线支距法或偏角法等传统方法敷设道路中线的设计位置，量取设计位置与施工位置之间的距离，即为中线平面偏位 Δ_{CL}，以 mm 为单位，准确至 10mm。

六、检测路段数据整理

根据检测的数据，计算一个评定路段内测定值的平均值、标准差、变异系数等质量特征值，计算测定值与设计值之差，并按照数理统计原理计算一个评定路段内测定值的代表值。

按式（2-5）计算实测值 X_i 与设计值 X_0 之差。

$$\Delta X_i = X_i - X_0 \tag{2-5}$$

式中　X_i——各个测点的测定值；

　　　X_0——设计值；

　　　ΔX_i——实测值 X_i 与设计值 X_0 之差。

测定值的平均值、标准偏差、变异系数、绝对误差、精度等按式（2-6）~式（2-10）计算。

$$\overline{X} = \frac{\sum X_i}{N} \tag{2-6}$$

$$S = \sqrt{\frac{\sum (X_i - X)^2}{N-1}} \tag{2-7}$$

$$C_v = \frac{S}{X} \times 100\% \tag{2-8}$$

$$m_X = \frac{S}{\sqrt{N}} \tag{2-9}$$

$$p_X = \frac{m_X}{X} \times 100\% \tag{2-10}$$

式中　X_i——各个测点的测定值；

　　　N——一个评定路段内的测点数；

　　　$\overline{X}$——一个评定路段内测定值的平均值；

　　　S——一个评定路段内测定值的标准偏差；

　　　C_v——一个评定路段内测定值的变异系数；

　　　m_X——一个评定路段内测定值的绝对误差；

　　　p_X——一个评定路段内测定值的试验精度；

计算一个评定路段内测定值的代表值时，对单侧检验的指标，按式（2-11）计算；对双侧检验的指标，按式（2-12）计算。

$$X' = \overline{X} \pm S \frac{t_\alpha}{\sqrt{N}} \tag{2-11}$$

$$X' = \overline{X} \pm S \frac{t_{\alpha/2}}{\sqrt{N}} \tag{2-12}$$

式中　X'——一个评定路段内测定值的代表值；

　　　t_α 或 $t_{\alpha/2}$——t 分布表中随自由度（$N-1$）和置信水平 α（保证率）而变化的系数。

单边或双边置信水平 α 即保证率为 95%、90% 时的 $t_\alpha/\sqrt{N}$ 或 $t_{\alpha/2}/\sqrt{N}$ 的值详见《公路路基路面现场测试规程》附录 B 中的表 B（以下称为"附表 B"）。

当无特殊规定时，可疑数据的舍弃宜按照 k 倍标准偏差作为舍弃标准，即在资料分析中，应舍弃那些在 $\overline{x} \pm kS$ 范围以外的测定值，然后再重新计算整理。当试验数据 N 为 3、4、5、6 个时，k 值分别为 1.15、1.46、1.67、1.82；N 等于或大于 7 时，k 值采用 3。

任务2.3 路面结构层厚度检测

在路面工程中，各个层次的厚度是和道路整体强度密切相关的。在路面设计中，路面的厚度是按设计荷载及荷载的作用次数计算出来的。厚度不够，就不能抵抗荷载作用下的应力，或者说就不能保证路面的使用寿命。不管是刚性路面还是柔性路面，各个层次的厚度是至关重要的。只有在保证厚度的情况下，路面的各个层次及整体的强度才能得到保证。除了保证强度外，严格控制各结构层的厚度，还能对路面的标高起到一定的控制作用。因此，路面厚度是一个非常重要的质量控制指标，路面各层次施工完成后及工程交工验收时，必须进行厚度检测。

路面各结构层厚度的检测一般与压实度同时进行，当用灌砂法进行压实度检查时，可量取挖坑灌砂深度即为结构层的厚度。当用钻芯取样法检查压实度时，可直接量取芯样高度。结构层厚度也可以采用水准仪量测法求得，即在同一测点量出结构层底面及顶面的高程，然后求其差值。这种方法无需破坏路面，测试精度高。目前，国内外还有用雷达、超声波等方法检测路面结构层厚度。

路面各结构层厚度的检测方法与结构层的层位和种类有关，对于基层或砂石路面的厚度可用挖坑法检测定，沥青面层与水泥混凝土路面板的厚度应用钻芯法和雷达法、超声波法检测。

一、检测要求

1. 路面厚度代表值与极值的允许偏差

几种常用的路面结构层厚度的代表值与极值的允许偏差见表2-5。

表2-5 几种常用的路面结构层厚度的代表值与极值的允许偏差

类型与层位		厚度/mm			
		代 表 值		合 格 值	
		高速公路、一级公路	其他公路	高速公路、一级公路	其他公路
水泥混凝土面层		−5	−5	−10	−10
沥青混凝土、沥青碎石面层		总厚度：−5%H；上面层：−10%h	−8%H	总厚度：−10%H；上面层：−20%h	−15%H
沥青贯入式面层		−8%H 或 −5		−15%H 或 −10	
水泥稳定类粒料	基层	−8	−10	−10	−20
	底基层	−10	−12	−25	−30
石灰稳定土	基层	—	−10	—	−20
	底基层	−10	−12	−25	−30

注：H 为沥青层总厚度，h 为沥青上面层厚度。

2. 抽检频率

水泥混凝土面层，每200m测2点，沥青混凝土、沥青碎石面层，每200mm测1点；

沥青贯入式面层，每200m测2点；水泥稳定粒料基层及石灰稳定土底基层，每200m测2点。

二、挖坑及钻芯法测定路面厚度

1. 仪具与材料技术要求

1）挖坑用的镐、铲、凿子、锤子、小铲、毛刷。

2）取样用路面取芯钻机及钻头、冷水机。钻头的标准直径为$\phi 100mm$，如芯样仅供测量厚度，不做其他试验时，对沥青面层与水泥混凝土板也可用直径$\phi 50mm$的钻头；对基层材料有可能损坏试件时，也可用直径$\phi 50mm$的钻头，但钻孔深度均必须达到层厚。

3）量尺：钢直尺、钢卷尺、卡尺。

4）补坑材料：与检查层位的材料相同。

5）补坑用具：夯、热夯、水等。

6）其他：搪瓷盘、棉纱等。

2. 挖坑法

1）根据现行相关规范的要求，随机取样决定挖坑检查的位置。如为旧路，该点有坑洞等显著缺陷或接缝时，可在其旁边检测。

2）选一块约40cm×40cm的平坦表面作为试验地点，用毛刷将其清扫干净。

3）根据材料坚硬程度，选择镐、铲、凿子等适当的工具，开挖这一层材料，直至层位底面。在便于开挖的前提下，开挖面积应尽量缩小，坑洞大体呈圆形，边开挖边将材料铲出，置于搪瓷盘中。

4）用毛刷将坑底清扫，确认坑底面为下一层的顶面。

5）将钢直尺平放横跨于坑的两边，用另一把钢尺或卡尺等量具在坑的中部位置垂直伸至坑底，测量坑底至钢直尺的距离，即为检查层的厚度，以mm为单位计，准确至1mm。

3. 钻孔取样法

1）根据现行相关规范的要求，随机取样决定挖坑检查的位置。如为旧路，该点有坑洞等显著缺陷或接缝时，可在其旁边检测。

2）按钻取芯样的方法用路面取芯机钻孔。

3）仔细取出芯样，清除底面灰尘，找出与下层的分界面。

4）用钢直尺或卡尺沿圆周对称的十字方向四处量取表面至上下层界面的高度，取其平均值即为该层的厚度，以mm为单位计，准确至1mm。

4. 施工过程中的简易方法

在沥青路面施工过程中，当沥青混合料尚未冷却时，可根据需要随机选择测点，用大螺钉旋具插入至沥青层底面深度后用尺读数，量取沥青层的厚度，以mm为单位计，准确至1mm。

5. 填补挖坑或钻孔方法

用与取样层相同的材料填补挖坑或钻孔，具体步骤如下：

1）适当清理坑中残留物，钻孔时留下的积水应用棉纱吸干。

2）对无机结合料稳定层及水泥混凝土路面板，应按相同配合比用新拌的材料分层填补并用小锤压实。水泥混凝土中宜掺加少量快凝早强剂。

3）对无机结合料粒料基层，可用挖坑时取出的材料，适当加水拌和后分层填补，并用小锤压实。

4）对正在施工的沥青路面，用相同级配的热拌沥青混合料分层填补并用加热的铁锤或热夯压实，旧路钻孔也可用乳化沥青混合料修补。

5）所有补坑结束时，宜比原面层略鼓出少许，用重锤或压路机压实平整。

特别注意的是，补坑工序如有疏忽、遗留或补得不好，易成为隐患而导致开裂，所有挖坑、钻孔均应仔细做好。

三、路面结构层厚度评定

对路段内路面结构层厚度按代表值的允许偏差和单个测定值的允许偏差进行评定，厚度的代表值为厚度的算术平均值的下置信界限值，即

$$h_{\mathrm{L}} = \bar{h} - St_\alpha/\sqrt{n} \tag{2-13}$$

式中　h_{L}——厚度代表值；

　　　$\bar{h}$——厚度平均值；

　　　S——标准偏差；

　　　n——检查数量；

　　　t_α——t 分布中随测点数和保证率（置信度 α）而变的系数，查附表 B 确定。

采用的保证率为：

高速公路、一级公路：基层、底基层为 99%；面层为 95%。

其他公路：基层、底基层为 95%；面层为 90%。

当厚度代表值大于或等于设计厚度减去代表值允许偏差时，则按单个检查值的偏差不超过单点合格值来计算合格率；当厚度代表值小于设计厚度减去代表值允许偏差时，相应分项工程评为不合格。

代表值和单点合格值的允许偏差参见实测项目表。

沥青面层一般按沥青铺筑层总厚度进行评定，但高速公路和一级公路分 2~3 层铺筑时，还应进行上面层厚度检查和评定。

【例 2-3】　某路段水泥混凝土路面板厚度检测数据见表 2-6 所列。保证率为 95%，设计厚度为 25cm。代表值允许偏差为 5mm。试对该路段的板厚进行评价。

表 2-6　水泥混凝土路面板厚度检测结果　（单位：cm）

序号	1	2	3	4	5	6	7	8	9	10	11	12	13	14	15
厚度	25.1	24.8	25.1	24.6	24.7	25.4	25.2	25.3	24.7	24.9	24.8	25.3	25.3	25.2	24.9
序号	16	17	18	19	20	21	22	23	24	25	26	27	28	29	30
厚度	25.0	25.1	24.8	25.0	25.1	24.7	24.9	25.0	25.4	25.2	25.1	25.0	25.0	25.5	25.4

解：经计算得：$\bar{h} = 25.05\mathrm{cm}$，$S = 0.24\mathrm{cm}$，根据 $n = 30$，保证率为 95%，查附表 B 得：$t_\alpha/\sqrt{n} = 0.310$。

厚度代表值为算术平均值的下置信界限，即

$$h_{\mathrm{L}} = \bar{h} - St_\alpha/\sqrt{n} = 25.05\mathrm{cm} - 0.310 \times 0.24\mathrm{cm} = 24.98\mathrm{cm}。$$

因为代表值 $h_L > h_d - \Delta h = 25\text{cm} - 0.5\text{cm} = 24.5\text{cm}$，所以该路段的板厚满足要求。

又因为该路段最小实测厚度为 24.6cm，规范要求的高速公路水泥混凝土面层合格值允许偏差为 −10mm，即最小实测厚度大于等于 25cm − 1cm = 24cm。所以该路段板厚合格率为 100%。

课堂测试

一、单选题

1. 测定路基路面各部分的宽度时，用钢尺沿中心线垂直方向水平量取，以（   ）表示。

A. mm   B. cm   C. m   D. dm

2. 采用路面钻芯机或路面切割机在现场钻取或切割路面的代表性试样时，钻孔钻取芯样的直径不宜小于最大集料粒径的（   ）倍。

A. 2   B. 3   C. 4   D. 2.5

二、判断题

1. 钻孔取芯法测定厚度时，从芯样中取对称的两点测定，取其平均值作为该层的厚度。（   ）

2. 钻芯取样法测定路面厚度时，钻头的标准直径为 $\phi100\text{mm}$，对基层材料有可能损坏试件时，也可用直径为 $\phi50\text{mm}$ 的钻头。（   ）

3. 沥青面层与水泥混凝土路面板的厚度检测应用钻孔法测定。（   ）

4. 用挖坑法测定路面结构厚度时，开挖面积应尽量大。（   ）

5. 用挖坑法测量路面结构厚度时，用钢尺或卡尺等量具在坑的中部位置垂直伸至坑底，测量距离作为检查层的厚度，精确至 0.1cm。（   ）

三、多选题

1. 进行路基宽度检测时，该检测宽度范围应包括（   ）。

A. 行车道路面宽度   B. 边坡宽度

C. 路肩宽度   D. 紧急停车带宽度

2. 《公路路基路面现场测试规程》所规定的路基路面几何尺寸测试方法适用于（   ）的检测。

A. 路基路面各部分宽度   B. 中线平面偏位

C. 纵断面高程   D. 横坡

3. 用钻孔取样法测定路面各结构层厚度时，用钢直尺或卡尺沿圆周对称的十字方向（   ）量取表面至上下层界面的高度，取其平均值作为该层的厚度，精确至（   ）。

A. 2 处   B. 4 处   C. 0.1cm   D. 0.5cm

四、问答题

1. 拟从 K12 +000 ~ K13 +000 的检测路段中选择 9 个点检测结构层厚度，试确定测点的位置（假定随机号为 5，路面宽度 10m）。

2. 基层和砂石路面、沥青面层及水泥混凝土板的厚度分别用什么方法检测？

3. 某一级公路稳定粒料基层设计厚度为 20cm，该评定路段的检测值为 21、22、19、

19、20、21、21、22、19（单位为cm），评定其厚度是否满足要求（已知厚度代表值允许偏差为 $-8mm$，单个测定值允许偏差为 $-15mm$，$t_{0.99}/\sqrt{10}=0.892$）。

4. 某一级公路水泥稳定砂砾基层厚度检测值分别为21.5、22.6、20.3、19.7、18.2、20.6、21.3、21.8、22.0、20.3、23.1、22.4、19.0、19.2、17.6、22.6（单位为cm），请按保证率99%计算其厚度代表值。

警示角

公路试验检测机构违法从事检验检测

天津市市场和质量监督管理委员会于2018年8月对天津市＊＊＊＊公路工程试验检测有限公司进行处罚。

当事人于2015年4月至2018年3月间：①在检测报告、原始记录等文件中根据委托人需要更改检测日期；②外业检测室在管理体系外运行且与其他公司在工程检测项目中混用人员、设备、仪器；③检测人员在两个检验检测机构从事检测活动；④未对检验检测的原始记录和报告归档留存，无法保证原始记录和报告具有可追溯性。

上述行为违反了《检验检测机构资质认定管理办法》第二十二条"检验检测机构及其人员从事检验检测活动，应当遵守国家相关法律法规的规定，遵循客观独立、公平公正、诚实信用原则，恪守职业道德，承担社会责任"，第二十四条"检验检测机构应当定期审查和完善管理体系，保证其基本条件和技术能力能够持续符合资质认定条件和要求，并确保管理体系有效运行"，第二十六条第一款"从事检验检测活动的人员，不得同时在两个以上检验检测机构从业"，第三十条第一款"检验检测机构应当对检验检测原始记录和报告归档留存，保证其具有可追溯性"的规定。

作为公路工程人员，我们一定要避免这些违法行为，体面、负责、有道德、合法地从事职业活动，否则必将害人害己。

无机结合料稳定土检测

公路工程施工所用的材料主要包括无黏结粒料类混合料、无机结合料（水泥、石灰、粉煤灰、工业废渣）稳定类混合料、有机结合料（沥青）稳定类。混合料性能和施工质量直接关系公路工程的质量，因此对此进行质量控制和评价非常有必要。本章仅就无机结合料稳定土的强度检测方法进行论述。水泥砂浆和水泥混凝土相关试验参照相关试验规范。

任务 3.1　无机结合料稳定土的强度检测

无机结合料稳定材料是交通运输工程中对一类道路建筑材料的统称。在各种粉碎或原状松散的土、碎（砾）石、工业废渣中，掺入适当数量的无机结合料（如水泥、石灰或工业废渣等）和水，经拌和得到的混合料在压实与养护后，其抗压强度符合规定要求的材料称为无机结合料稳定类混合料，以此修筑的路面基层称为无机结合料稳定基层。无机结合料稳定材料的种类很多，其物理、力学性质各有特点，其分类方法也不尽相同。

按无机结合料稳定材料组成的集料材料不同将其分为两大类：稳定土类；稳定粒料类。在粉碎或原状松散的土中掺入一定量的无机结合材料形成的称为稳定土类，如水泥稳定土等；在松散的碎石或砂砾中掺入一定量的无机结合材料形成的称为稳定粒料类，如水泥稳定碎石、水泥稳定砂砾等。

按无机结合料中稳定材料不同将其分为四大类：用水泥稳定的混合料称为水泥稳定类，如水泥稳定土、水泥稳定砂砾等；用石灰稳定的混合料称为石灰稳定类，如石灰稳定土等；同时用水泥和石灰稳定的混合料称为综合稳定类，如综合稳定土、综合稳定砂砾等；用一定量的石灰和工业废渣稳定的混合料称为石灰工业废渣稳定类。

无机结合料稳定材料使用时应根据结构要求、掺加剂和原材料的供应情况及施工条件进行综合技术、经济比较后选用。

一、无机结合料稳定土的无侧限抗压强度检测

1. 检测器具

1）圆孔筛：孔径40mm、25mm（或20mm）及5mm筛各一个。

2）球形支座、电动脱模器、反力架。

3）液压千斤顶200～1000kN。

4）夯锤和导管：击锤的底面直径50mm，总质量4.5kg，击锤在导管内的总行程为450mm。

5）密封湿气箱或湿气池。

6）水槽：深度大于试件高度50mm。

7）压力机或万能试验机，也可用路面材料强度试验仪。

8）天平：量程15kg，感量0.01g；量程4000g，感量0.01g。

9）量筒、漏斗、烘箱等。

2. 试件制备

1）试料的准备。细粒土，试模的直径×高＝50mm×50mm；中粒土，直径×高＝100mm×100mm；粗粒土，直径×高＝150mm×150mm。

将具有代表性的风干试料捣碎，但应避免破碎粒料的原粒径。将试料过筛并进行分类，如试料为粗粒土，则除去大于40mm的颗粒备用；如试料为中粒土，则除去大于25mm或20mm的颗粒备用；如试料为细粒土，则除去大于10mm的颗粒备用。

在预定做试验的前一天，取有代表性的试料测定其风干含水率。对于粒径小于10mm的细粒土，试样应不少于100g；对于粒径小于25mm的中粒土，试样不少于1000g；对于粒径小于40mm的粗粒土，试样应不少于2000g。

2）用击实试验法确定无机结合料混合料的最佳含水率和最大干密度（JTG-E51-T0804—2009操作）。

3）配制混合料。

① 对于无机混合料稳定细粒土，至少应该制6个试件；对于无机结合料稳定中粒土和粗粒土，至少应该制9个和13个试件。

② 称取一定数量的风干土并计算干土的质量，其数量随试件大小而变。对于50mm×50mm的试件，1个试件约需干土180～210g；对于100mm×100mm的试件，1个试件约需干土1700～1900g；对于150mm×150mm的试件，1个试件约需干土5700～6000g。

对于细粒土，可以一次称取6个试件的土；对于中粒土，可以一次称取3个试件的土；对于粗粒土，一次只称取1个试件的土。

③ 将称好的土放在长方盘（约400mm×600mm×70mm）内。向土中加水，对于细粒土（特别是黏性土）使其含水率较最佳含水率小3%，对于中粒土和粗粒土可按下式计算混合料的加水量：

$$Q_w = \left(\frac{Q_n}{1 + 0.01 w_n} + \frac{Q_c}{1 + 0.01 w_c} \right) \times 0.01 w - \frac{Q_n}{1 + 0.01 w_n} \times 0.01 w_n - \frac{Q_c}{1 + 0.01 w_c} \times 0.01 w_c$$

(3-1)

式中　Q_w——混合料中应加的水量（g）；

Q_n——混合料中素土（或集料）的质量（g）；

w_n——风干含水率（%）；

Q_c——混合料中水泥或石灰的质量（g）；

w_c——原始含水率（%）；水泥的w_c通常很小，也可以忽略不计；

w——要求达到的混合料的含水率（%）。

将土和水拌和均匀后放在密闭容器内浸润备用。如为石灰稳定土和水泥、石灰综合稳定土，可将石灰土一起拌匀后进行浸润。

浸润时间：黏性土12～24h；粉性土8～16h；砂砾土、红土砂砾、级配砂砾等可以缩短到 4h 左右；含土很少的未筛分碎石、砂砾及砂可以缩短到 2h。

④ 在浸润过的试料中，加入预定数量的水泥和石灰，水泥或石灰剂量按干土（即干集料）质量的百分数计，并拌和均匀。拌和均匀的加有水泥的混合料应在 1h 内按下述方法制成试件，超过 1h 的混合料应该作废。其他结合料稳定土的混合料虽不受此限，但也应尽快制成试件。

4）按预定的干密度制件。用反力框架和液压千斤顶制件。制备一个预定干密度试件，需要的稳定土混合料数量 m_1（g）可按下式计算：

$$m_1 = \rho_d V(1 + 0.01w) \tag{3-2}$$

式中　V——试模的体积（cm^3）；

　　　w——稳定土混合料的含水率（%）；

　　　ρ_d——稳定土试件的干密度（g/cm^3）。

将试模的下压柱放入试模的下部，但外露 2cm 左右。将称量的一定数量的稳定土混合料 m_1（g）分 2 或 3 次灌入试模中（利用漏斗），每次灌入后用夯棒轻轻均匀插实。如制的是 50mm×50mm 的小试件，则可以将混合料一次倒入试模中，然后将上压柱放入试模内，应使上压柱也外露 2cm 左右（即上下压柱露出试模外的部分应该相等）。

将整个试模（连同上下压柱）放到反力框架内的千斤顶上（千斤顶下应放一扁球座），加压直到上下柱都压入试模为止。维持压力 1min，解除压力后，取下试模，拿去上压柱，并放到脱模器上将试件顶出（利用千斤顶和下压柱）。称试件的质量 m_2，小试件准确到 1g；中试件准确到 2g；大试件准确到 5g。然后用游标卡尺量试件的高度 h，准确到 0.1mm。

用击锤制件步骤同前，只是用击锤（可以利用做击实试验的锤，但压柱顶面需要垫一块牛皮或胶皮，以保护锤面和压柱顶面不受损伤）将上下压柱打入试模内。

3. 养护

试件从试模内脱出并称量后，应立即放到恒温恒湿箱内进行养护。但大、中试件应用塑料薄膜包覆；有条件时，也可以采用蜡封保湿养护。养护时间视需要而定，作为工地控制，通常都只取 7d。整个养护期的温度，在北方地区应保持在（20±2）℃，南方地区应保持在（25±2）℃。

养护期的最后一天，应该将试件浸泡在水中，水的深度应使水面在试件顶上约 2.5cm。在浸泡水中之前，应再次称试件的质量 m_3。在养护期间，试件质量的损失应该符合下列规定：小试件不超过 1g；中试件不超过 4g；大试件不超过 10g。损失超过此规定的试件，应该作废。

4. 无侧限抗压强度检测步骤

1）将已浸水一昼夜的试件从水中取出，用软的旧布吸去试件表面的可见自由水，并称试件质量 m_4。

2）用游标卡尺量试件的高度 h_1，准确到 0.1mm。

3）将试件放到路面材料强度试验仪的升降台上（台上先放一扁球座），进行抗压试验。试验过程中，应使试件的形变等速增加，并保持速率约为 1mm/min。

4）记录试件破坏时的最大压力 P（N）。

5）从试件内部取有代表性的样品（经过打破）测定其含水率 w_1。

5. 计算

1）试件的无侧限抗压强度 R_c 用下列相应的公式计算：

对于小试件：
$$R_c = \frac{P}{A} = 0.00051P(\text{MPa}) \tag{3-3}$$

对于中试件：
$$R_c = \frac{P}{A} = 0.000127(\text{MPa}) \tag{3-4}$$

对于大试件：
$$R_c = \frac{P}{A} = 0.000057(\text{MPa}) \tag{3-5}$$

式中　P——试件破坏时的最大压力（N）；

　　　A——试件的截面面积（mm^2），$A = \frac{\pi}{4}D^2$；

　　　D——试件的直径（mm）。

2）精密度或允许误差。若干次平行试验的变异系数 C_v（%）应符合下列规定：小试件不大于6%；中试件不大于10%；大试件不大于15%。

如不能保证实验结果的变异系数小于上述规定，则应按允许误差10%和90%概率重新计算所需要的试件数量，增加试件数量并另做新试验。新试验结果与老试验结果一并重新进行统计评定，直到变异系数满足上述规定。

6. 强度评定

如为现场检测，需按下述方法对无侧限抗压强度进行评定。

1）评定路段试样的平均强度$\overline{R}_c$应满足下列要求：
$$\overline{R}_c \geqslant R_d / (1 - Z_\alpha) \tag{3-6}$$

式中　R_d——设计抗压强度（MPa）；

　　　Z_α——标准正态分布表中随保证率而变得系数。

高速公路、一级公路：保证率95%，$Z_\alpha = 1.645$；其他公路：保证率90%，$Z_\alpha = 1.282$。

2）路段内无机结合料稳定材料强度评为合格时得满分，不合格时得零分。

7. 试验报告的编写

报告应包括以下内容：

1）材料的颗粒组成。

2）水泥的种类和等级或石灰等级。

3）确定最佳含水率时的结合料用量以及最佳含水率（%）和最大干密度（g/cm^3）。

4）水泥（或石灰）计量（%）或石灰（或水泥）、粉煤灰和集料的比例。

5）试件干密度（准确到0.01g/cm^3）或压实度。

6）吸水量以及测抗压强度时的含水率（%）。

7）抗压强度：小于2.0MPa时，采用两位小数，并用偶数表示；大于2.0MPa时，采用一位小数。

8）若干个试验结果的最小值和最大值、平均值$\overline{R}_c$、标准偏差 S、变异系数 C_v 和95%保证率的值 $R_{c0.95} = (\overline{R}_c - 1.645S)$。

二、无机结合料稳定土的弯拉强度检测

1. 目的与适用范围

本方法适用于测定无机结合料稳定土的弯拉强度，试验采用三分点加压的方法进行。

2. 仪器设备

1）压力机或万能试验机。

2）加载模具，如图 3-1 所示。

3）球形支座。

4）台秤：量程 5kg，感量 5g。

5）天平：量程 15kg，感量 0.01g；量程 4000g，感量 0.01g。

3. 试件制备与养护

根据混合料粒径的大小选择试件尺寸：

小梁，50mm × 50mm × 200mm，适合于细粒土；中梁，100mm × 100m × 400mm，适合于中粒土；大梁，150mm × 150mm × 550mm，适用于粗粒土。

试件数量要求，小梁不少于 6 根，中梁不少于 12 根，大梁不少于 15 根。

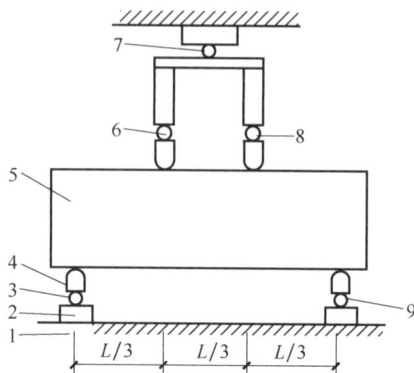

图 3-1 加载模具
1—机台 2—活动支座 3、8—两个钢球 4—活动船形垫块
5—试件 6、7、9——个钢球

养护试件视需要而定，水泥稳定材料、水泥粉煤灰稳定材料的养护龄期应该是 90d，石灰稳定材料和石灰粉煤灰稳定材料的养护龄期是 180d，并按标准养护方法进行养护。

4. 试验步骤

1）根据试验材料的类型和一般的工程经验，选择合适量程的测力计和试验机，对被测试件施加的压力应在量程的 20%～80% 范围内。

2）球形支座涂上机油，使球形支座能够灵活转动，并安放在上压块上，在上下压块的左右两个半圆形压头上涂上机油。

3）试件取出后及时用毛巾覆盖，并及时试验。

4）在试件中部量出其宽度和高度，精确到 1mm。

5）在试件侧面（平行于试件成型时的压力方向）标出三分点位置。

6）将试件安放在试架上，荷载方向与时间成型时的压力方向一致，上下压块应位于试件三分点位置。

7）安放球形支座。

8）根据试验要求，在梁跨中安放位移传感器，测量破坏极限荷载时的跨中位移。

9）加载时，应保持均匀、连续，加载速率为 50mm/min，直至试件破坏。

10）记录破坏极限荷载 P（N）或测力计读数。

5. 计算

按下式计算弯拉强度：

$$R_s = \frac{PL}{b^2 h} \tag{3-7}$$

式中　R_s——弯拉强度（MPa），精确到 0.01；

　　　P——破坏极限荷载（N）；

　　　L——跨距，也就是两支点间的距离（mm）；

　　　b——试件宽度（mm）；

　　　h——试件高度（mm）。

6. 结果整理

同一组试件试验中，采用3倍均方差方法剔除异常值，小梁可以有1个异常值，中梁1个异常值，大梁2或3个异常值。异常值数量超过上述规定时试验无效。

同一组试验的变异系数 C_v（%）符合下列规定，为有效试验：小梁 $C_v \leqslant 6\%$，中梁 $C_v \leqslant 10\%$；大梁 $C_v \leqslant 15\%$。如不能保证实验结果的变异系数小于上述规定，则应按允许误差10%和90%概率重新计算所需要的试件数量，增加试件数量并另做新试验。新试验结果与老试验结果一并重新进行统计评定，直到变异系数满足上述规定。

7. 数据记录

本实验的记录表格见表3-1。

表3-1　弯拉强度试验记录表

工程名称＿＿＿＿＿＿＿＿＿＿＿＿　　　　试件尺寸（cm）＿＿＿＿＿＿＿＿＿＿

路段范围＿＿＿＿＿＿＿＿＿＿＿＿　　　　养护龄期（d）＿＿＿＿＿＿＿＿＿＿＿

混合料名称＿＿＿＿＿＿＿＿＿＿＿　　　　加载速率（mm/min）＿＿＿＿＿＿＿＿

结合料剂量（%）＿＿＿＿＿＿＿＿　　　　试验者＿＿＿＿＿＿＿＿＿＿＿＿＿＿

最大干密度（g/cm³）＿＿＿＿＿＿＿　　　校核者＿＿＿＿＿＿＿＿＿＿＿＿＿＿

试件压实度（%）＿＿＿＿＿＿＿＿＿　　　试验日期＿＿＿＿＿＿＿＿＿＿＿＿＿

试件号					
试件制备方法					
制件日期					
养护前试件质量 m_2/g					
浸水前试件质量 m_3/g					
浸水前试件质量 m_4/g					
养护期间的质量损失 $m_2 - m_3$/g					
吸水量 $m_4 - m_3$/g					
养护前试件的高度 h_0/mm					
破坏载荷 P/N					
弯拉强度 R_5/MPa					
平均值/MPa		变异系数（%）		代表值/MPa	

任务3.2　无机结合料稳定土中钙镁含量检测

一、常用无机结合料类型

1. 水泥

各类水泥都可以用于稳定土，水泥的矿物成分和分散度对其稳定效果有明显影响。对同一种土，硅酸盐水泥比铝酸盐水泥稳定效果好。在水泥矿物成分相同、硬化条件相似的情况下，其强度随水泥比表面积和活性的增大而提高。稳定土的强度还与水泥用量有关，一般说来：水泥剂量越大，稳定土的强度越高，但过多的水泥用量，虽获得了较高的强度，但在经济上不一定合理，在效果上也不明显，而且容易开裂。所以水泥用量不存在最佳水泥用量，而存在一个经济用量。通常在保证土的性质能起根本变化，且能保证稳定土达到所规定的强度和稳定性的前提下，取尽可能低的水泥用量。

2. 石灰

各种化学组成的石灰均可用于稳定土，但石灰质量应符合要求。

石灰中产生黏结性的有效成分是活性氧化钙和氧化镁。它们的含量是评价石灰质量的主要指标，其含量越多，活性越高，质量也越好。有效氧化钙和氧化镁含量的测定方法，按我国现行行业标准《公路工程无机结合料稳定材料试验规程》规定。石灰剂量对石灰土强度影响显著，石灰剂量较低（小于3%~4%）时，石灰主要起稳定作用，土的塑性、膨胀性、吸水量减小，使土的密实度、强度得到改善。随着剂量的增加，强度和稳定性均提高，但剂量超过一定范围时，强度反而降低。石灰的最佳剂量，对黏性土和粉性土为干土重的8%~16%，对砂性土为干土重的10%~18%，剂量的确定应根据结构层技术要求进行混合料组成设计。

由于石灰剂量对石灰土强度影响显著，所以稳定土中石灰的剂量是我们的一个重要控制指标。常见的水泥或石灰剂量测定方法有EDTA滴定法和钙电极快速测定法。

二、无机结合料稳定土中钙镁含量检测（EDTA法）

1. 目的与适用范围

1）本试验方法适用于在工地快速测定水泥和石灰稳定材料中水泥和石灰的剂量，并可用于检查现场拌和和摊铺的均匀性。

2）本办法适用于在水泥终凝之前的水泥含量测定，现场土样的石灰剂量应在路拌后尽快测试，否则需要用相应龄期的EDTA二钠标准溶液消耗量的标准曲线确定。

3）本方法也可以用来测定水泥和石灰综合稳定材料中结合料的剂量。

2. 仪器设备

1）滴定管（酸式）：50mL，1支。

2）滴定台：1个。

3）滴定管夹：1个。

4）大肚移液管：10mL、50mL，10支。

5）锥形瓶（即三角瓶）：200mL，20个。

6）烧杯：2000mL（或1000mL），1只；300mL，10只。

7）容量瓶：1000mL，1个。

8）搪瓷杯：容量大于1200mL，10只。

9）不锈钢棒（或粗玻璃棒）：10根。

10）量筒：100mL和5mL，各一只；50mL，2只。

11）棕色广口瓶：60mL，1只（装钙红指示剂）。

12）电子天平：量程不小于1500g，感量0.01g。

13）秒表：1只。

14）表面皿：$\phi 9cm$，10个。

15）研钵：$\phi 12 \sim \phi 13cm$，1个。

16）洗耳球：1个。

17）精密试纸：pH12 ~ 14。

18）聚乙烯桶：20L（装蒸馏水和装氯化铵及 EDTA 二钠标准溶液），3个；5L（装氢氧化钠），1个；5L（大口桶），10个。

19）毛刷、去污粉、吸水管、塑料勺、特种铅笔、厘米纸。

20）洗瓶（塑料）：500mL，1只。

3. 试剂

1）$0.1mol/m^3$ 乙二胺四乙酸二钠（简称 EDTA 二钠）标准溶液：准确称取 EDTA 二钠（分析纯）37.23g，用 40 ~ 50℃的无二氧化碳蒸馏水溶解，待全部溶解并冷却至室温后，定容至 1000mL。

2）10%氯化铵（NH_4Cl）溶液：将 500g 氯化铵（分析纯或化学纯）放在 10L 的聚乙烯桶内，加蒸馏水 4500mL，充分振荡，使氯化铵完全溶解。也可以分批在 1000mL 的烧杯内配制，然后倒入塑料桶内摇匀。

3）1.8%氢氧化钠（内含三乙醇胺）溶液：用电子天平称 18g 氢氧化钠（NaOH）（分析纯），放入洁净干燥的 1000mL 烧杯中，加 1000mL 蒸馏水使其全部溶解，待溶液冷却至室温后，加入 2mL 三乙醇胺（分析纯），搅拌均匀后储于塑料桶中。

4）钙红指示剂：将 0.2g 钙试剂羧酸钠与 20g 预先在 105℃烘箱中烘 1h 的硫酸钾混合。一起放入研钵中，研成极细粉末，储于棕色广口瓶中，以防吸潮。

4. 准备标准曲线

1）取样：取工地用石灰和土，风干后用烘干法测其含水率（如为水泥可假定含水率为0）。

2）混合料组成的计算。

$$干料质量 = 湿料质量/(1 + 含水率) \tag{3-8}$$

计算步骤：

① 干混合料质量 = 湿混合料质量/(1 + 最佳含水率)

② 干土质量 = 干混合料质量/(1 + 石灰或水泥剂量)　　　　　　　　　(3-9)

③ 干石灰或水泥质量 = 干混合料质量 - 干土质量　　　　　　　　　(3-10)

④ 湿土质量 = 干土质量×(1 + 土的风干含水率)　　　　　　　　　　(3-11)

⑤ 湿石灰质量 = 干石灰质量×(1 + 石灰的风干含水率)　　　　　　　(3-12)

⑥ 石灰土中应加入的水 = 湿混合料质量 - 湿土质量 - 湿石灰质量　　(3-13)

3）以水泥稳定材料为例，准备 5 种试样，每种 2 个样品，如为水泥稳定中、粗粒土，每个样品取 1000g 左右（如为细粒土则可称取 300g 左右）准备试验，为了减少中、粗粒土的离散，宜按设计级配单份掺配的方式备料。准备标准曲线的水泥剂量可为：0%、2%、4%、6%、8%，如水泥剂量应保证工地实际所用水泥或石灰的剂量位于标准曲线所用剂量的中间。每种剂量取两个（为湿质量）试样，共 10 个试样，并分别放在 10 个大口聚乙烯桶（如为稳定细粒土可用搪瓷杯或 1000mL 具塞三角瓶；如为粗粒土可用 5L 的大口聚乙烯桶）内。土的含水率应等于工地预期达到的最佳含水率，土中所加的水应与工地所用的水相同。

4）取一个盛有试样的盛样器，在盛样器内加入 2 倍试样质量（湿料质量）体积的 10% 氯化铵溶液（如湿料质量为 300g 则氯化铵溶液为 600mL；湿料质量为 1000g 则氯化铵溶液为 2000mL）。湿料为 300g，则搅拌 3min（每分钟搅 110~120 次），湿料为 1000g，则搅拌 5min。如用 1000mL 具塞三角瓶，则手握三角瓶（瓶口向上）用力振荡 3min（每分钟 120 次 ±5 次），以代替搅拌棒搅拌。放置沉淀 10min（注：如 10min 后得到的是混浊悬浮液，则应增加放置沉淀时间，直到出现无明显悬浮颗粒的悬浮液为止，并记录所需的时间，以后所有该种水泥（或石灰）稳定材料的试验，均应以同一时间为准），然后将上部清液转移到 300mL 烧杯内，搅匀，加盖表面皿待测。

5）用移液管吸取上层（液面上 1~2cm）悬浮液 10.0mL 放入 200mL 的三角瓶内，用量管量取 1.8% 氢氧化钠（内含三乙醇胺）溶液 50mL 倒入三角瓶中，此时溶液 pH 为 12.5~13.0（可用 pH12~14 精密试纸检验），然后加入钙红指示剂（质量约为 0.2g），摇匀，溶液呈玫瑰红色。记录滴定管中 EDTA 的体积 V_1，然后用 EDTA 二钠标准溶液滴定，边滴定边摇匀，并仔细观察溶液的颜色，在溶液颜色变为紫色时，放慢滴定速度，并摇匀；直到变为纯蓝色为止，记录滴定管中 EDTA 二钠标准溶液体积 V_2（以 mL 计，读至 0.1mL），计算 $V_1 - V_2$，即为 EDTA 二钠标准溶液的消耗量。

6）对其他几个盛样器中的试样，用同样的方法进行试验，并记录各自的 EDTA 二钠标准溶液的消耗量。

7）以同一水泥或石灰剂量稳定材料 EDTA 二钠标准溶液消耗量（mL）的平均值为纵坐标，以水泥或石灰剂量（%）为横坐标制图。两者的关系应是一条顺滑的曲线，如图 3-2 所示。如素土、水泥或石灰改变，必须重做标准曲线。

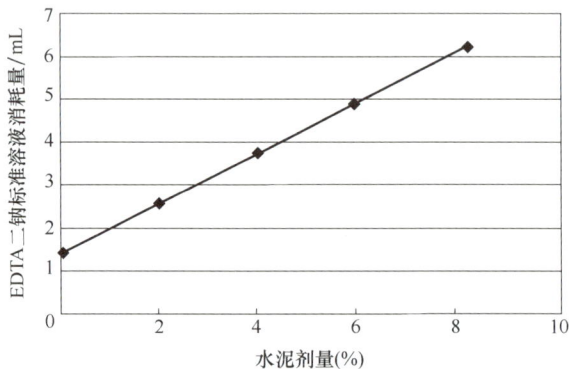

图 3-2　EDTA 标准曲线

5. 试验步骤

1）选取有代表性的无机结合料稳定材料。对稳定中、粗粒土取试样约 3000g，对稳定细粒土取试样约 1000g。

2）对水泥或石灰稳定细粒土，称 300g 放在搪瓷杯中，用搅拌棒将结块搅散，加 10% 氯化铵溶液 600mL；对水泥或石灰稳定中、粗粒土，可直接称取 1000g 左右，放入 10% 氯化铵溶液 2000mL，然后如前述步骤进行试验。

3）利用所绘制的标准曲线，根据 EDTA 二钠标准溶液消耗量，确定混合料中的水泥或石灰剂量。

6. 结果整理

本试验应进行两次平行测定，取算术平均值，精确到 0.1mL，允许重复性误差不得大于均值的 5%，否则，应重新进行试验。

7. 试验说明和注意事项

1）由于氯化铵的标装一瓶为 500g，在使用过程中氯化铵必须用电子秤称量，不可用一瓶当 500g。瓶装蒸馏水也是一桶 4500mL，在使用过程中必须重新过量筒。

2）在试验操作过程中，每个样品搅拌的时间、速度和方式应力求相同，以减小试验误差。在做标准曲线时，如工地实际水泥剂量较大，素集料和低剂量水泥的试样可以不做，而直接用较高的剂量试验，但应有两种剂量大于实用剂量和两种剂量小于实用剂量。配制的氯化铵溶液最好当天用完，不要放置过久，以免影响试验的精度。如素土、水泥或石灰较长时间没有改变，应在每天试验前，增加 1 或 2 点对标准曲线进行验证，以减少原材料可能的离散对试验结果的影响。

3）控制好滴定的各环节。EDTA 滴定过程中，溶液的颜色有明显的变化过程，从玫瑰红色变为紫色，并最终变为蓝色。因此要把握好滴定的临界点，切不可直接将溶液滴到纯蓝色，因为在滴定过量时，溶液的颜色始终保持为纯蓝色，因此如果没有经过临界点的，可能已经过量很多。一般来说在溶液颜色变为紫色后，如水泥剂量较低，1 或 2 滴就能彻底变蓝，如水泥剂量较高，可能需要再多些，因此此时的滴定速度务必放慢，逐滴滴入，并保持摇匀，以免滴定过量。

4）将室内标准曲线制作的湿混合料采用单份掺配后进行试验，同时为了减少配料过程中的离散，对粗集料基层（最大粒径在 25mm 左右）就必须有 1000g 左右的总重，放入体积是湿料质量两倍的氯化铵溶液进行拌和，然后取样进行滴定。试验表明，采用该种试验方法制作标准曲线和现场取样差别最小，可最大限度减少室内试验取样的离散。但采用该方法后，氯化铵溶液的用量将显著增加，同时为了达到拌和的均匀性，搅拌时间和搅拌力度增大。

5）在不同的龄期应该用不同的 EDTA 二钠标准溶液消耗量的标准曲线，只有这样才能在不同龄期都能测出实际的掺灰量。因此，现场土样的掺灰率应在路拌后尽快测试，否则即使龄期不超过 7d 也需要用相应龄期的 EDTA 二钠标准溶液消耗量的标准曲线确定。对水泥稳定材料超出终凝时间（12h 以后）所测定的水泥剂量，需做出相应的龄期校正。

6）EDTA 法的龄期效应曲线与素集料、水泥剂量、水泥品质、稳定层压实度、养护、温度等因素有关，应按工地具体使用的材料和配合比，通过试验，制备好龄期效应标准曲线，为实际检测工作提供依据。水泥稳定材料的龄期修正以小时计，石灰及二灰修正以天计，水泥剂量测定不宜超过终凝，石灰剂量测定不宜超过火山灰反应开始时间，一般为 7d。

8. 记录

本试验的记录格式见表 3-2。

表 3-2　水泥（石灰）剂量标准曲线试验检测记录表

试验室名称：　　　　　　　　　　记录编号：

工程部位	路基			委托/任务编号	
试验依据	JTG E51—2009			样品编号	
样品描述				样品名称	
试验条件				试验日期	
主要仪器设备及编号					
结合料剂量				结合料种类	石灰 + 土
剂量（%）	初读数/mL	终读数/mL	消耗量/mL	消耗量平均值/mL	备注
0					
2					
4					
6					
8					
10					
12					
剂量标准曲线					

备注：

试验：　　　　　　复核：　　　　　　　　　　　　　　　日期：　　年　月　日

三、无机结合料稳定土中钙含量检测（直读式测钙仪法）

1. 目的与适用范围

本试验方法适用于测定新拌石灰土中石灰的剂量。

2. 仪器设备

1）钙离子选择性电极（PVC 薄膜）（以下简称钙电极）：1 支。

2）饱和甘汞电极（以下简称甘汞电极）：232（或330）型，1支。

3）直读式测钙仪：1台，如图3-3所示。

4）架盘天平：感量0.01g及0.0001g，各1台。

5）量筒：1000mL、200mL、50mL，各1只。

6）具塞三角瓶：1000mL，10个（或搪瓷杯10个）；500mL，4个。

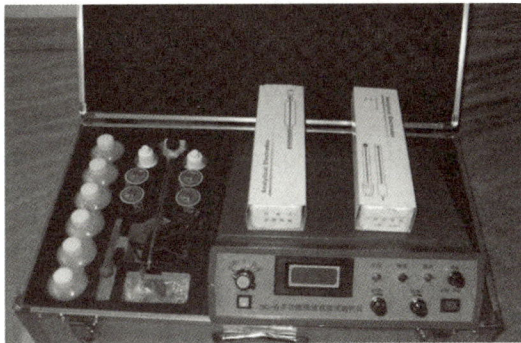

图3-3 直读式测钙仪

7）烧杯：2000mL，1个；300mL，10个；50mL，15个。

8）容量瓶：1000mL，1个。

9）塑料瓶（桶）：10L，2个；1000mL，3个；250mL，2个。

10）大口聚乙烯桶：5L，4个。

11）大肚移液管：100mL，1支。

12）干燥器：1个。

13）表面皿：直径90mm，10个；直径50mm，15个。

14）计时器：1只。

15）搅拌子：20只。

16）电炉、石棉网：各1个。

17）洗瓶：500mL，1个。

18）其他：吸水管，洗耳球，粗、细玻璃棒，试剂勺。

3. 制备溶液

1）10%氯化铵溶液。将100g氯化铵放入大烧杯中，加水（饮用水即可）900mL（注：配制体积，可根据待测样品数量确定），搅拌均匀后，存放于塑料桶内保存。

2）10^{-1}mol/m³氯化钙标准溶液。将分析纯碳酸钙（$CaCO_3$）在180℃烘箱中烘2h后，取出放入干燥器内冷却45min。用万分之一天平或千分之一天平准确称取已冷却的碳酸钙10.009g放入300mL烧杯中，盖上表面皿。用少许蒸馏水润湿后，从杯口用吸水管沿杯壁逐滴滴入1:5稀盐酸（18mL盐酸加90mL蒸馏水）并轻摇杯子，使碳酸钙全部溶解。然后用洗瓶吹洗表面皿和杯壁，移至电炉上加热并保持微沸5min，以驱除二氧化碳。冷却后转移至1000mL容量瓶中，用蒸馏水多次沿杯壁冲洗烧杯，将冲洗的水一并倒入容量瓶中。当蒸馏水加到约950mL时，再用20%氢氧化钠调至中性，使pH值为7。最后用蒸馏水稀释至刻度，反复摇匀，静置后倒入1000mL塑料瓶中备用［注：装有各种溶液的塑料瓶（桶）均应贴上标签，写明浓度、溶液名称和配制日期］。

3）10^{-2}mol/m³氯化钙标准溶液。用大肚移液管吸取100mL 10^{-1}mol/m³氯化钙标准溶液放入1000mL容量瓶中，加蒸馏水稀释到刻度后，充分摇匀，转入1000mL塑料瓶中备用。

4）10^{-3}mol/m³氯化钙标准溶液。用大肚移液管吸取100mL 10^{-2}mol/m³氯化钙标准溶液放入1000mL容量瓶中，加蒸馏水稀释到刻度后，充分摇匀，转入1000mL塑料瓶中备用。

5）氯化钾饱和溶液。用感量为 0.01g 的电子天平称分析纯氯化钾（KCl）70g，放入300mL 烧杯中，用量筒取 200mL 蒸馏水倒入烧杯内，用玻璃棒充分搅动，溶液中应留有结晶（溶液呈过饱和状态），移入塑料瓶中备用。

6）20% 氢氧化钠溶液。用感量 0.01g 的电子天平迅速称取 40g 分析纯氢氧化钠（NaOH）放入 300mL 烧杯中，加入 160mL 新煮沸并冷却的蒸馏水。用玻璃棒充分搅匀后，转入塑料瓶中备用（若用玻璃瓶装，瓶塞改用橡皮塞，避免因久放瓶塞打不开）。

4. 准备仪器和电极

1）钙电极：在测定的前一天，应将内参比电极从套管中取出，向管中滴入 $10^{-1}mol/m^3$ 氯化钙标准溶液 15 滴左右，再将内参比电极装回管内。在每天进行测定之前，将钙电极有薄膜的一端放在 $10^{-2}mol/m^3$ 氯化钙标准溶液中浸泡 2h，使电极活化。使用前取出电极，水冲洗并以软纸吸干电极上的水分。

2）甘汞电极：检查内液面是否与上部加液口平，若内液面低时，拔去加液口橡皮帽并用滴管添加氯化钾饱和溶液。测定时拔去上端加液口橡皮帽和下端橡皮帽，用水冲洗并以软纸吸干水分。

3）仪器：在测定前接通测钙仪电源，使仪器预热 20min。

5. 准备石灰土标准剂量浸提液

1）土样：将现场土通过孔径 2mm 或 2.5mm 的筛。

2）石灰：将现场所用石灰通过孔径 2mm 或 2.5mm 的筛后，贮入具塞的容器内备用。

3）测定土和石灰的风干含水率。

4）确定石灰土的最佳含水率。

5）计算 6%、14% 石灰土中石灰、土和水的质量。

6）石灰土标准剂量浸提液的制备。用准备好的土和石灰配制 6%、14% 的石灰土标准剂量浸提液供标定仪器用（注：可以根据设计剂量选择石灰土标准浸提液剂量的上限。如果剂量高时，标定所用剂量的上限可以是 16% 或 18% 等。此时标定仪器过程中调节旋钮应使之显示 16.0 或 18.0 等）。用电子天平按本条5）中计算得的量分别称取准备好的土样和石灰，制备以上两种剂量的石灰土混合料各 300g，分别放入 1000mL 具塞三角瓶（或搪瓷杯）中，混匀。用刻度吸管（或量筒）加入本条5）中计算得的水量，再用量筒加入 10% 氯化铵溶液 600mL（注：对于细粒土，也可以用 100g 混合料。此时可将混合料放入 500mL 具塞三角瓶中，并加 200mL 10% 氯化铵溶液）。盖紧塞子用手振荡（或用不锈钢棒搅拌）3min，保持每分钟 120 次 ±5 次，静止 10min 后将上部清液倒入干燥、洁净的 500mL 具塞三角瓶中，摇匀，瓶外加贴标签，供以后标定仪器时用。

当石灰品种、土质和水质相同时，制备的 6%、14% 石灰土标准剂量浸提液可供连续标定 10d 之用。

6. 标定仪器

将上述制备好的标准液分别倒出 25～30mL 于干燥、洁净的 50mL 烧杯中，各加入一只搅拌子。先将 6% 标准液放在直读式测钙仪上，待仪器开始搅拌后放入钙电极和甘汞电极，停止搅拌后，调整校正 I 旋钮，使之显示 6.0；采样读数结束。将电极提起，取下 6% 标准液，用水冲洗电极并用软纸吸干电极上的水。再将装有 14% 标准液的烧杯放在直读式测钙仪上，开始搅拌后，放入钙电极和甘汞电极。停止搅拌后调整校正 II 旋钮，使之显示 14.0。如此重复 2 或 3 次。每次用 6% 和 14% 标准液校正均能显示 6.0 和 14.0 时，仪器标定即完毕。

7. 试验步骤

1）从施工现场同一位置取具有代表性的石灰稳定中、粗粒土约 3000g，石灰稳定细粒土约 1000g，经进一步拌匀之后备用。

2）用感量 0.01g 的电子天平称取两份石灰稳定细粒土试样各 300g，并分别放入两个 1000mL 具塞三角瓶中，每个三角瓶中加 10% 氯化铵溶液 600mL。盖紧塞子用手振荡（或用不锈钢棒搅拌）2min，保持每分钟 120 次 ±5 次。用感量 0.01g 的电子天平称取两份石灰稳定中、粗粒土试样各 1000g，并分别放在 5L 聚乙稀桶中，加 10% 氯化铵溶液 2000mL 用搅拌棒搅拌 5min。静止 10min 后将 25 ~ 30mL 待测液倒入干燥、洁净的 50mL 烧杯中。加入一只搅拌子并放在直读式测钙仪上，仪器开始搅拌后，放入钙电极和甘汞电极，待停止搅拌后，仪器显示的数值即为该样品的石灰剂量。再重复测试一次，取两次测试结果的平均值。

8. 注意事项

1）在计算 6% 和 14% 混合料的组成时，应使混合料的最佳含水率与施工碾压时的最佳含水率相近。

2）若土、石灰或水质有变化时，必须重新配制 6% 和 14% （或 16%、18%）石灰土标准剂量浸提液，并用它标定仪器。

3）制备每个样品的浸提液时，搅拌的时间、速度和方式应力求相同。配制的氯化铵溶液当天用完，不宜放置过久。

4）所用器具必须用水冲洗干净。

5）每测完一个样品应用蒸馏水或自来水冲洗电极，并用软纸吸干后再测下一个样品。

6）若进行全天测试，午间休息时可将钙电极薄膜端浸泡在 10^{-3} mol 氯化钙标准溶液中，下午测定前不必进行活化。下午测定结束后应用水冲洗电极，并用软纸将水吸干，套上橡皮帽，然后挂起干放保存，次日用前再进行活化。

7）在连续使用时，钙电极的内参比液应每周更换一次，以保证试验的稳定性。

四、无机结合料稳定土中有效氧化钙的测定

1. 目的与适用范围

本方法适用于测定各种石灰的有效氧化钙含量。

2. 仪器设备

1）筛子：0.15mm，1 个。

2）烘箱：50 ~ 250℃，1 台。

3）干燥器：直径 25cm，1 个。

4）称量瓶：直径 30mm × 50mm，10 个。

5）瓷研钵：直径 12 ~ 13mm，1 个。

6）分析天平：量程不小于 50g，感量 0.0001g，1 台。

7）架盘天平：量程不小于 500g，感量 0.01g，1 台。

8）电炉：1500W，1 个。

9）石棉网：20cm × 20cm，1 块。

10）玻璃珠：直径 3mm，1 袋（0.25kg）。

11）具塞三角瓶：250mL，20 个。

12）漏斗：短颈，3 个。

13）塑料洗瓶：1 个。

14）塑料桶：20L，1 个。

15）下口蒸馏水瓶：5000mL，1 个。

16）三角瓶：300mL，10 个。

17）容量瓶：250mL、1000mL，各 1 个。

18）量筒：200mL、100mL、50mL、5mL，各 1 个。

19）试剂瓶：250mL、1000mL，各 5 个。

20）塑料试剂瓶：1L，1 个。

21）烧杯：50mL，5 个；250mL（或 300mL），10 个。

22）棕色广口瓶：60mL，4 个；250mL，5 个。

23）滴瓶：60mL，3 个。

24）酸滴定管：50mL，2 支。

25）滴定台及滴定管夹：各 1 套。

26）大肚移液管：25mL、50mL，各 1 支。

27）表面皿：7cm，10 块。

28）玻璃棒：8mm×250mm 及 4mm×180mm，各 10 支。

29）试剂勺：5 个。

30）吸水管：8mm×150mm，5 支。

31）洗耳球：大、小各 1 个。

3. 试剂

1）蔗糖（分析纯）。

2）酚酞指示剂：称取 0.5g 酚酞溶于 50mL 95% 乙醇中。

3）0.1% 甲基橙水溶液：称取 0.05g 甲基橙溶于 50mL 蒸馏水中。

4）0.5mol/L 盐酸标准溶液：将 42mL 浓盐酸（相对密度 1.19）稀释至 1L，按下述方法标定其当量浓度后备用。

称取约 0.800~1.000g（准确至 0.0001g）已在 180℃ 温度下烘干 2h 的碳酸钠记录为 Q，置于 250mL 三角瓶中，加 100mL 水使其完全溶解；然后加入 2 或 3 滴 0.1% 甲基橙指示剂，记录滴定管中待标定盐酸标准溶液的体积 V_1，用待标定的盐酸标准溶液滴定，至碳酸钠溶液由黄色变为橙红色。将溶液加热至微沸，并保持微沸 3min，然后放在冷水中冷却至室温，如此时橙红色变为黄色，则再用盐酸标准溶液滴定，至溶液出现稳定橙红色时为止，记录滴定管中盐酸标准溶液的体积 V_2。V_1、V_2 的差值即为盐酸标准溶液的消耗量 V。

盐酸标准溶液的摩尔浓度按下式计算：

$$M = Q/(V \times 0.053) \tag{3-14}$$

式中　　M——盐酸标准溶液当量浓度（mol/L）；

　　　　Q——称取碳酸钠质量（g）；

　　　　V——滴定时消耗盐酸标准溶液的体积（mL）；

0.053——与 1.00mL 盐酸标准溶液相当的以克表示的无水碳酸钠的质量。

4. 准备试样

1）生石灰试样：将生石灰样品打碎，使颗粒不大于1.18mm。拌和均匀后用四分法缩减至200g左右，放在瓷研钵中研细，再经四分法缩减几次至剩下20g左右。将研磨所得石灰样品通过0.15mm（方孔筛）的筛，从此细样中均匀挑取10余克，置于称量瓶中在105℃烘箱内烘至恒量，储于干燥器中，供试验用。

2）消石灰试样：将消石灰样品用四分法缩减至10余克，如有大颗粒存在，须在瓷研钵中磨细至无不均匀颗粒存在为止。置于称量瓶中在105℃烘箱内烘至恒量，储于干燥器中，供试验用。

5. 试验步骤

称取约0.5g（用减量法称准至0.0001g）试样，记录为G，放入干燥的250mL具塞三角瓶中，取5g蔗糖覆盖在试样表面，投入干玻璃珠15粒，迅速加入新煮沸并已冷却的蒸馏水50mL，立即加塞振荡15min（如有试样结块或粘于瓶壁现象，则应重新取样），打开瓶塞，用水冲洗瓶塞及瓶壁，加入2或3滴酚酞指示剂，记录滴定管中盐酸标准溶液体积V_3以0.5mol/L盐酸标准溶液滴定（滴定速度以每秒2或3滴为宜），至溶液的粉红色显著消失并在30s内不再复现即为终点，记录滴定管中盐酸标准溶液的体积V_4。V_3、V_4的差值即为盐酸标准溶液的消耗量V_5。

6. 计算

有效氧化钙的百分含量（%）按下式计算：

$$X = \frac{V_5 M \times 0.028}{G} \times 100\% \tag{3-15}$$

式中　V_5——滴定时消耗盐酸标准溶液的体积（mL）；

　　0.028——氧化钙毫克当量；

　　G——试样质量（g）；

　　M——盐酸标准溶液摩尔浓度（mol/L）。

7. 精密度或允许误差

对同一石灰样品至少应做两个试样和进行两次测定，并取两次结果的平均值代表最终结果。

五、无机结合料稳定土中有效氧化镁的测定

1. 目的与适用范围

本试验方法适用于测定各种石灰的总氧化镁含量。

2. 仪器设备

同有效氧化钙的测定。

3. 试剂

1）1∶10盐酸：将1体积盐酸（相对密度1.19）以10体积蒸馏水稀释。

2）氢氧化铵—氯化铵缓冲溶液（pH=10）：将67.5g氯化铵溶液于300mL无二氧化碳蒸馏水中，加浓氢氧化铵（相对密度为0.90）570mL，然后用水稀释至1000mL。

3）酸性铬蓝K—萘酚绿B（1∶2.5）混合指示剂：称取0.3g酸性铬蓝K和0.75g萘酚绿B与50g已在105℃温度下烘干的硝酸钾混合研细，保存于棕色广口瓶中。

4）EDTA 二钠标准溶液：将 10gEDTA 二钠溶于 40~50℃蒸馏水中，待全部溶解并冷却至室温后，用水稀释至 1000mL。

5）氧化钙标准溶液：精确称取 1.7848g 在 105℃温度下烘干（2h）的碳酸钙（优级纯），置于 250mL 烧杯中，盖上表面皿。从杯嘴缓慢滴加 1:10 盐酸 100mL，加热溶解，待溶液冷却后，移入 1000mL 的容量瓶中，用新煮沸冷却后的蒸馏水稀释至刻度摇匀，此溶液 1mL 的 Ca^{2+} 含量相当于 1mg 氧化钙的 Ca^{2+} 含量。

6）20% 的氢氧化钠溶液：将 20g 氢氧化钠溶于 80mL 蒸馏水中。

7）钙指示剂：将 0.2g 钙试剂羧酸钠和 20g 已在 105℃温度下烘干的硫酸钾混合研细，保存于棕色广口瓶中。

8）10% 酒石酸钾钠溶液：将 10g 酒石酸钾钠溶于 90mL 蒸馏水中。

9）三乙醇胺（1:2）溶液：将 1 体积三乙醇胺以 2 体积蒸馏水稀释摇匀。

4. EDTA 二钠标准溶液与氧化钙和氧化镁关系的标定

1）精确吸取 $V_1 = 50mL$ 氧化钙标准溶液放于 300mL 三角瓶中，用水稀释至 100mL 左右；加入钙指示剂约 0.2g，以 20% 氢氧化钠溶液调整溶液碱度到出现酒红色；再过量加 3~4mL，以 EDTA 二钠标准溶液滴定，至溶液由酒红色变成纯蓝色为止，记录 EDTA 二钠标准溶液体积 V_2。

2）EDTA 二钠标准溶液对氧化钙滴定度按下式计算：

$$T_{CaO} = CV_1/V_2 \tag{3-16}$$

式中 T_{CaO}——EDTA 二钠标准溶液对氧化钙的滴定度，即 1mL EDTA 二钠标准溶液相当于氧化钙的毫克数；

C——1mL 氧化钙标准溶液含有氧化钙的毫克数，等于 1；

V_1——吸取氧化钙标准溶液体积（mL）；

V_2——消耗 EDTA 二钠标准溶液体积（mL）。

3）EDTA 二钠标准溶液对氧化镁的滴定度（T_{MgO}），即 1mL EDTA 二钠标准溶液相当于氧化镁的毫克数，按下式计算：

$$T_{MgO} = T_{CaO} \times \frac{40.31}{56.08} = 0.72T_{CaO} \tag{3-17}$$

5. 试验步骤

1）称取约 0.5g（准确至 0.0001g）试样，并记录试样质量，放入 250mL 烧杯中，用水湿润，加 30mL 1:10 盐酸，用表面皿盖住烧杯，加热至微沸，并保持微沸 8~10min。用水把表面皿洗净，冷却后把烧杯内的沉淀及溶液移入 250mL 容量瓶中，加水至刻度摇匀。待溶液沉淀后，用移液管吸取 25mL 溶液，放入 250mL 三角瓶中，加 50mL 水稀释后，加酒石酸钾钠溶液 1mL、三乙醇胺溶液 5mL，再加入铵—铵缓冲溶液 10mL、酸性铬蓝 K—萘酚绿 B 指示剂约 0.1g。记录滴定管中初始 EDTA 二钠标准溶液体积 V_5，用 EDTA 二钠标准溶液滴定，至溶液由酒红色变为纯蓝色时即为终点，记录滴定管中 EDTA 二钠标准溶液体积 V_6。V_5、V_6 的差值即为滴定钙镁合量的 EDTA 二钠标准溶液的消耗量 V_3。

2）再从同一容量瓶中用移液管吸取 25mL 溶液置于 300mL 三角瓶中，加水 150mL 稀释后，加三乙醇胺溶液 5mL 及 20% 氢氧化钠溶液 5mL，放入约 0.2g 钙指示剂。记录滴定管中初始 EDTA 二钠溶液体积 V_7，用 EDTA 二钠标准溶液滴定，至溶液由酒红色变为纯蓝色即为终点，记录滴定管中 EDTA 二钠标准溶液体积 V_8。V_7、V_8 的差值即为滴定钙离子的 EDTA 二钠标准溶液的消耗量 V_4。

6. 计算

氧化镁的百分含量（%）按下式计算：

$$X = \frac{T_{MgO}(V_3 - V_4) \times 10}{G \times 1000} \times 100\% \qquad (3\text{-}18)$$

式中　T_{MgO}——EDTA 二钠标准溶液对氧化镁的滴定度；

　　　V_3——滴定钙镁合量消耗 EDTA 二钠标准溶液的体积（mL）；

　　　V_4——滴定钙消耗 EDTA 二钠标准溶液的体积（mL）；

　　　10——总溶液对分取溶液的体积倍数；

　　　G——试样质量（g）。

7. 精密度或允许误差

对同一石灰样品至少应做两个试样和进行两次测定，取两次测定结果的平均值代表最终结果。

课堂测试

一、单选题

1. 无机结合料稳定类基层质量检验时，需检测（　　　）。

A. 立方体抗压强度　　　　　　　　B. 无侧限抗压强度

C. 抗折强度　　　　　　　　　　　D. 劈裂强度

2. 进行无机结合料稳定材料温缩试验时，试件尺寸为 $100\text{mm} \times 100\text{mm} \times 400\text{mm}$ 的梁式试件，所适用的土类是（　　　）。

A. 细粒土　　　　　B. 中粒土　　　　　C. 粗粒土　　　　　D. 黏性土

3. 下列说明 EDTA 滴定法化学原理正确的是（　　　）。

A. 先用 5% 的 NH_4Cl 弱酸溶出水泥稳定材料中的 Ca^{2+}。然后用 EDTA 二钠标准溶液夺取 Ca^{2+}。EDTA 二钠标准溶液的消耗量与相应的水泥剂量存在近似线性关系

B. 先用 10% 的 NH_4Cl 弱酸溶出水泥稳定材料中的 Ca^{2+}。然后用 EDTA 二钠标准溶液夺取 Ca^{2+}。EDTA 二钠标准溶液的消耗量与相应的水泥剂量存在近似线性关系

C. 先用 10% 的 $NaOH$ 碱性溶液溶出水泥稳定材料中的 Ca^{2+}。然后用 EDTA 二钠标准溶液夺取 Ca^{2+}。EDTA 二钠标准溶液的消耗量与相应的水泥剂量存在近似线性关系

D. 先用 5% 的 $NaOH$ 碱性溶液溶出水泥稳定材料中的 Ca^{2+}。然后用 EDTA 二钠标准溶液夺取 Ca^{2+}。EDTA 二钠标准溶液的消耗量与相应的水泥剂量存在近似线性关系

4. EDTA 滴定法试验时，用移液管吸取溶液时，在放松食指让溶液自由流出后，应等流完后再等（　　　）s，才算移液完成。

A. 5　　　　　　　B. 10　　　　　　　C. 15　　　　　　　D. 20

5. EDTA 滴定法试验中，对锥形瓶摇动旋转时，应（　　　）。

A. 向同一个方向旋转

B. 先顺时针，后逆时针方向，交替进行

C. 先逆时针，后顺时针方向，交替进行

D. 没有严格规定

6. EDTA 滴定法试验过程中，溶液的颜色有明显的变化过程，颜色变化是（　　）。

A. 紫色变为玫瑰红色，最终变为蓝色

B. 蓝色变为玫瑰红色，最终变为紫色

C. 蓝色变为紫色，最终变为玫瑰红色

D. 玫瑰红色变为紫色，最终变为蓝色

7. 在进行石灰有效氧化钙测定中，应将研磨所得的石灰样品通过（　　）的筛。

A. 0.25mm（方孔筛）　　　　　　　　　B. 0.25mm（圆孔筛）

C. 0.15mm（方孔筛）　　　　　　　　　D. 0.15mm（圆孔筛）

8. 进行石灰有效氧化钙测定时，应采用四分法将生石灰、熟石灰数量缩减到（　　）。

A. 生石灰 20 克左右，熟石灰 10 余 g　　B. 生石灰 10 余 g，熟石灰 20g 左右

C. 生石灰和熟石灰均为 20g 左右　　　　D. 生石灰和熟石灰均为 10 余 g

9. 单独测定石灰中的有效氧化钙含量和氧化镁含量时，进行滴定所采用的溶液是（　　）。

A. 测定氧化钙含量采用盐酸标准液，测定氧化镁含量采用 EDTA 二钠标准溶液

B. 测定氧化钙含量采用 EDTA 二钠标准溶液，测定氯化镁含量采用盐酸标准溶液

C. 测定氧化钙含量采用 EDTA 二钠标准溶液 + 盐酸标准溶液

D. 测定氧化镁含量采用 EDTA 二钠标准溶液 + 盐酸标准溶液

10. 某试验室需要含水率为 15% 的二灰土 1500g，混合料的配合比为石灰：粉煤灰：土 = 10 : 20 : 70，其中含有干石灰（　　）g。

A. 81　　　　　　　　B. 130　　　　　　　　C. 150　　　　　　　　D. 90

二、判断题

1. 采用 EDTA 滴定法测定水泥和石灰含量时，对于龄期 7d 以内的无机结合料稳定材料，可不进行龄期校正。（　　）

2. EDTA 滴定法对水泥稳定材料的龄期修正应以小时计，石灰及二灰修正以天计。（　　）

3. 采用 EDTA 滴定法，应在水泥终凝之前测定水泥含量，石灰剂量的测定应在路拌后尽快测试。（　　）

4. EDTA 滴定法适用于工地快速测定水泥和石灰稳定材料中水泥和石灰的剂量，及用于工地现场检查拌和和摊铺的均匀性，不能用于测定水泥和石灰综合稳定材料中结合料的剂量。（　　）

5. 根据《公路工程无机结合料稳定材料试验规程》，在石灰有效氧化钙和氧化镁测定方法中盐酸标准溶液的浓度采用摩尔浓度表示。（　　）

6. 根据《公路工程无机结合料稳定材料试验规程》，石灰有效氧化钙和氧化镁简易测定方法适用于氧化镁含量在 8% 以下的低镁石灰。（　　）

7. 根据《公路工程无机结合料稳定材料试验规程》，采用石灰有效氧化钙和氧化镁简易测定方法，滴定所用的溶液是盐酸标准溶液和 EDTA 标准溶液两种溶液。（　　）

8. 根据《公路工程无机结合料稳定材料试验规程》，进行含水率试验时，对有机质土尽量采用烘干法，并适当降低烘箱温度。（　　）

9. 无机结合料稳定材料击实试验方法是一种静态试验方法。（　　）

10. 无论采用击实试验方法，还是采用振动试验方法，试验的目的是提供最佳含水率和最大干密度两个工程参数。（　　）

三、多选题

1. 土工合成材料处治层（含加筋工程、过滤排水工程及防裂工程）的共同实测项目有（　　）。

A. 下承层平整度、拱度　　　　　　　B. 搭接宽度

C. 搭接缝错开距离　　　　　　　　　D. 锚固长度

2. 对石灰稳定粒料基层，（　　）。

A. 混合料处于最佳含水率状况下，用重型压路机碾压至要求的压实度

B. 外观表面平整密实、无坑洼，不符合要求时，每处扣 1~2 分

C. 厚度代表值对高速公路和一级公路的底基层为 −10mm

D. 所检测的强度是指无侧限抗压强度

3. 水泥稳定粒料基层实测项目中权值为 3 的有（　　）。

A. 压实度　　　　B. 厚度　　　　C. 平整度　　　　D. 强度

4. 根据《公路路基路面现场测试规程》（JTG E60—2008）中的几何数据测试系统测定路面横坡试验方法，要求（　　），承载车须进行距离标定。

A. 连续 20d 以上未使用时　　　　　B. 每行驶 5000km

C. 有严重坑槽、车辙时　　　　　　D. 更换轮胎时

5. 在进行水泥稳定材料的水泥剂量检测时，与 EDTA 滴定法的龄期效应曲线有关的因素有（　　）。

A. 素集料　　　　B. 水泥剂量　　　　C. 稳定层压实度　　　D. 水泥品质

6. 采用 EDTA 滴定法测定石灰稳定土中石灰剂量时，所用到的试剂有（　　）

A. NH_4Cl 溶液　　　　　　　　　B. 乙二胺四乙酸二钠标准溶液

C. $NaOH$ 溶液　　　　　　　　　　D. $Ca(OH)_2$ 溶液

7. EDTA 滴定法适用条件有（　　）。

A. 工地快速测定水泥稳定材料中的水泥剂量

B. 工地快速测定石灰稳定材料中的石灰剂量

C. 检查现场拌和及摊铺的均匀性

D. 水泥和石灰综合稳定材料中结合料的剂量

8. 《公路工程无机结合料稳定材料试验规程》中的含水率试验方法（烘干法）适用于（　　）。

A. 水泥、石灰含水率　　　　　　　　B. 有机质土的含水率

C. 粉煤灰的含水率　　　　　　　　　D. 无机结合料稳定材料的含水率

9. 测定水泥或石灰剂量时，下列滴定操作正确的有（　　）。

A. 摇动锥形瓶时要向同一个方向旋转

B. 滴定管不能离开瓶口过高，应在瓶颈的 1/3 处

C. 滴定过程中，右手不能离开活塞任操作液直流

D. 滴定开始时速度可稍快，临近终点时应滴 1 滴，摇几下，观察颜色变化情况

10. 在石灰氧化镁测定方法中，用到的试剂有（　　）。

A. 1∶10 盐酸   B. 硫酸钾溶液

C. 氢氧化钠—氯化铵缓冲溶液   D. EDTA 二钠标准溶液

四、问答题

1. 一组二灰土试件无侧限抗压强度试验结果为：0.77MPa、0.78MPa、0.67MPa、0.64MPa、0.73MPa、0.81MPa，设计强度 $R_d = 0.60$MPa，取保证率系数 $Z_\alpha = 1.645$，判断该组二灰土强度是否合格（取小数2位）。该实测项目（强度）评分值为多少？

2. 根据无机结合料不同，可将半刚性基层或底基层分为哪些类型？请举例说明。

3. 工地采用 EDTA 方法滴定石灰稳定土中的石灰剂量，为了制作标准曲线需要配置 300g 在最佳含水率状态下的石灰土，请叙述该混合料组成的计算过程。

4. 某试验室进行石灰土击实试验，已知击实筒的容积是 997cm³，质量是 2400g，击实后试件加击实筒的质量是 4374g，试样的含水率为 15%，试计算该试件的干密度。

启示角

川 藏 公 路

成都—拉萨公路，简称川藏线，一般称为川藏公路，途经青藏高原东南边缘，地形陡峭，河谷纵横，先后翻越巴颜喀拉山、横断山、念青唐古拉山、喜马拉雅山、冈底斯山所属的米拉山，以及林芝至拉萨公路南侧的山脉等众多山脉；横跨岷江、金沙江、澜沧江、怒江、雅鲁藏布江等水系，地势由东向西急剧升高，地形由东半部（四川西部地区）向东南倾斜，为该地区的大气候提供了明显的地形分界。公路平均海拔 3000m 左右，河谷与山脊的相对高差为 1000～2000m，公路沿线山高谷深、起伏跌宕、地势险峻，被称为"天险奇路"。

70 多年前，经过 11 万军民的艰苦修建，在极为艰苦的条件下奋勇拼搏，川藏公路北线于 1954 年 12 月正式通车，在"人类生命禁区"的"世界屋脊"上创造了人类公路建设史上的奇迹，形成了一不怕苦、二不怕死，顽强拼搏、甘当路石，军民一家、民族团结的"两路"精神。

我们无论在什么地方坚守怎样的岗位，都要发挥最大的能力，做出最大的贡献，将青春最好的年华奉献给祖国需要的事业，在平凡中传递正能量，爱岗敬业，无私奉献，用爱心与热心建设更加美好的未来。生逢盛世，肩负重任，当代的中国青年更应不负韶华，用实干肩负起历史使命，尽己之力守护盛世之中华。

任务 4

路基路面压实度检测

压实度是路基路面施工质量检测的关键指标之一，表征了路基路面现场压实后的密实状况。碾压技术越好，现场压实度越大，越密实，材料的整体性能就越好。对于路基土、路面半刚性基层及粒料类柔性基层而言，压实度是指工地实际达到的干密度与室内标准击实试验所得的最大干密度的比值；对沥青面层、沥青稳定基层而言，压实度是指现场实际达到的密度与室内标准密度的比值。因此，压实度的测定主要包括室内标准密度（最大干密度）确定和现场密度试验。

任务 4.1 标准密度（最大干密度）确定

室内试验得出的标准密度（最大干密度）是压实度评定的基准值，直接决定结果的可靠性，因此，标准密度（最大干密度）的室内试验确定方法应原理科学、数据准确、操作简单，且试验条件应与实际压实条件相接近。近年来逐渐引起重视的振动击实、大型马歇尔击实等均是考虑到目前施工中广泛使用振动压路机进行碾压成形而对试验条件进行改进的成果。

由于筑路材料类型不同，标准密度（最大干密度）的室内确定试验方法也有所不同。

1. 路基土最大干密度确定试验方法

根据路基土类别与性质的不同，路基土最大干密度试验方法主要有击实法、振动台法和表面振动压实仪法，适用范围见表 4-1。

表 4-1 路基土最大干密度确定方法比较

试 验 方 法	使 用 范 围	土 的 粒 组
轻型、重型击实法	小试筒适用于粒径不大于 25mm 的土 大试筒适用于粒径不大于 38mm 的土	细粒土 粗粒土
振动台法	本试验规定采用振动台法测定无黏性自由排水粗粒土和巨粒土（包括堆石料）的最大干密度 本试验方法适用于通过 0.074mm 标准筛的土颗粒质量百分数不大于 15% 的无黏性自由排水粗粒土和巨粒土 对于最大颗粒大于 60mm 的巨粒土，因受试筒允许最大粒径的限制，宜按相似级配法的规定处理	粗粒土 巨粒土
表面振动压实仪法	同上	粗粒土 巨粒土

击实试验是我国路基土最大干密度确定的主要方法，通过试验得出的击实曲线，确定最佳含水率的最大干密度。根据击实功的不同，可分为重型和轻型击实，两个试验的原理和基本规律相似，但重型击实试验的击实功提高了4.5倍。按采集土样的含水率，又分为湿土法和干土法；按土能否重复使用，也分为两种，即土能重复使用和不能重复使用。根据工程的具体要求，按击实试验方法的规定，选择轻型或重型试验方法；根据土的性质选用干土法或湿土法，对于高含水率土宜选用湿土法，对于非高含水率土则选用干土法；除易击碎的试样，试样可以重复使用。

振动台法与表面振动压实仪法均是采用振动方法测定土的最大干密度。前者是整个土样同时受到垂直方向的振动作用，而后者是振动作用自土体表面垂直向下传递。研究结果表明，对于无黏性自由排水土，这两种方法最大干密度试验的测定结果基本一致，但前者试验设备及操作较复杂，后者相对容易，且更接近于现场振动碾压的实际状况。因此，使用时可根据试验设备拥有情况择其一即可，但推荐优先采用表面振动压实仪法。

已有的国内外研究结果表明，对于砂、卵、漂石及堆石料等无黏性自由排水土而言，一致公认采用振动方法而不是普通击实法。因此，建议采用振动方法测定无黏性自由排水土的最大干密度。

各试验方法的仪器设备、试验步骤等见《公路土工试验规程》（JTG F40—2007）。

2. 路面基层材料标准密度（最大干密度）确实试验方法

路面基层主要包括半刚性基层和柔性基层两类，其中柔性基层主要有以级配碎石为代表的粒料类基层和以沥青稳定碎石为代表的沥青稳定类基层。

（1）半刚性基层材料 半刚性基层材料最大干密度目前主要按照《公路工程无机结合料稳定材料试验规程》标准击实法确定，但当粒料含量高时（50%以上），由于击实筒空间的限制，现行方法就不能得出真正的最大干密度。若以此为准，按施工规范要求的压实度成形，所测得的强度和有关参数偏小，据此进行设计，势必造成浪费。同样，如以此为准进行施工质量控制，容易使控制要求偏低，不能保证施工质量。同时，随着振动碾压的大面积应用，标准击实试验无法反映实际施工中的振动压实状态。因此，理论计算法、振动击实法的更为科学的最大干密度确定方法被研究应用。

理论计算法主要根据半刚性基层材料的体积组成，利用结合料和粒料级配组成与密度综合确定混合料最大干密度，主要用于无机结合料稳定粒料类材料。

1）石灰土、二灰稳定粒料。根据室内试验测得结合料的最大干密度 ρ_1 和集料的相对密度 γ，把已确定的结合料与集料的质量比换算为体积比 $V_1 : V_2$，则混合料的最大干密度 ρ_0 为

$$\rho_0 = V_1 \rho_1 + V_2 \gamma \tag{4-1}$$

石灰土、二灰稳定粒料的最佳含水率 w_0 是结合料的最佳含水率 w_1 和集料饱水裹覆含水率 w_2 的加权值，可按下式计算：

$$w_0 = w_1 A + w_2 B \tag{4-2}$$

式中 A，B——结合料和集料的质量百分比，以小数计。

饱水裹覆含水率是指把集料浸水饱和后取出，不擦去表面裹覆水时的含水率。除吸水率特大的集料外，此值对于砾石可取3%，碎石可取4%。

2）水泥稳定粒料。此类材料的最大干密度 ρ_0 与集料的最大干密度 ρ_G 和水泥硬化后的水泥质量有关，即

$$\rho_0 = \frac{\rho_G}{1 - \frac{(1+k)a}{100}}$$ （4-3）

式中 ρ_G——集料在振动台加载振动而得到的最大干密度（g/cm³）；

   a——水泥含量（％）；

   k——水泥水化时水的增量，视水泥品种不同而异，一般为水泥质量 10%～25%，以小数计。

水泥加水拌匀后，在 105℃烘箱中烘干，称试验前水泥质量和烘干后硬化的水泥质量，即可求得水泥水化的水增量。

因水泥中含有水化水，故用烘箱法不能正确测出水泥稳定粒料的最佳含水率。根据对比试验，水泥稳定粒料的最佳含水率 w_0 由水泥的水化水、集料的饱水裹覆含水率和拌和水泥所需要的水（水灰比为 0.5）三者组成，即

$$w_0 = (0.5 + k)a + w_2\left(1 - \frac{a}{100}\right)$$ （4-4）

式中 a——水泥含水量（％）；

   w_2——集料饱水裹覆含水率（％），同式（4-2）中规定；

   k——水泥水化时水的增量，以小数计，同式（4-3）中规定。

（2）以级配碎石为代表的粒料类基层 粒料类基层材料最大干密度确定试验方法有重型击实法和振动法两种，重型击实参照《公路土工试验规程》击实试验。振动法参考粗粒土、巨粒土的振动法，以振动台法或表面振动压实仪法确定最大干密度。

目前国内外对级配碎石等粒料类材料重型击实和振动法开展了许多对比研究，表明振动法与重型击实法具有很好的相关性，都能够很好地反映级配碎石的密实度。但考虑到目前振动试验尚未形成标准，振动参数不是很统一，且重型击实设备一般施工单位都有，试验方法简单易操作，因此，国内外仍以重型击实试验为主。

（3）沥青稳定碎石为代表的沥青稳定类基层 沥青稳定碎石基层材料标准密度的试验方法主要有标准马歇尔击实法、大型马歇尔击实法、旋转压实法和振动法。我国主要采用马歇尔击实法，对于公称最大粒径等于或大于 31.5mm 的混合料采用大型马歇尔击实法。

标准密度取值有三种情况可以选择：以沥青拌和厂每天取样实测的马歇尔试件密度，取平均值作为该批混合料铺筑路段压实度的标准密度；以每天真空法测的最大理论密度作为标准密度；以实验路密度作为标准密度。可以根据工程需要与实际情况，选择其中一个或两个作为标准密度。

密度可以采用蜡封法、体积法和表干法进行测定。

3. 沥青面层混合料

沥青面层混合料标准密度试验方法与沥青稳定碎石基层相同，我国仍以马歇尔击实法为主，有 3 个标准密度可供选择。

具体密度测定，根据混合料本身的特点，可采用下列方法之一。

水中重法：本法仅适用于密实的 I 型沥青混凝土试件，不适用于采用了吸水性大的集料的沥青混合料试件。

表干法：本法适用于测定吸水率不大于 2% 的各种沥青混合料试件。

蜡封法：本法适用于吸水率大于2%的沥青混凝土试件以及沥青碎石混合料试件。

体积法：本法适用于空隙率较大的沥青碎石混合料及大空隙透水性开级配沥青混合料试件。

具体的试验方法见《公路工程沥青及沥青混合料试验规程》。

任务4.2　路基土现场密度的检测

现场密度主要检测方法及各方法的适用范围见表4-2，表4-2中前四个方法所用仪器如图4-1所示。

表4-2　现场密度检测方法及适用范围比较

试验方法	适用范围
灌砂法	适用于现场测定基层（或底基层）、砂石路面及路基土的各种材料压实层的密度和压实度检测，但不适用于填石路堤等有大孔洞或大孔隙的材料压实层的压实度检测
环刀法	适用于测定细粒土及无机结合料稳定细粒土的密度测试。但对无机结合料稳定细粒土，其龄期不宜超过2d，宜用于施工过程中的压实度检验
钻芯法	适用于检验从压实的沥青路面上钻取的沥青混合料芯样试件的密度，以评定沥青面层的施工压实度
核子仪法	适用于现场用核子密湿度仪以散射法或直接透射法测定路基或路面材料的密度和含水率，并计算施工压实度
无核密度仪法	适用于现场无核密度仪快速测定沥青路面各层沥青混合料的密度，并计算施工压实度，但测定结果不宜用于评定验收或仲裁

灌砂法

环刀法

钻芯法

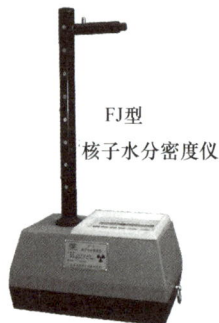

FJ型
核子水分密度仪

核子仪法

图4-1　路基土现场密度检测方法

一、路基土现场密度的检测（挖坑灌砂法 T0921—2008）

1. 目的与适用范围

1）本方法适用于在现场测定基层（或底基层）、砂石路面及路基土的各种材料压实层的密度和压实度检测。但不适用于填石路堤等有大孔洞或大孔隙的材料压实层的压实度检测。

2）用挖坑灌砂法测定密度和压实度时，应符合下列规定：

① 当集料的最大粒径小于 13.2mm，测定层的厚度不超过 150mm 时，宜采用 ϕ100mm 的小型灌砂筒检测。

② 当集料的最大粒径等于或大于 13.2mm，但不大于 31.5mm，测定层的厚度不超过 200mm 时，应用 ϕ150mm 的中型灌砂筒检测。

2. 仪具与材料技术要求

本方法需要下列仪具与材料：

1）灌砂筒：形式和主要尺寸见表4-3，尺寸如图4-2所示。当尺寸与表中不一致，但不影响使用时，也可使用。上部为储砂筒，筒底中心有一个圆孔。下部装一倒置的圆锥形漏斗，漏斗上端开口；直径与储砂筒的圆孔相同，漏斗焊接在一块铁板上，铁板中心有一圆孔与漏斗上开口相接。在储砂筒筒底与漏斗顶端铁板之间设有开关。开关为一薄铁板，一端与筒底及漏斗铁板铰接在一起，另一端伸出筒身外，开关铁板上也有一个相同直径的圆孔。

表4-3　灌砂筒的主要尺寸

结　　构		小型灌砂筒	大型灌砂筒
储砂筒	直径/mm	100	150
	容积/cm³	2120	4600
流砂孔	直径/mm	10	15
金属标定罐	内径/mm	100	150
	外径/mm	150	200
金属方盘基板	边长/mm	350	400
	深/mm	40	50
中孔	中孔直径/mm	100	150

注：如集料的最大粒径超过 31.5mm，则应相应地增大灌砂筒和标定罐的尺寸；如集料的最大粒径超过 53mm，灌砂筒和现场试洞的直径应为 200mm。

2）金属标定罐：用薄铁板制作的金属罐，上端周围有一罐缘。

3）基板：用薄铁板制作的金属方盘，盘的中心有一圆孔。

4）玻璃板：边长约 500~600mm 的方形板。

5）试样盘：小筒挖出的试样可用饭盒存放，大筒挖出的试样可用 300mm × 500mm × 40mm 的搪瓷盘存放。

6）天平或台秤：称量 10~15kg，感量不大于 1g。用于含水率测定的天平精度，对细粒土、中粒土、粗粒土宜分别为 0.01g、0.1g、1.0g。

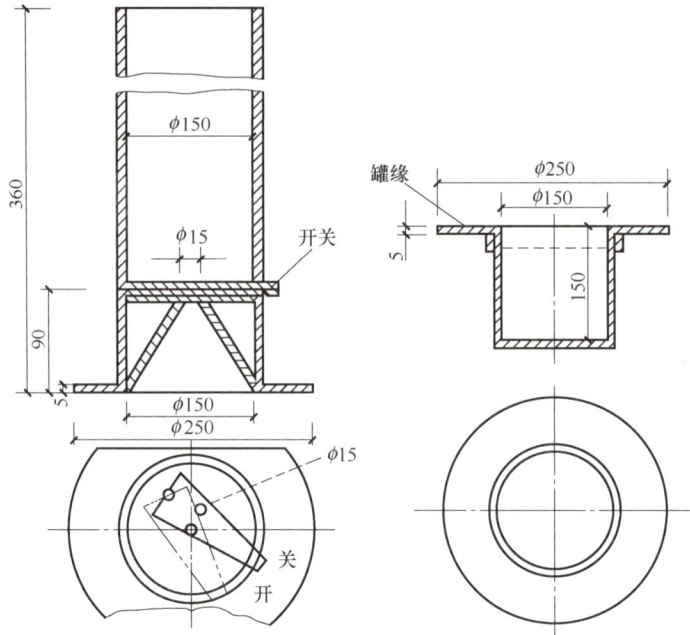

图 4-2　150mm 灌砂筒结构图

7）含水率测定器具：如铝盒、烘箱等。

8）量砂：粒径 0.30~0.60mm 清洁干燥的砂，约 20~40kg。使用前须洗净、烘干，并放置足够的时间，使其与空气的湿度达到平衡。

9）盛砂的容器：塑料桶等。

10）其他：凿子、螺钉旋具、铁锤、长把勺、长把小簸箕、毛刷等。

3. 方法与步骤

（1）准备工作

1）按现行试验方法对检测对象试样用同种材料进行击实试验，得到最大干密度 ρ_d 及最佳含水率。

2）按"目的与适用范围"中 2）的规定选用适宜的灌砂筒。

3）按下列步骤标定灌砂筒下部圆锥体内砂的质量：

① 在灌砂筒筒口高度上，向灌砂筒内装砂至距筒顶的距离 15mm 左右为止。称取装入筒内砂的质量 m_1，准确至 1g。以后每次标定及试验都应该维持装砂高度与质量不变。

② 将开关打开，使灌砂筒筒底的流砂孔、圆锥形漏斗上端开口圆孔及开关铁板中心的圆孔上下对准重叠在一起，让砂自由流出，并使流出砂的体积与工地所挖试坑内的体积相当（或等于标定罐的容积），然后关上开关。

③ 不晃动储砂筒的砂，轻轻地将罐砂筒移至玻璃板上，将开关打开，让砂流出，直到筒内砂不再下流时，将开关关上，并细心地取走灌砂筒。

④ 收集并称量留在玻璃板上的砂或称量筒内的砂，准确至 1g。玻璃板上的砂就是填满筒下部圆锥体的砂（m_2）。

⑤ 重复上述测量三次，取其平均值。

4）按下列步骤标定量砂的松方密度 ρ_s（g/cm^3）：

① 用水确定标定罐的容积 V，准确至 $1mL$。

② 在储砂筒中装入质量为 m_1 的砂，并将灌砂筒放在标定罐上，将开关打开，让砂流出。在整个流砂过程中，不要碰动灌砂筒，直到储砂筒内的砂不再下流时，将开关关闭。取下灌砂筒，称取筒内剩余砂的质量 m_3，准确至 $1g$。

③ 按下式计算填满标定罐所需砂的质量 m_a（g）：

$$m_a = m_1 - m_2 - m_3 \tag{4-5}$$

式中　m_a——标定罐中砂的质量（g）；

　　　m_1——装入灌砂筒内砂的总质量（g）；

　　　m_2——灌砂筒下部圆锥体内砂的质量（g）；

　　　m_3——灌砂入标定罐后，筒内剩余砂的质量（g）。

④ 重复上述测量三次，取其平均值。

⑤ 按下式计算量砂的松方密度 ρ_s：

$$\rho_s = \frac{m_a}{V} \tag{4-6}$$

式中　ρ_s——量砂的松方密度（g/cm^3）；

　　　V——标定罐的体积（cm^3）

（2）测试步骤

1）在试验地点，选一块平坦表面，并将其清扫干净，其面积不得小于基板面积。

2）将基板放在平坦表面上。当表面的粗糙度较大时，则将盛有量砂（m_5）的灌砂筒放在基板中间的圆孔上。将灌砂筒的开关打开，让砂流入基板的中孔内，直到储砂筒内的砂不再下流时关闭开关。取下灌砂筒，并称量筒内砂的质量 m_6，准确至 $1g$。

3）取走基板，并将留在试验地点的量砂收回，重新将表面清扫干净。

4）将基板放回清扫干净的表面上（尽量放在原处），沿基板中孔凿洞（洞的直径与灌砂筒一致）。在凿洞过程中，应注意不使凿出的材料丢失，并随时将凿松的材料取出装入塑料袋中，不使水分蒸发，也可放在大试样盒内。试洞的深度应等于测定层厚度，但不得有下层材料混入，最后将洞内的全部凿松材料取出。对土基或基层，为防止试样盘内材料的水分蒸发，可分几次称取材料的质量，全部取出材料的总质量为 m_w，准确至 $1g$。

注意：当需要检测厚度时，应先测量厚度后再进行这一步骤。

5）从挖出的全部材料中取有代表性的样品，放在铝盒或洁净的搪瓷盘中，测定其含水率（w，以%计）。样品的数量如下：用小型灌砂筒测定时，对于细粒土，不少于 $100g$；对于各种中粒土，不少于 $500g$。用大型灌砂筒测定时，对于细粒土，不少于 $200g$；对于各种中粒土，不少于 $1000g$；对于粗粒土或水泥、石灰、粉煤灰等无机结合料稳定材料，宜将取出的全部材料烘干，且不少于 $2000g$，称其质量 m_d。

6）将基板安放在试坑上，将灌砂筒安放在基板中间（储砂筒内放满砂到要求质量 m_1），使灌砂筒的下口对准基板的中孔及试洞，打开灌砂筒的开关，让砂流入试坑内。在此期间，应注意勿碰动灌砂筒。直到储砂筒内的砂不再下流时，关闭开关。仔细取走灌砂筒，并称量筒内剩余砂的质量 m_4，准确至 $1g$。

7）如清扫干净的平坦表面的粗糙度不大，也可省去 2）和 3）的操作。在试洞挖好后，将灌砂筒直接对准放在试坑上，中间不需要放基板。打开筒的开关，让砂流入试坑内。在此期间，应注意勿碰动灌砂筒。直到储砂筒内的砂不再下流时，关闭开关。仔细取走灌砂筒，并称量剩余砂的质量 m_4'，准确至1g。

8）仔细取出试筒内的量砂，以备下次试验时再用。若量砂的湿度已发生变化或量砂中混有杂质，则应该重新烘干、过筛，并放置一段时间，使其与空气的湿度达到平衡后再用。

4. 计算

1）按下列式子计算填满试坑所用的砂的质量 m_b（g）：

灌砂时，试坑上放有基板，则

$$m_b = m_1 - m_4 - (m_5 - m_6) \tag{4-7}$$

灌砂时，试坑上不放基板，则

$$m_b = m_1 - m_4' - m_2 \tag{4-8}$$

式中　m_b——填满试坑的砂的质量（g）；

m_1——灌砂前灌砂筒内砂的质量（g）；

m_2——灌砂筒下部圆锥体内砂的质量（g）；

m_4，m_4'——灌砂后，灌砂筒内剩余砂的质量（g）；

$(m_5 - m_6)$——灌砂筒下部圆锥体内及基板和粗糙表面间砂的合计质量（g）。

2）按下式计算试坑材料的湿密度 ρ_w（g/cm^3）：

$$\rho_w = \frac{m_w}{m_b}\rho_s \tag{4-9}$$

式中　m_w——试坑中取出的全部材料的质量（g）；

ρ_s——量砂的松方密度（g/cm^3）。

3）接下式计算试坑材料的干密度 ρ_d（g/cm^3）：

$$\rho_d = \frac{\rho_w}{1 + 0.01w} \tag{4-10}$$

式中　w——试坑材料的含水率（%）。

当为水泥、石灰、粉煤灰等无机结合料稳定土的场合，可按下式计算干密度 ρ_d（g/cm^3）：

$$\rho_d = \frac{m_d}{m_b}\rho_s \tag{4-11}$$

式中　m_d——试坑中取出的稳定土的烘干质量（g）。

4）按下式计算施工压实度：

$$K = \frac{\rho_d}{\rho_c} \times 100 \tag{4-12}$$

式中　K——测试地点的施工压实度（%）；

ρ_d——试样的干密度（g/cm^3）；

ρ_c——由击实试验得到的试样的最大干密度（g/cm^3）。

注意：当试坑材料组成与击实试验的材料有较大差异时，可以试坑材料做标准击实，求取实际的最大干密度。

5. 报告

各种材料的干密度均应准确至 $0.01\mathrm{g/cm^3}$。压实度检测记录表（灌砂法）见表4-4。

表4-4　压实度检测记录表（灌砂法）

试 验 单 位			检 验 日 期		
天气	晴		标准土密度（重型）		1.78（$\mathrm{g/cm^3}$）
气温	20℃		最佳含水率		16.6%
距设计顶面高程/m	7.00		编号		C-2-2-D04-0001
桩号	K67+425		K67+437		K67+449
项目位置	右8		左22		右23
填土层次	8		8		8
试坑中湿土样质量/g	5170		5200		5200
原砂总质量/g	7000		7000		7000
剩余砂质量/g	2445		2440		2460
锥体砂质量/g	780		780		780
试坑耗砂/g	3775		3780		3760
砂密度/（$\mathrm{g/cm^3}$）	1.44		1.44		1.44
试坑体积/$\mathrm{cm^3}$	2622		2625		2611
湿密度/（$\mathrm{g/cm^3}$）	1.97		1.98		1.99
盒号	140	92	106	79	146	84
盒+湿土质量/g	159.6	169.0	157.5	169.6	153.3	151.0
盒+干土质量/g	139.0	147.6	136.7	147.5	134.4	132.0
水质量/g	20.6	21.4	20.8	22.1	18.9	19.0
盒质量/g	25.4	25.4	25.4	25.7	25.7	25.3
干土质量/g	113.6	122.2	111.3	121.8	108.7	106.7
含水率（%）	18.13	17.51	18.69	18.14	17.39	17.81
平均含水率（%）	17.8		18.4	17.6		
干密度/（$\mathrm{g/cm^3}$）	1.67		1.67		1.69	
压实度（%）	93.8		93.8		94.9	

6. 注意事项

挖坑灌砂法是施工过程中最常用的试验方法之一。此方法表面上看起来颇为简单，但实际操作时经常掌握不好，引起较大误差，又因为它是测定压实度的依据，所以是质量检测部门与施工单位之间发生矛盾的环节，因此应严格遵循试验规程的每个细节，以提高试验精度。为使试验做得准确，应注意以下几个环节：

1）量砂要规则，如果重复使用时一定要注意晾干，处理一致，否则影响量砂的松方密度。

2）每换一次量砂，都必须测定松方密度，灌砂筒下部圆锥体内砂的数量也应该每次重新标定。因此量砂宜事先准备较多数量。切勿到试验时临时找砂，又不进行标定，仅使用以前的数据。

3）地表面处理要平，只要表面凸出一点（即使 1mm），使整个表面高出一薄层，其体积便算到试坑中去了，将影响试验结果，因此本方法一般宜采用先放上基板测定一次粗糙表面消耗的量砂。只有在非常光滑的情况下方可省去此步骤操作。

二、路基土现场密度的检测（环刀法）

1. 目的与适用范围

1）本方法规定在公路工程现场用环刀法测定土基及路面材料的密度及压实度。

2）本方法适用于测定细粒土及无机结合料稳定细粒土的密度。但对无机结合料稳定细粒土，其龄期不宜超过 2d，且宜用于施工过程中的压实度检验。

2. 仪具与材料技术要求

本方法需要下列仪具与材料：

1）人工取土器：如图 4-3 所示，包括环刀、环盖、定向筒和击实锤系统（导杆、落锤、手柄）。环刀内径 6 ~ 8cm，高 2 ~ 3cm，壁厚 1.5 ~ 2mm。

2）电动取土器：如图 4-4 所示，由底座、行走轮、立柱、齿轮箱、升降机构、取芯头等组成。

① 底座：由底座平台（16）、定位销（14）、行走轮（15）组成。平台是整个仪器的支撑基础；定位销供操作时仪器定位用；行走轮供换点取芯时仪器近距离移动用，当定位时四只轮子可扳起离开。

② 立柱：由立柱（1）与立柱套（11）组成，装在底座平台上，作为升降机构、取芯机构、动力和传动机构的支架。

③ 升降机构：由升降手轮（9）、锁紧手柄（8）组成，供调整取芯机构高低用。松开锁紧手柄，转动升降手轮，取芯机构即可升降，到所需位置时拧紧手柄定位。

④ 取芯机构：由取芯头（10）、升降轴（2）组成。取芯头为金属圆筒，下口对称焊接两个合金钢切削刀头，上端面焊有平盖，其上焊螺母，靠螺旋接于升降轴上。取芯头有三种规格，即 50mm×50mm、70mm×70mm、100mm×100mm，取芯头为可换式。另配有相应的取芯头套筒、扳手、铝盒等。

⑤ 动力和转动机构：主要由直流电动机（4）、调速器（12）、齿轮箱组成，另配蓄电池（13）和充电器。当电动机工作时，通过齿轮箱的齿轮将动力传给取芯机构，升降轴旋转，取芯头进入旋切工作状态。

⑥ 电动取土器主要技术参数为：整机质量约 35kg；工作电压 DC24V（36A·h）；转速 50 ~ 70r/min，无级调速。

3）天平：感量 0.1g（用于取芯头内径小于 70mm 样品的称量），或 1.0g（用于取芯头内径 100mm 样品的称量）。

4）其他：镐、小铁锹、修土刀、毛刷、直尺、钢丝锯、凡士林、木板及测定含水率设备等。

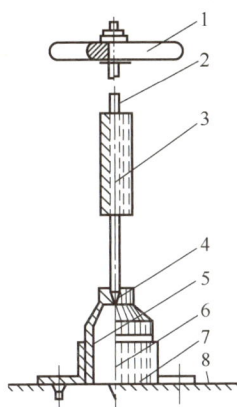

图 4-3 人工取土器

1—手柄 2—导杆 3—落锤
4—环盖 5—环刀 6—定向筒
7—定向筒齿钉 8—试验地面

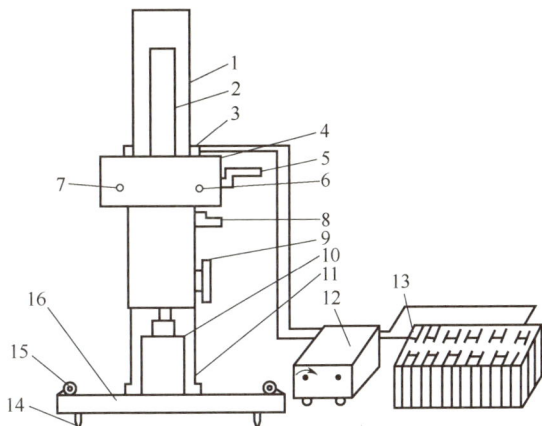

图 4-4 电动取土器

1—立柱 2—升降轴 3—电源输入 4—直流电动机 5—升降手柄
6、7—电源指示 8—锁紧手柄 9—升降手轮 10—取芯头
11—立柱套 12—调速器 13—蓄电池 14—定位销
15—行走轮 16—底座平台

3. 方法与步骤

1）按有关试验方法对检测对象用同种材料进行击实试验，得到最大干密度及最佳含水率。

2）用人工取土器测定黏性土及无机结合料稳定细粒土密度的步骤：

① 擦净环刀，称取环刀质量 m_2，准确至 0.1g。

② 在试验地点，将面积约 30cm×30cm 的地面清扫干净，并将压实层铲去表面浮动及不平整的部分，达一定深度，使环刀打下后，能达到要求的取土深度，但不得将下层扰动。

③ 将定向筒齿钉固定于铲平的地面上。顺次将环刀、环盖放入定向筒内与地面垂直。

④ 将导杆保持垂直状态，用取土器落锤将环刀打入压实层中，至环盖顶面与定向筒上口齐平为止。

⑤ 去掉击实锤和定向筒，用镐将环刀及试样挖出。

⑥ 轻轻取下环盖，用修土刀自边至中削去环刀两端余土，用直尺检测直至修平为止。

⑦ 擦净环刀外壁，用天平称取出环刀及试样合计质量 m_1，准确至 0.1g。

⑧ 自环刀中取出试样，取具有代表性的试样，测定其含水率 w。

3）用人工取土器测定砂性土或砂层密度的步骤：

① 如为湿润的砂土，试验时不需使用击实锤和定向筒，在铲平的地面上，细心挖出一个直径较环刀外径略大的砂土柱，将环刀刃口向下，平置于砂土柱上，用两手平稳地将环刀垂直压下，直至砂土柱突出环刀上端约 2cm 时为止。

② 削掉环刀口上的多余砂土，并用直尺刮平。

③ 在环刀上口盖一块平滑的木板，一手按住木板，另一手用小铁锹将试样从环刀底部切断，然后将装满试样的环刀反转过来，削去环刀口上部的多余砂土，并用直尺刮平。

④ 擦净环刀外壁，称环刀与试样合计质量 m_1，准确至 0.1g。

⑤ 自环刀中取具有代表性的试样测定其含水率 w。

⑥ 干燥的砂土不能挖成砂土柱时，可直接将环刀压入或打入土中。

4）用电动取土器测定无机结合料细粒土和硬塑土密度的步骤：

① 装上所需规格的取芯头。在施工现场取芯前，选择一块平整的路段，将四只行走轮打起，四根定位销钉采用人工加压的方法，压入路基土层中。松开锁紧手柄，旋动升降手轮，使取芯头刚好与土层接触，锁紧手柄。

② 将电瓶与调速器接通，调速器的输出端接入取芯机电源插口。指示灯亮，显示电路已通；启动开关，电动机工作，带动取芯机构转动。根据土层含水率调节转速，操作升降手柄，上提取芯机构，停机，移开机器。由于取芯头圆筒外表有几条螺旋状突起，切下的土屑排在筒外顺螺纹上旋抛出地表，因此，将取芯套筒套在切削好的土芯立柱上摇动即可取出样品。

③ 取出样品，立即按取芯套筒长度用修土刀或钢丝锯修平两端，制成所需规格土芯，如拟进行其他试验项目，装入铝盒，送试验室备用。

④ 用天平称量土芯带套筒质量 m_1，从土芯中心部分取样测定含水率 w。

5）本试验须进行两次平行测定，其平行差值不得大于 0.03g/cm^3。求其算术平均值。

4. 计算

1）按下列式计算试样的湿密度及干密度：

$$\rho = \frac{4 \times (m_1 - m_2)}{\pi d^2 h} \tag{4-13}$$

$$\rho_d = \frac{\rho}{1 + 0.01w} \tag{4-14}$$

式中　ρ——试样的湿密度（g/cm^3）；

　　ρ_d——试样的干密度（g/cm^3）；

　　m_1——环刀或取芯套筒与试样合计质量（g）；

　　m_2——环刀或取芯套筒质量（g）；

　　d——环刀或取芯套筒直径（cm）；

　　h——环刀或取芯套筒高度（cm）；

　　w——试样的含水率（%）。

2）按下式计算施工压实度：

$$K = \frac{\rho_d}{\rho_{dmax}} \times 100 \tag{4-15}$$

式中　K——测试地点的施工压实度（%）；

　　ρ_d——试样的干密度（g/cm^3）；

　　ρ_{dmax}——由击实试验得到的试样的最大干密度（g/cm^3）。

5. 报告

试验应报告土的鉴别分类、含水率、湿密度、干密度、最大干密度、压实度等。

三、沥青路面面层压实度的检测（钻芯法）

1. 目的与适用范围

1）沥青混合料面层的压实度是按施工规范规定的方法测定的混合料试样的毛体积密度

与标准密度之比值，以百分率表示。

2）本方法适用于检验从压实的沥青路面上钻取的沥青混合料芯样试件的密度，以评定沥青面层的施工压实度。

2. 仪具与材料技术要求

本方法需要下列仪具与材料：

1）路面取芯钻机。

2）天平：感量不大于0.1g。

3）水槽。

4）吊篮。

5）石蜡。

6）其他：卡尺、毛刷、小勺、取样袋（容器）、电风扇。

3. 方法与步骤

（1）钻取芯样　按《公路路基路面现场测试规程》"T 0901 取样方法"钻取路面芯样，芯样直径不宜小于φ100mm。当一次钻孔取得的芯样包含有不同层位的沥青混合料时，应根据结构组合情况用切割机将芯样沿各层结合面锯开分层进行测定。

（2）测定试件密度

1）将钻取的试件在水中用毛刷轻轻刷净粘附的粉尘。如试件边角有浮松颗粒，应仔细清除。

2）将试件晾干或用电风扇吹干不少于24h，直至恒重。

3）按现行《公路工程沥青及沥青混合料试验规程》的沥青混合料试件密度试验方法测定试件密度ρ_s。通常情况下采用表干法测定试件的毛体积相对密度；对吸水率大于2%的试件，宜采用蜡封法测定试件的毛体积相对密度；对吸水率小于0.5%特别致密的沥青混合料，在施工质量检验时，允许采用水中重法测定表观相对密度。

（3）计算压实度的标准密度　根据《公路沥青路面施工技术规范》附录E的规定，确定计算压实度的标准密度。

4. 计算

1）当计算压实度的标准密度采用每天试验室实测的马歇尔击实试件密度或试验路段钻孔取样密度时，沥青面层的压实度按下式计算：

$$K = \frac{\rho_s}{\rho_0} \times 100 \tag{4-16}$$

式中　K——沥青面层某一测定部位的压实度（%）；

ρ_s——沥青混合料芯样试件的实际密度（g/cm³）；

ρ_0——沥青混合料的标准密度（g/cm³）。

2）计算压实度的标准密度采用最大理论密度时，沥青面层的压实度按下式计算：

$$K = \frac{\rho_s}{\rho_t} \times 100 \tag{4-17}$$

式中　ρ_s——沥青混合料芯样试件的实际密度（g/cm³）；

ρ_t——沥青混合料的最大理论密度（g/cm³）。

3）按《公路路基路面现场测试规程》附录 B 的方法，计算一个评定路段检测的压实度的平均值、标准偏差、变异系数，并计算代表压实度。

5. 报告

压实度试验报告应记载压实度检查的标准密度及依据，并列表表示各测点的试验结果。

四、路基路面材料压实度检测（核子仪法）

1. 目的与适用范围

1）本方法适用于现场用核子密湿度仪以散射法或直接透射法测定路基或路面材料的密度和含水率，并计算施工压实度。

2）核子密湿度仪是现场检测压实度较常用的一种方法，仪器按规定方法标定后，其检测结果可作为工程质量评定与验收的依据。本方法可检测土壤、碎石、土石混合物、沥青混合料和非硬化水泥混凝土等材料。

3）本方法属非破坏性检测，允许对同一个测试位置进行重复测试，并监测密度和压实度的变化，以确定合适的碾压方法，达到所要求的压实度。

2. 干扰因素

1）核子密湿度仪对靠近表层材料的密度最为敏感，当测试材料的表面与仪器底部之间存在空隙时，测试结果可能存在表面偏差（仅对散射法）。如果采用直接透射法测试，表面偏差不明显。

2）材料的粒度、级配、均匀度以及组成成分等因素对密度的测试结果影响较小。但是对一些含有结晶水或有机物的材料，如高岭土、云母、石膏、石灰等可能会对水分的测试有明显的影响，检测时需要与其他可靠的方法进行对比，对检测结果进行调整。

3）对刚铺筑完的热沥青混合料路面标测时，仪器不能长时间放置在路面上，测试完成后仪器应该从路面上移走冷却，避免影响测试结果。

4）测量进行时，在周围 10m 之内不能存在其他核子仪和任何其他放射源。

3. 仪器的标定

1）每 12 个月以内要对核子密湿度仪进行一次标定。标定可以由仪器生产厂家或独立的有资质的服务机构进行。

2）对新出厂的仪器事先已经标定过的，可以不标定。对现存仪器如果经过维修后，可能影响仪器的结构，必须进行新的标定后才能使用。现存仪器如果在标定核实过程中被发现不能满足规定的限值，也必须重新标定。

3）标定后的仪器密度（或含水率）值应达到要求，所有标定块上的每一测试深度上的标定响应应该在 $\pm 16 kg/m^3$。

4. 仪器与材料技术要求

本方法需要下列仪具与材料：

1）核子密湿度仪：符合国家规定的关于健康保护和安全使用标准，密度的测定范围为 $1.12 \sim 2.73 g/cm^3$，测定误差不大于 $\pm 0.03 g/cm^3$；含水率测量范围为 $0 \sim 0.64 g/cm^3$，测定误差不大于 $\pm 0.015 g/cm^3$。它主要包括下列部件：

① γ 射线源：双层密封的同位素放射源，如铯-137、钴-60 或镭-226 等。

② 中子源：如镅（241）—铍等。

③ 探测器：γ射线探测器，如G-M计数管；热中子探测器，如氦-3管。

④ 读数显示设备：如液晶显示器、脉冲计数器、数率表或直接读数表。

⑤ 标准计数块：密度和含氢量都均匀不变的材料块，用于标验仪器运行状况和提供射线计数的参考标准。

⑥ 钻杆：用于打测试孔以便插入探测杆。

⑦ 安全防护设备：符合国家规定要求的设备。

⑧ 刮平板、钻杆、接线等。

2）细砂：0.15~0.3mm。

3）天平或台秤。

4）其他：毛刷等。

5. 方法与步骤

本方法用于测定沥青混合料面层的压实密度或硬化水泥混凝土等难以打孔材料的密度时宜使用散射法；用于测定土基、基层材料或非硬化水泥混凝土等可以打孔材料的密度及含水率时，应使用直接透射法。

在表面用散射法测定时，所测定沥青面层的层厚应根据仪器的性能决定最大厚度。用于测定土基或基层材料的压实密度及含水率时，打洞后用直接透射法所测定的厚度不宜大于30cm。

（1）准备工作

1）每天使用前或者对测试结果有怀疑的时候，按下列步骤用标准计数块测定仪器的标准值：

① 进行标准值测定时的地点与其他放射源距离不少于10m，地面必须经压实而且平整。

② 接通电源，按照仪器使用说明书建议的预热时间，预热测定仪。

③ 在测定前，应检查仪器性能是否正常。将仪器在标准计数块上放置平稳，按照仪器使用说明书的要求进行标准化计数并判断仪器标准化计数值是否符合要求。如标准化计数值超过规定的限值时，应确认标准计数的方法和环境是否符合要求，并重复进行标准化计数；若第二次标准化计数仍超出规定的限界时，需视作故障并进行仪器检查。

2）在进行沥青混合料压实层密度测定前，应用核子密湿度仪与钻孔取样的试件进行标定；测定其他材料密度时，宜与挖坑灌砂法的结果进行标定。标定步骤如下：

① 选择压实的路表面，与试验段测定时的条件一致，对纹理较大的路面必须用细砂填平，然后将仪器放置在测试点上转动几下，或者在测试点上用刮平板平刮几下，以达到测试条件。按要求的测定步骤用核子密湿度仪测定密度，读数。

② 在测定的同一位置用钻机钻孔法或挖坑灌砂取样，量测厚度，按相关规范规定的标准方法测定材料的密度。

③ 对同一种路面厚度及材料类型，在使用前至少测定15处，求取两种不同方法测定的密度的相关关系，其相关系数R应不小于0.95。

3）测试位置的选择。

① 按照《公路路基路面现场测试规程》（JTG E60—2008）中附录A的方法确定测试位置，但距路面边缘或其他物体的最小距离不得小于30cm。核子密湿度仪距其他放射源的距离不得少于10m。

② 当用散射法测定时，应按图 4-5 的方法用细砂填平测试位置路表结构凹凸不平的空隙，使路表面平整，能与仪器紧密接触。

③ 当使用直接透射法测定时，应按图 4-6 的方法用导板和钻杆打孔。在拟测试材料的表面打一个垂直的测试孔，测试孔要以插进探测杆后仪器在测点表面上不倾斜为准。孔深必须大于探测杆达到的测试深度。再按图 4-6 的方法将探测杆放下插入已打好的测试孔内，前后或左右移动仪器，使之安放稳固。

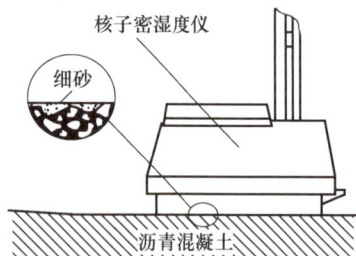

图 4-5　用细砂填平测试位置的方法

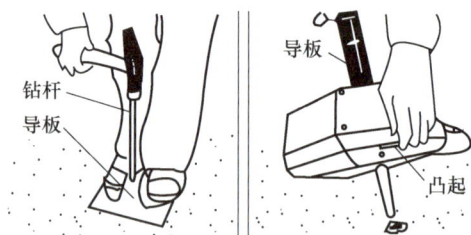

图 4-6　在路表面上打孔的方法

（2）测试步骤

1）如用散射法测定沥青混合料压实层密度时，应按图 4-7 的方法将核子仪平稳地置于测试位置上。测点应随机选择，测定温度应与试验段测定时一致，一组不少于 13 点，取平均值。检测精度通过试验路段与钻孔试件比较评定。

2）如用直接透射法测定时，应按图 4-8 的方法将放射源棒放下插入已预先打好的孔内。

3）打开仪器，测试员退至距仪器 2m 以外，按照选定的测定时间进行测量，到达测定时间后，读取显示的各项数值，并迅速关机。

注意：有关各种型号的仪器在具体操作步骤上略有不同，可按照仪器使用说明书进行。

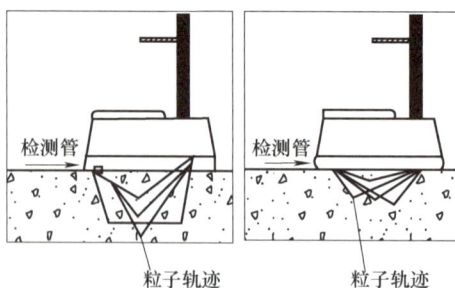

图 4-7　散射法

图 4-8　直接投射法

6. 计算

按下列式计算施工干密度及压实度：

$$\rho_d = \frac{\rho_w}{1+w} \tag{4-18}$$

$$K = \frac{\rho_d}{\rho_c} \times 100 \tag{4-19}$$

式中 K——测试地点的施工压实度（%）；

w——含水率（%）；

ρ_w——试样的密度（g/cm^3）；

ρ_d——由核子密湿度仪测定的压实沥青混合料的实际密度（g/cm^3），一组不少于 13 个点，取平均值；

ρ_c——沥青混合料的标准密度（g/cm^3），按照《公路沥青路面施工技术规范》（JTG F40—2004）附录 E 的规定选用。

7. 报告

测定路面密度及压实度的同时，应同时记录温度、材料类型、路面的结构层厚度及测试深度等数据和资料。

8. 使用安全注意事项

1）仪器工作时，所有人员均应退至距离仪器2m以外的地方。

2）仪器不使用时，应将手柄置于安全位置，仪器应装入专用的仪器箱内，放置在符合核辐射安全规定的地方。

3）仪器应由经有关部门审查合格的专人保管，专人使用。从事仪器保管及使用的人员，应符合有关核辐射检测的有关规定。

五、沥青路面材料压实度检测（无核密度仪法）

1. 目的与适用范围

1）本方法适用于现场无核密度仪快速测定沥青路面各层沥青混合料的密度，并计算施工压实度，但测定结果不宜用于评定验收或仲裁。

2）无核密实度仪可用于检测铺筑完工的沥青路面、现场沥青混合料铺筑层密度及快速检查混合料的离析。

3）应用无核密度仪时，必须严格标定，通过对比试验检验，确认其可靠性。

4）每12个月要将无核密度仪送到授权服务中心进行标定和检查。

2. 仪具与材料技术要求

本方法需要下列仪具与材料。

1）无核密度仪：内含电子模块和可充电电池。

① 探头：无核，无电容，用于野外测量。

② 探测深度：≥4.0cm。

③ 测量时间：1s。

④ 精度：0.003g/cm^3。

⑤ 操作环境温度：0~70℃。

⑥ 测试材料表面最高温度：150℃。

⑦ 湿度：98%且不结露。

2）标准密度块：供密度标准计数用。

3）交流充电器或直流充电器。

4）打印机：用于打印测试数据。

3. 方法与步骤

（1）准备工作

1）所测定沥青面层的层厚应不大于该仪器性能探测的最大深度。在进行沥青混合料压实层密度测定前，应用无核密度仪与钻孔取样的试件进行标定。

2）第一次使用前需要对软件进行设置。仪器存储了软件的设置后，操作者无须每次开机后都进行软件的设置。

3）按照仪器使用说明书的要求综合标定仪器的测量精度。

4）按照不同的需要选择想要的测量模式。

5）按照仪器使用说明的规定，进行修正值设置。

（2）测试步骤

1）为了保证测量精度，在正式测量前应正确选择测量场地。

2）把仪器放置平稳，保证仪器不晃动。

3）为了确保精确测量，仪器应与测量面紧密接触。

4）在开始测量前应检查仪器的工作状态，如电池电压、内部温度、选择的测量单位、运行参考读数的日期和时间等。

5）根据需要选择测量模式进行测试。

4. 计算

按下式计算压实度：

$$K = \frac{\rho_d}{\rho_c} \times 100 \tag{4-20}$$

式中　K——测试地点的施工压实度（%）；

ρ_d——由无核密度仪测定的压实沥青混合料的实际密度（g/cm³），一组不少于 13 个点，取平均值；

ρ_c——沥青混合料的标准密度（g/cm³），按照《公路沥青路面施工技术规范》附录 E 的规定选用。

5. 报告

测定路面密度及压实度的同时，应记录气温、路面的结构深度、沥青混合料类型、面层结构及测定厚度等数据和资料。

任务4.3　压实度判定

1）路基和路面基层、底基层的压实度以重型击实标准为准。沥青层压实度以《公路沥青路面施工技术规范》的规定为准。

对于特殊干旱、潮湿地区或过湿土，以路基设计施工规范规定的压实度标准进行评定。

2）标准密度应做平行试验，求其平均值作为现场检验的标准值。对于均匀性差的路基土质和路面结构层材料，应根据实际情况增补标准密度试验，求得相应的标准值，以控制和检验施工质量。

3）路基、路面压实度以 1～3km 长的路段为检验评定单元，按《公路工程质量检验评定标准　第一册　土建工程》各有关章节要求的检测频率进行现场压实度抽样检查，求算

每一测点的压实度 K_i。细粒土现场压实度检查可以采用灌砂法或环刀法；粗粒土及路面结构层压实度检查可以采用灌砂法、水袋法或钻孔取样蜡封法。应用核子密度仪时，须经对比试验检验，确认其可靠性。

检验评定段的压实度代表值 K（算术平均值的下置信界限）为

$$K = \overline{K} - \frac{t_\alpha}{\sqrt{n}} S \geq K_0 \qquad (4\text{-}21)$$

式中　$\overline{K}$——检验评定段内各测点压实度的平均值；

　　　t_α——t 分布表中随测点数和保证率（或置信度 α）而变的系数；t_α 见《公路工程质量检验评定标准　第一册　土建工程》附录 B；采用的保证率：高速公路、一级公路为基层、底基层99%，路基、路面面层95%；其他公路：基层、底基层为95%，路基、路面面层为90%；

　　　S——检测值的标准偏差；

　　　n——检测点数；

　　　K_0——压实度标准值。

路基、基层和底基层：$K \geq K_0$，且单点压实度 K_i 全部大于或等于规定值减 2 个百分点时，评定路段的压实度合格率为100%；当 $K \geq K_0$，且单点压实度全部大于或等于规定极值时，按测定值不低于规定值减 2 个百分点的测点数计算合格率；$K < K_0$ 或某一单点压实度 K_i 小于规定极值时，该评定路段压实度为不合格，相应分项工程评为不合格。

路堤施工较短时，分层压实度应点点符合要求，且样本数不少于 6 个。

沥青面层：当 $K \geq K_0$ 且全部测点大于或等于规定值减 1 个百分点时，评定路段的压实度合格率为100%；当 $K \geq K_0$ 时，按测定值不低于规定值减 1 个百分点的测点数计算合格率；$K < K_0$ 时，评定路段的压实度为不合格，相应分项工程评为不合格。

课堂测试

一、单选题

1. 目前，对于土方路基压实度，最大干密度的确定方法是（　　　）。

A. 击实试验法　　　B. 振动试验法　　　C. 马歇尔试验法　　　D. 理论计算法

2. 按《公路工程质量检验评定标准》规定，如果土方路基路床的压实度标准为95%，需扣分的测点压实度应小于（　　　）。

A. 95%　　　　　　B. 93%　　　　　　C. 90%　　　　　　D. 88%

3. 核子密度仪直接透射法测定路面结构层的密度时，应在结构层表面打孔，孔深应（　　　）要求测定的深度。

A. 等于　　　　　　B. 略深于　　　　　C. 浅于　　　　　　D. 略浅于

4. 用灌砂筒测定压实度时，向灌砂筒内装砂至距筒顶的距离为（　　　）mm 左右。

A. 5　　　　　　　　B. 10　　　　　　　C. 15　　　　　　　D. 20

5. 采用环刀法测定压实度，对于无机结合料稳定细粒土，其龄期不宜超过（　　　）d。

A. 1　　　　　　　　B. 2　　　　　　　　C. 3　　　　　　　　D. 7

6. 用灌砂法测定压实度，对于水泥、石灰、粉煤灰等无机结合料稳定土，可按下式计算干密度，$\rho_d = m_d/m_b \times \gamma_s$，式中 m_d 表示（   ）。

    A. 试坑中取出的稳定土的烘干质量   B. 试坑中取出的稳定土的湿质量

    C. 填满试坑所用的砂的质量   D. A、B、C 均不正确

7. 真空法测定沥青混合料的理论最大相对密度，若抽气不干净，测得的结果将（   ）；若试样不干燥，结果将（   ）。

    A. 偏小，偏大   B. 偏小，偏小   C. 偏大，偏大   D. 偏大，偏小

8. 灌砂时检测厚度应为（   ）。

    A. 整个碾压层厚   B. 碾压层厚上部   C. 碾压层厚下部   D. 碾压层厚中部

9. 测定二灰稳定碎石基层压实度，应优先采用（   ）。

    A. 环刀法   B. 灌砂法   C. 蜡封法   D. 核子密度仪法

10. 在灌砂过程中，如果储砂筒内的砂尚在下流时即关闭开关，则压实度结果将比正常结果（   ）。

    A. 偏大   B. 偏小   C. 一样   D. 无规律

二、判断题

1. 高等级公路土方路基压实质量控制，应采用重型击实试验。（   ）

2. 对公路路基进行压实度测定时，采用核子仪检验时，应与环刀法进行标定试验。（   ）

3. 只要有一点压实度小于规定极值，则认为该路段的压实质量不合格。（   ）

4. 用灌砂法测定压实度时，当取出的量砂湿度变化或掺有杂质时，应重新烘干、过筛，风干使其与空气的湿度达到平衡后再用。（   ）

5. 影响击实效果的主要因素只有土的含水率。（   ）

6. 灌砂筒中倒圆锥体内砂的数量不随量砂的改变而变化，原有标定数据可以使用。（   ）

7. 灌砂试验时地表面处理是否平整不影响试验结果。（   ）

8. 核子仪用散射法测定密度时，应在表面用钻杆打孔。（   ）

三、多选题

1. 采用挖坑灌砂法测定压实度时，（   ），宜用小型灌砂筒测试。

    A. 集料最大粒径小于 13.2mm   B. 填石路堤

    C. 沥青贯入式路面   D. 测定层厚度不超过 150mm

2. 环刀法适用于以下（   ）情况的现场密度检测。

    A. 细粒土

    B. 龄期不超过 3d 的无机结合料细粒土

    C. 龄期不超过 2d 的无机结合料细粒土

    D. 细粒式沥青混凝土

3. 灌砂法现场测定路基土密度时，在已知（   ）和（   ）的基础上，首先计算（   ），然后计算（   ）。

    A. 试坑材料的湿密度 ρ_w B. 试坑材料的干密度 ρ_d

    C. 填满试坑所用的砂的质量 m_B D. 量砂的单位质量 γ_s

4. 沥青压实度的大小取决于（   ）。

    A. 实测的现场密度   B. 量砂的密度

    C. 标准密度   D. 灌砂筒的大小

5. 一般来说，测定沥青混凝土面层压实度的方法有（　　　）。

A. 核子仪法　　　　　B. 环刀法　　　　　C. 水袋法　　　　　D. 钻芯取样法

四、问答题

1. 某新建公路路基施工中，对其中的一段压实质量进行检查，压实度检测结果见表4-5，压实度标准 $K_0 = 95\%$。请按保证率95%计算该路段的代表性压实度并进行质量评定（$\frac{\tan\alpha}{\sqrt{n}} = 0.387$）。

表4-5　路基压实度汇总表

序号	1	2	3	4	5	6	7	8	9	10
压实度（%）	94.4	93.4	92.5	98.3	95.3	96.8	95.5	96.3	95.2	95.9
序号	11	12	13	14	15	16	17	18	19	20
压实度（%）	98.0	95.4	94.8	92.7	97.1	96.3	95.1	95.5	97.0	95.3

2. 简述灌砂试验中应注意的问题。

警示角

石灰中杂质过多造成路面破坏

　　某公路宿迁到沭阳段为2005年7月新建成的一级公路，2006年1月K158～K154路段的路面陆续出现鼓包、开裂等现象。经现场调研发现，超车道、硬路肩的鼓包比较严重，行车道的鼓包相对要好一些。鼓包、开裂路段的二灰碎石基层十分湿润，变得非常松散，膨胀显著，该基层的厚度由原来的17cm的设计厚度增加到了21～24cm，强度很低，甚至完全失去强度。而未出现鼓包、开裂路段的二灰碎石基层，具有干燥、密实、强度较大、坚硬的特点，无失稳现象。后经现场调查，初步认为鼓包、开裂路段的二灰碎石基层中含有较多的磷石膏，浸水后发生膨胀，造成上覆层开裂，进而引发路面的鼓包、开裂。

　　作为"公路人"，我们必须恪守职业操守，按图施工，不得偷工减料，不得使用不合格的建筑材料和设备，否则必然是害人害己。

路基路面平整度检测

任务5.1 认识平整度

平整度是路面施工质量与服务水平的重要指标之一。它是指以规定的标准量规,间断地或连续地量测路表面的凹凸情况,即不平整度的指标。路面的平整度与路面各结构层次的平整状况有着一定的联系,即各层次的平整效果将积累反映到路面表面上,路面面层由于直接与车辆接触,不平整的表面将会增大行车阻力,将使车辆产生附加振动作用。这种振动作用会造成行车颠簸,影响行车的速度和安全及驾驶的平稳和乘客的舒适。同时,振动作用还会对路面施加冲击力,从而加剧路面和汽车机件损坏和轮胎的磨损,并增大油耗。而且,不平整的路面会积滞雨水,加速路面的破坏。因此,平整度的检测与评定是公路施工与养护的一个非常重要的环节。

平整度的测试设备分为断面类及反应类两大类。断面类实际上是测定路面表面凹凸情况,如最常用的三米直尺及连续式平整仪,还可用激光平整仪精确测定;反应类是测定路面凹凸引起车辆振动的颠簸情况。反应类指标是司机和乘客直接感觉到的平整度指标,因此它实际上是舒适性能指标,最常用的测试设备是车载式颠簸累积仪。现已有更新型的自动化测试设备,如断面分析仪、路面平整度数据采集系统测定车等。常见几种平整度测试方法的特点及技术指标比较见表5-1。国际上通常用国际平整度指数 IRI 衡量路面行驶舒适性或路面行驶质量,可通过标定试验得出 IRI 与标准差 σ 或单向累计值 VBI 之间的关系。

表 5-1 平整度测试方法比较

方　　法	特　　点	技术指标
三米直尺法	设备简单,结果直观,间断测试,工作效率低,反映凹凸程度	最大间隙(mm)
连续式平整度仪法	设备较复杂,连续测试,工作效率高,反映凹凸程度	标准差 σ(mm)
车载式颠簸累积仪法	设备复杂、工作效率高,连续测试,反映舒适性	单向累积值 VBI(cm/km)
车载式激光平整度仪法	工作效率高,连续测试,反应凹凸程度	路面相对高程值(mm)

任务5.2 路面平整度检测(三米直尺法)

1. 目的与适用范围

1)本方法规定用三米直尺测定路表面的平整度,定义三米直尺基准面距离路表面的最大间隙表示路基路面的平整度，以 mm 计。

2）本方法适用于测定压实成形的路面各层表面的平整度，以评定路面的施工质量，也可用于路基表面成形后的施工平整度检测。

2. 仪具与材料技术要求

本方法需要下列仪具与材料：

1）三米直尺：测量基准面长度为 3m 长，基准面应平直，用硬木或铝合金钢等材料制成。

2）最大间隙测量器具：

①楔形塞尺：硬木或金属制的三角形塞尺，有手柄。塞尺的长度与高度之比不小于 10，宽度不大于 15mm，边部有高度标记，刻度读数分辨率小于或等于 0.2mm。

②深度尺：金属制的深度测量尺，有手柄。深度尺测量杆端头直径不小于 10mm，刻度读数分辨率小于或等于 0.2mm。

3）其他：皮尺或钢尺、粉笔等。

3. 方法与步骤

（1）准备工作

1）按有关规范规定选择测试路段。

2）测试路段的测试地点选择：当为沥青路面施工过程中的质量检测时，测试地点应选在接缝处，以单杆测定评定；除高速公路以外，可用于其他等级公路路基路面工程质量检查验收或进行路况评定，每200m 测 2 处，每处连续测量 10 尺。除特殊需要者外，应以行车道一侧车轮轮迹（距车道线 0.8～1.0m）作为连续测定的标准位置。对旧路已形成车辙的路面，应取车辙中间位置为测定位置，用粉笔在路面上做好标记。

3）清扫路面测定位置处的污物。

（2）测试步骤

1）施工过程中检测时，按需要确定的方向，将三米直尺摆在测试地点的路面上。

2）目测三米直尺底面与路面之间的间隙情况，确定最大间隙的位置。

3）用有高度标线的塞尺塞进间隙处，量测其最大间隙的高度（mm）；或者用深度尺在最大间隙位置量测直尺上顶面距地面的深度，该深度减去尺高即为测试点的最大间隙的高度，准确至 0.2mm。

4. 计算

单杆检测路面的平整度计算，以三米直尺与路面的最大间隙为测定结果。连续测定 10 尺时，判断每个测定值是否合格，根据要求，计算合格百分率，并计算 10 个最大间隙的平均值。

5. 报告

单杆检测的结果应随时记录测试位置及检测结果。连续测定 10 尺时，应报告平均值、不合格尺数、合格率。

任务 5.3　路面平整度检测（连续式平整度仪法）

1. 目的与适用范围

1）本方法规定用连续式平整度仪量测路面的不平整度的标准差 σ，以表示路面的平整度，以 mm 计。

2）本方法适用于测定路表面的平整度，评定路面的施工质量和使用质量，但不适用于在已有较多坑槽、破损严重的路面上测定。

2. 仪具与材料技术要求

本方法需要下列仪具与材料：

1）连续式平整度仪：

① 整体结构：连续式平整度仪构造如图 5-1 所示。除特殊情况外，连续式平整度仪的标准长度为 3m，其质量应符合仪器标准的要求；中间为一个 3m 长的机架，机架可缩短或折叠，前后各 4 个行走轮，前后两组轮的轴间距离为 3m。

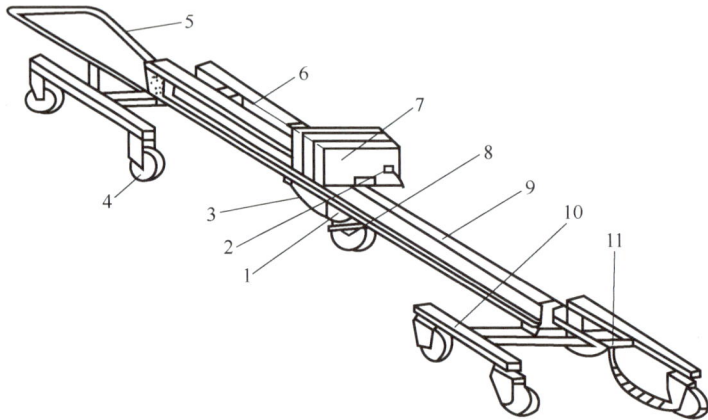

图 5-1　连续式平整仪构造图

1—测量架　2—离合器　3—拉簧　4—脚轮　5—牵引架　6—前架
7—记录计　8—测定轮　9—纵梁　10—后架　11—软轴

② 标准差测量传感器：安装在机架中间，可以是能起落的测定轮，或非接触式位移传感器，如激光或超声位移测量传感器。

③ 其他辅助机构：蓄电池电源，距离传感器，与数据采集、处理、存储、输出部分配套的采集控制箱及计算机、打印机等。

④ 测定间距为 10cm，每一计算区间的长度为 100m 并输出一次结果。

⑤ 可记录测试长度（m）、曲线振幅大于某一定值（如 3mm、5mm、8mm、10mm 等）的次数、曲线振幅的单向（凸起或凹下）累计值及以 3m 机架为基准的中点路面偏差曲线图，可计算打印。

⑥ 机架装有一牵引钩及手拉柄，可用人力或汽车牵引。

2）牵引车：小面包车或其他小型牵引汽车。

3）皮尺或测绳。

3. 方法与步骤

（1）准备工作

1）选择测试路段。

2）当为施工过程中质量检测需要时，测试地点根据需要决定；当为路面工程质量检查验收或进行路况评定需要时，通常以行车道一侧车轮轮迹带作为连续测定的标准位置。对旧路已形成车辙的路面，取一侧车辙中间位置为测定位置。按"目的与适用范围"中2）的规定在测试路段路面上确定测试位置，当以内侧轮迹带（IWP）或外侧轮迹带（OWP）作为测定位置时，测定位置距车道标线80~100cm。

3）清扫路面测定位置处的脏物。

4）检查仪器，检测箱各部分应完好、灵敏，并将各连接线接妥，安装记录设备。

（2）测试步骤

1）将连续式平整度仪平置于测试路段路面起点上。

2）在牵引汽车的后部，将连续式平整度仪与牵引汽车连接好，按照仪器使用手册一次完成各项操作。

3）确定连续式平整度仪工作正常。牵引连续式平整度仪的速度应保持匀速，速度宜为5km/h，最大不得超过12km/h。

在测试路段较短时，也可用人力拖拉平整度仪测定路面的平整度，但拖拉时应保持匀速前进。

4. 计算

1）连续式平整度仪测定后，可按每10cm间距采集的位移值自动计算得到每100m计算区间的平整度标准差（mm），还可记录测试长度（m）。

2）每一计算区间的路面平整度以该区间测定结果的标准差表示，按下式计算：

$$\sigma_i = \sqrt{\frac{\sum d_i^2 - (\sum d_i)^2 / N}{N-1}} \tag{5-1}$$

式中　σ_i——各计算区间的平整度计算值（mm）；

　　　d_i——以100m为一个计算区间，每隔一定距离（自动采集间距为10cm，人工采集间距为1.5m）采集的路面凹凸偏差位移值（mm）；

　　　N——计算区间用于计算标准差的测试数据个数。

3）按《公路路基路面现场测试规程》（JTG E60—2008）附录B的方法计算一个评定路段内各区间的平整度标准差，各评定路段平整度的平均值、标准差、变异系数以及不合格区间数。

任务5.4 路面平整度检测（车载式颠簸累积仪法）

1. 目的与适用范围

1）本方法适用于各类颠簸累积仪在新建、改建路面工程质量验收和无严重坑槽、车辙等病害的正常行车条件下连续采集路段平整度数据。

2）本方法的数据采集、传输、记录和处理分别由专用软件自动控制进行。

2. 仪具与材料技术要求

（1）测试系统　测试系统由承载车辆、距离测量装置、颠簸累积值测试装置和主控制系统组成。主控制系统对测试装置的操作实施控制，完成数据采集、传输、存储与计算过程。

（2）设备承载车要求　根据设备供应商的要求选择测试系统承载车辆。

（3）测试系统基本技术要求和参数

1）测试速度：30~80km/h。

2）最大测试幅度：±20cm。

3）垂直位移分辨率：1mm。

4）距离标定误差：<0.5%。

5）系统工作环境温度：0~60℃。

6）系统软件能够依据相关关系公式自动对颠簸累计值进行换算，间接输出国际平整度指数 IRI。

3. 方法与步骤

（1）准备工作

1）测试车辆具备下列条件之一时，都应进行仪器测值与国际平整度指数 IRI 的相关性标定，相关系数 R 应不低于0.99：在正常状态下行驶超过20000km；标定的时间间隔超过1年；减震器、轮胎等发生更换、维修。

2）检查测试车轮胎气压，应达到车辆轮胎规定的标准气压；车胎应清洁，不得粘附杂物；车上载重、人数以及分布应与仪器相关性标定试验时一致。

3）距离测量系统需要现场安装的，根据设备手册说明进行安装，确保紧固装置安装牢固。

4）检查测试系统，各部分应符合测试要求，不应有明显的可视性破损。

5）打开系统电源，启动控制程序，检查系统各部分的工作状态。

（2）测试步骤

1）测试开始之前应让测试车以测试速度行驶5~10km，按照设备操作手册规定的预热时间对测试系统进行预热。

2）测试车停在测试起点前300~500m处，启动平整度测试系统程序，按照设备操作手册的规定和测试路段的现场技术要求设置完毕所需的测试状态。

3）驾驶员在进入测试路段前应保持车速在规定的测试速度范围内，沿正常行车轨迹驶入测试路段。

4）进入测试路段后，测试人员启动系统的采集和记录程序，在测试过程中必须及时准确地将测试路段的起终点和其他需要特殊标记点的位置输入测试数据记录中。

5）当测试车辆驶出测试路段后，仪器操作人员停止数据采集和记录，并恢复仪器各部分至初始状态。

6）操作人员检查数据文件，文件应完整，内容应正常，否则需要重新测试。

7）关闭测试系统电源，结束测试。

4. 计算

车载式颠簸累积仪直接测试输出的颠簸累积值 VBI，要按照相关性标定试验得到相关关系式，并以100m为计算区间换算成 IRI（以 m/km 计）。

5. 颠簸累积仪测值与国际平整度指数 IRI 相关关系对比试验

（1）基本要求　由于颠簸累积仪测值受测试速度等因素影响，因此测试系统的每一种实际测试速度都应单独进行标定，建立相关关系公式。标定过程及分析结果应详细记录并存档。

（2）试验条件

1）按照每段 IRI 值变化幅度不小于 1.0 的范围选择不少于 4 段不同平整度水平的路段，且有足够加速或减速长度的路段。根据实际测试道路 IRI 的分布情况，可以增加某些范围内的标定路段。

2）每路段长度不小于 300m。

3）每一段内的平整度应均匀，包括路段前 50m 的引道。

4）选择坡度变化较小的直线路段，路段交通量小，便于疏导。

5）标定宜选择在车道的正常行驶轮迹上进行，明确标出标定路段的轮迹、起终点。

（3）试验步骤

1）距离标定。

① 依据设备供应商建议的长度，选择坡度变化较小的平坦直线路段，标出起终点和行驶轨迹。

② 标定开始之前应让测试车以测试速度行驶 5～10km，按照设备操作手册规定的预热时间对测试系统进行预热。

③ 将测试车的前轮对准起点线，启动距离校准程序，然后令车辆沿着路段轨迹直线行驶，避免突然加速或减速，接近终点时，看指挥人员手势减速停车，确保测试车的前轮对准起终线，结束距离校准程序。重复此过程，确保距离传感器脉冲当量的准确性，应在允许误差范围之内。

2）参照"方法与步骤"中的（2），令车载式颠簸累积仪按选定的测试速度测试每个标定路段的反应值，重复测试至少 5 次，取其平均值作为该路段的反应值。

3）IRI 值的确定。

① 以精密水准仪作为标准仪具，分别测量标定路段两个轮迹的纵断高程，要求采样间隔为 250mm，高程测试精度为 0.5mm；然后用 IRI 标准计算程序对每个轮迹的纵断面测量值进行模型计算，得到该轮迹的 IRI 值。两个轮迹 IRI 值的平均值即为该路段的 IRI 值。

② 其他符合世界银行一类平整度测试标准的纵断面测试仪具也可以作为确定标定路段标准 IRI 值的仪具。

（4）试验数据处理　用数据统计的方法将各标定路段的 IRI 值和相应的颠簸累积仪测值进行回归分析，建立相关关系方程式，相关系数 R 不得小于 0.99。

6. 报告

1）平整度测试报告应包括颠簸累积值 VBI、国际平整度指数 IRI 平均值和现场测试速度。

2）提供颠簸累积值 VBI 与国际平整度指数 IRI 在选定测试条件下的相关关系式及相关系数。

任务5.5　路面平整度检测（车载式激光平整度仪法）

1. 目的与适用范围

1）本方法适用于各类车载式激光平整度仪在新建、改建路面工程质量验收和无严重坑槽、车辙等病害及无积水、积雪、泥浆的正常通车条件下连续采集路段平整度数据。

2）本方法的数据采集、传输、记录和处理分别由专用软件自动控制进行。

2. 仪具与材料技术要求

（1）测试系统　测试系统由承载车辆、距离传感器、纵断面高程传感器和主控制系统组成。主控制系统对测试装置的操作实施控制，完成数据采集、传输、存储与计算过程。

（2）设备承载车要求　根据设备供应商的要求选择测试系统承载车辆。

（3）测试系统基本技术要求和参数

1）测试速度：30～100km/h。

2）采样间隔：≤500mm。

3）传感器测试精度：≤0.5mm。

4）距离标定误差：<0.1%。

5）系统工作环境温度：0～60℃。

3. 方法与步骤

（1）准备工作

1）设备安装到承载车上以后应按本方法中"激光平整度仪测值与国际平整度指数 IRI 相关关系对比试验"的规定进行相关性试验。

2）根据设备操作手册的要求对测试系统各传感器进行校准。

3）检查测试车轮胎气压，应达到车辆轮胎规定的标准气压，车胎应清洁，不得粘附杂物。

4）距离测量装置需要现场安装的，根据设备操作手册说明进行安装，确保机械紧固装置安装牢固。

5）检查测试系统各部分应符合测试要求，不应有明显的可视性破损。

6）打开系统电源，启动控制程序，检查各部分的工作状态。

（2）测试步骤

1）测试开始之前应让测试车以测试速度行驶 5～10km，按照设备使用说明规定的预热时间对测试系统进行预热。

2）测试车停在测试起点前 50～100m 处，启动平整度测试系统程序，按照设备操作手册的规定和测试路段的现场技术要求设置完毕所需的测试状态。

3）驾驶员应按照设备操作手册要求的测试速度范围驾驶测试车，宜在 50～80km/h 之间，避免急加速和急减速，急弯路段应放慢车速，沿正常行车轨迹驶入测试路段。

4）进入测试路段后，测试人员启动系统的采集和记录程序，在测试过程中必须及时准确地将测试路段的起终点和其他需要特殊标记的位置输入测试数据记录中。

5）当测试车辆驶出测试路段后，测试人员停止数据采集和记录，并恢复仪器各部分至初始状态。

6）检查测试数据文件，文件应完整，内容应正常，否则需要重新测试。

7）关闭测试系统电源，结束测试。

4. 计算

车载式激光平整度仪采集的数据是路面相对高程值，应以 100m 为计算区间长度用 IRI 的标准计算程序计算 IRI 值，以 m/km 计。

5. 激光平整度仪测值与国际平整度指数 IRI 相关关系对比试验

（1）实验条件

1）按照每段 IRI 值变化幅度不小于 1.0 的范围选择不少于 4 段不同平整度水平的路段，且有足够加速或减速长度的路段。根据实际测试道路 IRI 的分布情况，可以适当增加某些范围内的标定路段。

2）每路段长度不小于 300m。

3）每一段内的平整度应均匀，包括路段前 50m 的引道。

4）选择坡度变化较小的直线路段，路段交通量小，便于疏导。

5）有多个激光测头的系统需要分别标定。

6）标定宜选择在车道的正常行驶轮迹上进行，明确画出轮迹带测线和起终点位置。

（2）试验步骤

1）距离标定。

① 依据设备供应商建议的长度，选择坡度变化较小的平坦直线路段，标出起终点和行驶轨迹。

② 标定开始之前应让测试车以测试速度行驶 5～10km，按照设备操作手册规定的预热时间对测试系统进行预热。

③ 将测试车的前轮对准起点线，启动距离校准程序，然后令车辆沿着路段轨迹直线行驶，避免突然加速或减速，接近终点时，看指挥人员手势减速停车，确保测试车的前轮对准终点线，结束距离校准程序。重复此过程，确保距离传感器测试结果的准确性，应在允许误差范围之内。

2）参照"方法与步骤"中的（2），令所标定的纵断面高程传感器对准测线重复测试 5 次，取其 IRI 计算值的平均值作为该路段的测试值。

3）IRI 值的确定。

① 以精密水准仪作为标准仪具，测量标定路段上测线的纵断面高程，要求采样间隔为 250mm，高程测试精度为 0.5mm；然后用 IRI 标准计算程序对纵断面测量值进行模型计算，得到标定线路的 IRI 值。

② 其他符合世界银行一类平整度测试标准的纵断面测试仪具也可以作为确定标定路段 IRI 值的仪具。

（3）试验数据处理　用数理统计的方法将各标定路段的 IRI 值和相应的平整度仪测值进行回归分析，建立相关关系方程式，相关系数 R 不得小于 0.99。

6. 报告

平整度检测报告应包括以下内容：

1）国际平整度指数 IRI 平均值。

2）提供激光平整度仪测值与国际平整度指数 IRI 在选定测试条件下的相关关系式及相关系数。

课堂测试

一、单选题

1. 土方路基平整度常用（　　）测定。

A. 三米直尺法   B. 连续式平整度仪法

C. 车载式颠簸累积仪法   D. 水准仪法

2. 连续式平整度仪测定平整度时，其技术指标是（   ）

A. 最大间隙   B. 标准偏差   C. 单向累积值   D. 国际平整度指数

3. 用三米直尺测定平整度，连续测定（   ）尺时，应报告平均值、不合格尺数、合格率。

A. 5   B. 8   C. 10   D. 15

4. 用三米直尺测定平整度时，所用塞尺的刻度读数分辨率应小于或等于（   ）mm。

A. 0.05   B. 0.1   C. 0.2   D. 1

5. 用连续式平整度仪测定平整度时，每一计算区间的路面平整度以该区间测定结果的（   ）表示。

A. 最大值   B. 最小值   C. 平均值   D. 标准差

6. 用连续式平整度仪测定平整度时，所选取的测定位置应距车道标线（   ）cm。

A. 20 ~ 30   B. 30 ~ 50   C. 50 ~ 80   D. 80 ~ 100

7. 用车载式颠簸累积仪测定平整度时，测得的平整度指标是（   ）。

A. VBI   B. IRI   C. IBI   D. CBR

8. 用车载式激光平整度仪测定平整度时，采集的数据是路面相对高程值，应用标准程序计算（   ）作为报告结果。

A. VBI   B. IRI   C. IBI   D. CBR

9. 路面的平整度与（   ）有着一定的联系。

A. 路面抗滑性能   B. 路面各结构层次的平整状况

C. 路面结构厚度   D. 路面结构形式

10. 用三米直尺检测路面平整度时，将有高度标线的塞尺塞进间隙处，量记最大间隙的高度，精确至（   ）。

A. 0.2mm   B. 0.5mm   C. 0.1mm   D. 没有要求

11. 当进行路基路面工程质量检查验收或路况评定时，三米直尺测定的标准位置为（   ）。

A. 行车道中心线   B. 行车道一侧车轮轮迹带

C. 行车道左边缘   D. 行车道右边缘

12. 使用连续式平整度仪测定路面平整度时，牵引平整度仪的车速应均匀，速度宜为（   ）。

A. 5km/h，最大不得超过12km/h   B. 8km/h，最大不得超过15km/h

C. 10km/h，最大不得超过16km/h   D. 15km/h，最大不得超过20km/h

13. 连续式平整度仪法测定路面平整度时，一个计算区间的路面平整度为该区间测定结果的（   ）表示。

A. 最大间隙   B. 标准差   C. 单向累积值   D. 国际平整度指数

14. 采用车载式颠簸累积仪法测定路面平整度时，测试速度以（   ）为宜。

A. 32km/h   B. 48km/h   C. 64km/h   D. 80km/h

15. 车载式颠簸累积仪法测定路面平整度，测试结果 VBI（   ），说明路面平整性越差。

A. 越大   B. 越小   C. 没有关系   D. 以上均不对

二、判断题

1. 平整度是重要的检测项目，故应采用数理统计的方法进行评定。（　　）

2. 高速公路土方路基平整度常采用三米直尺法测定。（　　）

3. 当沥青混凝土面层平整度用三米直尺检测的合格率为96%，则平整度的评分值96。（　　）

4. 连续式平整度仪法测定平整度时，每一计算区间的路面平整度以该区间测定结果的标准差表示。（　　）

5. 车载式颠簸累积仪测定平整度试验方法中，测得的平整度指标数值称为IRI。（　　）

6. 车载式激光平整度仪采集的数据是路面相对高程值，应以100m为计算区间按标准程序计算VBI值。（　　）

7. 连续式平整度仪不适用于有较多坑槽、破损严重的路面。（　　）

8. 车载式颠簸累积仪测量车辆在路面通行时后轴与车厢之间的单向位移累积值表示路面平整度。（　　）

9. 车载式颠簸累积仪适用于已有较多坑槽、破损严重的路面上测定。（　　）

10. 三米直尺测定法有单尺测定最大间隙及等距离连续测定两种，前者常用于施工质量控制与检查验收。（　　）

11. 单杆检测路面的平整度计算，以三米直尺与路面的最大间隙为测定结果。连续测定10尺时，只要10个最大间隙的平均值合格就可以满足要求。（　　）

12. 连续式平整度仪法，在选择测试路段的路面测试地点时与三米直尺法相同。（　　）

13. 连续式平整度仪可用人力拖拉或汽车牵引。（　　）

14. 连续式平整度仪的标准长度为5m。（　　）

15. 反应类平整度测试设备所测得的指标是驾驶员和乘客直接感受到的平整度指标。（　　）

三、多选题

1. 下列测定路面平整度的方法中属于断面类的方法有（　　）。

A. 三米直尺　　　　　　　　　　B. 激光路面平整度测定仪

C. 连续式平整度仪　　　　　　　D. 车载式颠簸累积仪

2. 以下关于平整度测试设备的说法，正确的有（　　）。

A. 平整度的测试设备分为断面类及反应类两大类

B. 断面类设备实际上是测定路面表面凹凸情况

C. 反应类设备是测定路面凹凸引起车辆振动的颠簸情况

D. 常用的断面类设备是车载式颠簸累积仪

3. 平整度测试方法有（　　）。

A. 三米直尺法　　　　　　　　　B. 连续平整度仪法

C. 摆式仪法　　　　　　　　　　D. 车载颠簸累积仪法

4. 采用三米直尺法时，在测试路段路面上选择测试地点的要点有（　　）。

A. 当为施工过程中质量检测需要时，测试地点根据需要确定，可以单杆检测

B. 当为路基、路面工程质量检查验收或进行路况评定需要时，一般情况下应以行车道一侧车轮轮迹（距车道线80~100cm）带作为连续测定的标准位置

C. 对旧路面已形成车辙的路面，应以行车道一侧车轮轮迹（距车道线 80～100cm）带作为连续测定的标准位置

D. 对旧路面已形成车辙的路面，应以车辙中间位置为测定位置

5. 三米直尺法有（　　）。

A. 单尺测定最大间隙　　　　　　　B. 等距离连续测定

C. 连续式平整度仪测定　　　　　　D. 不等距离连续测定

6. 三米直尺法的测试要点为（　　）。

A. 将三米直尺摆在测试地点的路面上

B. 用有高度标线的塞尺塞进间隙处，量记最大间隙的高度，精确至 0.2mm

C. 目测三米直尺底面与路面之间的间隙情况，确定间隙为最大的位置

D. 无论什么情况，每 1 处连续检测 10 尺，按步骤测记 10 个最大间隙

7. 连续式平整度仪自动采集位移数据时，（　　）。

A. 测定间距为 10cm　　　　　　　B. 每一计算区间的长度为 100m

C. 100m 输出一次结果　　　　　　D. 1km 输出一次结果

四、问答题

1. 如何进行连续式平整度仪测定结果的计算？

2. 采用车载式颠簸累积仪测定路面平整度的原理是什么？

3. 什么是国际平整度指数？

4. 简述采用连续式平整度仪法测试路面平整度的测试要点。

启示角

怀揣中国梦的"大国工匠"

陈忠祥，中国铁路兰州局集团有限公司定西工务段陇西桥隧车间桥隧工，国家级铁路桥隧工技能大师工作室负责人、全国铁路系统桥隧工首席技师，可谓是"大国工匠"。

1980 年，20 岁的陈忠祥伴随着改革开放的号角，参加了铁路工作。参加工作以来，他以追求卓越、敬业乐业、精益求精、忠诚感恩的"工匠精神"，完成了从"门外汉"到"桥隧大师"的华丽转身，摘得国务院政府特殊津贴、全国技术能手、全国五一劳动奖章、甘肃省陇原技能大奖、中国铁路总公司"铁路工匠"、火车头奖章等多项殊荣。2004 年 12 月，他与新时期工人明星许振超等 180 名"新时期工匠"共同受到国家领导人的亲切接见。

"当工人就要当最好的工人""工程质量达标，就是严格执行工艺标准"是他一生的格言。在宝兰高铁介入检查工作中，陈忠祥一次次爬上几十米高的桥墩，一遍遍进入寒冷刺骨的隧道进行精心检查。他和团队成员走遍了宝兰高铁的 59 座桥梁、37 座隧道，检测了近万个桥梁支座，对 156km 的隧道进行逐米敲击检测，先后检查出桥梁方面问题 5343 个，隧道方面问题 22097 个，对检查出的各类桥隧问题进行了逐一整治。通过现场介入检查的实践，他和团队成员积累了一整套高速铁路前期介入和静态验收的工作方法和经验，为高铁开通运营后的"检养修"工作奠定了基础。

作为一名"公路人"，要坚持理想、勤学苦练、勇于创新、精益求精，在平凡的岗位上也可以谱写不一样的人生。

任务 6

路基路面强度指标检测

一、弯沉的基本概念

由于目前工程上广泛采用回弹弯沉值来表征路基路面的承载能力,回弹弯沉值越大,承载能力越小,反之越大。通常所说的回弹弯沉值是指标准后轴双轮组轮隙中心处的最大回弹弯沉值。在路表测试的回弹弯沉值可以反映路基、路面的综合承载能力。

1. 弯沉

弯沉是指在规定的标准轴载作用下,路基或路面表面轮隙位置产生的总垂直变形(总弯沉)或垂直回弹变形值(回弹弯沉),以 0.01mm 为单位。

2. 设计弯沉值

根据设计年限内一个车道上预测通过的累计当量轴次、公路等级、面层和基层类型而确定的路面弯沉设计值。

3. 竣工验收弯沉值

竣工验收弯沉值是检验路面是否达到设计要求的指标之一。当路面厚度计算以设计弯沉值为控制指标时,则竣工验收弯沉值应小于或等于设计弯沉值;当路面厚度计算以层底拉应力为控制指标时,应根据拉应力计算所得的结构厚度,重新计算路面弯沉值,该弯沉值即为竣工验收弯沉值。

二、路基路面回弹弯沉的测试方法

弯沉值的测试方法较多,目前贝克曼梁法是在我国使用最为普遍的方法,已有成熟的经验。但由于其测试速度慢等问题,各国就如何提高测试速度和动态测定进行了研究,目前用得比较普遍的有法国洛克鲁瓦式自动弯沉仪,丹麦等国家发明并几经改进形成的落锤式弯沉仪(FWD),美国的振动弯沉仪等。弯沉值的测试方法及各自特点见表6-1。

表6-1 弯沉值的测试方法

方　　法	特　　点
贝克曼梁法	传统方法,速度慢,静态测试,比较成熟,目前属于标准方法
自动弯沉仪法	利用贝克曼原理快速连续,属于静态测试范畴,但测定的是总弯沉,因此使用时应用贝克曼梁进行标定换算
落锤式弯沉仪法	利用重锤自由落下的瞬间产生的冲击荷载测定弯沉,并能反算路面的回弹模量,快速连续,使用时应用贝克曼梁法进行标定换算

我国目前较多采用贝克曼梁弯沉仪，故现着重介绍贝克曼梁弯沉仪的使用方法，从标准车、弯沉仪的选择、温度修正及弯沉计算等方面提出有关要点和注意事项。

任务6.1 路基路面强度指标检测（贝克曼梁法）

1. 目的与适用范围

本方法适用于测定各类路基路面的回弹弯沉以评定其整体承载能力，可供路面结构设计使用。

2. 仪具与材料技术要求

本方法需要下列仪具与材料：

1）标准车：双轴，后轴双侧4轮的载重车。其标准轴荷载、轮胎尺寸、轮胎间隙及轮胎气压等主要参数应符合表6-2的要求。测试车应采用后轴10t标准轴载BZZ-100的汽车。

表6-2 弯沉测定用的标准车参数

标准轴载等级	BZZ-100
后轴标准轴载 P/kN	100 ± 1
一侧双轮荷载/kN	50 ± 0.5
轮胎充气压力/MPa	0.70 ± 0.05
单轮传压面当量圆直径/cm	21.30 ± 0.5
轮隙宽度	应满足能自由插入弯沉仪测头的测试要求

2）路面弯沉仪（见图6-1）：由贝克曼梁、百分表及表架组成。贝克曼梁由合金铝制成，上有水准泡，其前臂（接触路面）与后臂（装百分表）长度比为2:1。弯沉仪长度有两种：一种长3.6m，前后臂分别为2.4m和1.2m；另一种加长的弯沉仪长5.4m，前后臂分别为3.6m和1.8m。弯沉采用百分表量得，也可用自动记录装置进行测量。

图6-1 贝克曼梁弯沉仪示意图

3）接触式路表温度计：端部为平头，分度不大于1℃。

4）其他：皮尺、口哨、白油漆或粉笔、指挥旗等。

3. 方法与步骤

（1）准备工作

1）检查并保持测定用标准车的车况及制动性能良好，轮胎胎压符合规定充气压力。

2）向汽车车槽中装载铁块或集料，并用地中衡称量后轴总质量及单侧轮荷载，均应符合要求的轴重规定，汽车行驶及测定过程中，轴重不得变化。

3）测定轮胎接地面积：在平整光滑的硬质路面上用千斤顶将汽车后轴顶起，在轮胎下方铺一张新的复写纸和一张方格纸，轻轻落下千斤顶，即在方格纸上印上轮胎印痕，用求积仪或数方格的方法测算轮胎接地面积，准确至 $0.1cm^2$。

4）检查弯沉仪百分表量测灵敏情况。

5）当在沥青路面上测定时，用路表温度计测定试验时气温及路表温度（一天中气温不断变化，应随时测定），并通过气象台了解前 5d 的平均气温（日最高气温与最低气温的平均值）。

6）记录沥青路面修建或改建材料、结构、厚度、施工及养护等情况。

（2）测试步骤

1）在测试路段布置测点，其距离随测试需要而定。测点应在路面行车道的轮迹带上，并用白油漆或粉笔画上标记。

2）将试验车后轮轮隙对准测点后约 3～5cm 处的位置上。

3）将弯沉仪插入汽车后轮之间的缝隙处，与汽车方向一致，梁臂不得碰到轮胎，弯沉仪测头置于测点上（轮隙中心前方 3～5cm 处），并安装百分表于弯沉仪的测定杆上，百分表调零，用手指轻轻叩打弯沉仪，检查百分表应稳定回零。弯沉仪可以是单侧测定，也可以是双侧同时测定。

4）测定者吹哨发令指挥汽车缓缓前进，百分表随路面变形的增加而持续向前转动。

5）当表针转动到最大值时，迅速读取初读数 l_1。汽车仍在继续前进，表针反向回转，待汽车驶出弯沉影响半径（约 3m 以上）后，吹口哨或挥动指挥红旗，汽车停止。待表针回转稳定后，再次读取终读数 l_2。汽车前进的速度宜为 5km/h 左右。

（3）弯沉仪的支点变形修正

1）当采用长度为 3.6m 的弯沉仪对半刚性基层沥青路面、水泥混凝土路面等进行弯沉测定时，有可能引起弯沉仪支座处变形，因此测定时应检验支点有无变形，此时应用另一台检验用的弯沉仪安装在测定用弯沉仪的后方，其测头架于测定用弯沉仪的支点旁。当汽车开出时，同时测定两台弯沉仪的弯沉读数，如检验用弯沉仪百分表有读数，即应该记录并进行支点变形修正。当在同一结构层上测定时，可在不同位置测定 5 次，求取平均值，以后每次测定时以此作为修正值。支点变形修正的原理如图 6-2 所示。

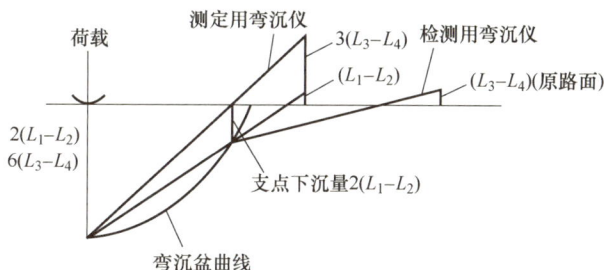

图 6-2 支点变形修正的原理图

2）当采用长度为 5.4m 的弯沉仪测定时，可不进行支点变形修正。

4. 计算及温度修正

1）路面测点的回弹弯沉值按下式计算：

$$l_t = (l_1 - l_2) \times 2 \tag{6-1}$$

式中 l_t——在路面温度 t 时的回弹弯沉值（0.01mm）；

l_1——车轮中心临近弯沉仪测头时百分表的最大读数（0.01mm）；

l_2——汽车驶出弯沉影响半径后百分表的终读数（0.01mm）。

2）当需进行弯沉仪支点变形修正时，路面测点回弹弯沉值按下式计算：

$$l_t = (l_1 - l_2) \times 2 + (l_3 - l_4) \times 6 \tag{6-2}$$

式中　l_1——车轮中心临近弯沉仪测头时测定用弯沉仪的最大读数（0.01mm）；

l_2——汽车驶出弯沉影响半径后测定用弯沉仪的终读数（0.01mm）；

l_3——车轮中心临近弯沉仪测头时检验用弯沉仪的最大读数（0.01mm）；

l_4——汽车驶出弯沉影响半径后检验用弯沉仪的终读数（0.01mm）。

注：此式适用于测定用弯沉仪支座处有变形，但百分表架处路面已无变形的情况。

3）沥青面层厚度大于5cm的沥青路面，回弹弯沉值应进行温度修正，温度修正及回弹弯沉的计算宜按下列步骤进行：

① 测定时的沥青层平均温度按下式计算：

$$t = (t_{25} + t_m + t_e)/3 \tag{6-3}$$

式中　t——测定时沥青层平均温度（℃）；

t_{25}——根据 t_0 由图 6-3 决定的路表下 25mm 处的温度（℃）；

t_m——根据 t_0 由图 6-3 决定的沥青层中间深度的温度（℃）；

t_e——根据 t_0 由图 6-3 决定的沥青层底面处的温度（℃）。

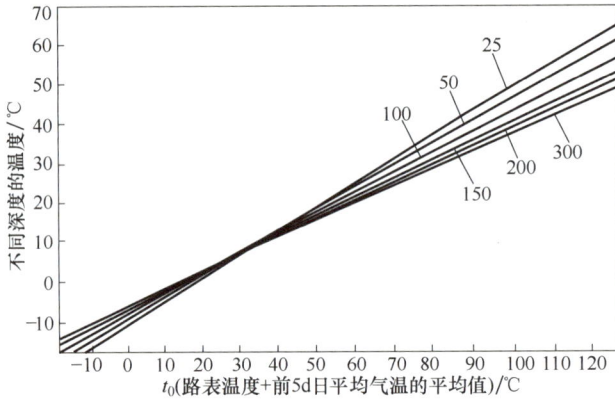

图 6-3　沥青层平均温度的决定

注：线上的数字表示路表下的不同深度（单位：mm）。

图 6-3 中 t_0 为测定时路表温度与测定前 5d 日平均气温的平均值之和（℃），日平均气温为日最高气温与最低气温的平均值。

② 根据沥青层平均温度 t 及沥青层厚度，分别由图 6-4 及图 6-5 求取采用不同基层的沥青路面弯沉值的温度修正系数 K。

③ 沥青路面回弹弯沉按下式计算：

$$l_{20} = l_t K \tag{6-4}$$

式中　K——温度修正系数；

l_{20}——换算为 20℃ 的沥青路面回弹弯沉值（0.01mm）；

l_t——测定时沥青面层内平均温度为 t 时的回弹弯沉值（0.01mm）。

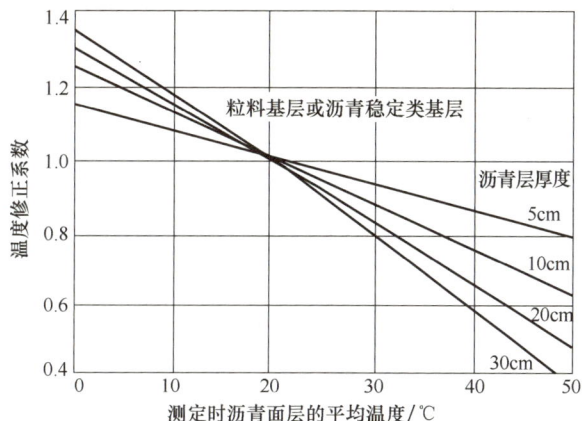

图6-4　路面弯沉温度修正系数曲线（适用于粒料基层及沥青稳定基层）

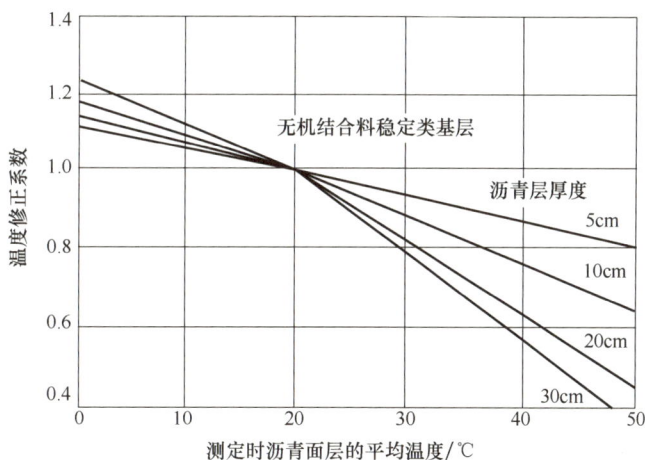

图6-5　路面弯沉温度修正系数曲线（适用于无机结合料稳定的半刚性基层）

④ 按下式计算每一个评定路段的代表弯沉：

$$l_{\mathrm{r}} = \bar{l} + Z_\alpha S \tag{6-5}$$

式中　l_{r}——一个评定路段的代表弯沉（0.01mm）；

$\bar{l}$——一个评定路段内经各项修正后的各测点弯沉的平均值（0.01mm）；

S——一个评定路段内经各项修正后的全部测点弯沉的标准偏差（0.01mm）；

Z_α——与保证率有关的系数，采用下列数值：高级公路、一级公路 $Z_\alpha = 2.0$；二级公路 $Z_\alpha = 1.645$；二级以下公路 $Z_\alpha = 1.5$。

5. 报告

报告应包括下列内容：

1）弯沉测定表、支点变形修正值、测试时的路面温度及温度修正值。

2）每一个评定路段的各测点弯沉的平均值、标准偏差及代表弯沉。

6. 记录表格

记录表格参见表6-3。

表6-3 回弹弯沉试验记录表

路线名称：　　　　试验车型号：　　　　气温：　　　　路面温度：　　　　单轮当量圆直径：

后轴重：　　　　车轮单位压力：　　　　检验者：　　　　计算者：

校核者：　　　　检验日期：

编号	测点桩号	百分表读数（0.01mm）				支点变形修正值（0.01mm）$(l_3 - l_4) \times 6$	温度修正系数 K	回弹弯沉（0.01mm）	路况情况	计算结果
		初读数		终读数						
		左	右	左	右					

7. 质量评定

1）当路面的弯沉代表值不符合要求时，可将超出 $\bar{l} \pm (2 \sim 3)S$ 的弯沉特异值舍弃，重新计算平均值和标准偏差。对舍弃的弯沉值大于 $\bar{l} \pm (2 \sim 3)S$ 的点，应找出其周围界限，进行局部处理。

2）若用两台弯沉仪同时进行左右轮弯沉值测定时，应按两个独立测点计，不能采用左右两点的平均值。

3）弯沉代表值大于设计要求的弯沉值时相应分项工程为不合格。

任务6.2 路基路面强度指标检测（自动弯沉仪法）

贝克曼梁测定路面回弹弯沉值操作简便，应用广泛，我国路面设计及检测的标准方法和基本参数都是建立在这种试验方法基础之上的，但是，这种试验方法整个测试过程全是人工操作，测试结果受人为因素的影响较大，而且测速慢。自动弯沉仪是测定路面弯沉值的高效自动化设备，可对路面进行高密集点的强度测量，适用于路面施工质量控制、验收及路面养护管理。

1. 目的与适用范围

1）采用自动弯沉仪在标准条件下每隔一定距离连续测试路面的总弯沉，及测定路段的总弯沉值的平均值。

2）用于尚无坑洞等严重破坏的道路验收检查及旧路面强度评价，可为路面养护管理系统提供数据，经过与贝克曼梁测定值进行换算后，也可用于路面结构设计。

2. 工作原理

自动弯沉仪的基本工作原理与贝克曼梁的原理是相同的，都是采用简单的杠杆原理。自动弯沉仪测定车在检测路段以一定速度行驶，将安装在测试车前后轴之间底盘下面的弯沉测定梁放到车辆底盘的前端并支于地面保持不动，当后轴双轮隙通过测头时，弯沉通过位移传感器等装置被自动记录下来，这时测定梁被拖动，以2倍的汽车速度拖到下一测点，周而复始地向前连续测定。通过计算机可输出路段弯沉检测统计计算结果。

3. 仪具与材料技术要求

自动弯沉仪测定车：洛克鲁瓦型，由测试汽车、测量机构、数据采集处理系统三部分组成。测量机构如图6-6所示，它安装在测试车底盘下面，测臂夹在后轴轮隙中间。汽车运行时测量机构提起，离开路面。

图6-6　测量机构

自动弯沉仪测定车的主要技术参数如下：测试车轴距为6.75m；测臂长度为1.75～2.40m；后轴荷载为100kN；测定轮对路面的压强为0.7MPa；最小测试步距为4～10m；测试精度为0.01mm；测试车速度为1.5～4.0km/h。

4. 方法与步骤

1）将自动弯沉仪测定车开到检测路段的测定车道（一般为行车道）上，测点应在路面行车道的轮迹带上。

2）汽车到达测试地点第一个测点位置后，按下列步骤放下测量机构：

① 关闭汽车发动机。

② 松开离合器转盘。

③ 放下测量头，测量头位于测定梁（后轴）前方的一定距离上。

④ 放下后支点，勾好把手。

⑤ 放下测量架，销好把手。

⑥ 放下导向机构。

⑦ 插上仪器与汽车的连接销杆或开动液压转向同步系统。

⑧ 检查钢丝绳一定要在离合器的槽内。

⑨ 启动汽车发动机，在操作键盘上按动离合器开关，竖测量机构于最前端。

3）开始测试时，汽车以一定速度行进，测量头连续检测汽车后轴左右轮隙下产生的路面瞬间弯沉。通过测定梁支点的位移传感器将位移转换为电信号，并传送到数据记录器，待汽车后轮通过测量头后，显示器上显示弯沉盆或弯沉峰值，打印机输出弯沉峰值及测定距离。当第一点测定完毕后，车辆前面的牵引装置以2倍于汽车行进速度的速度把测量机构拉到测定轮前方，汽车继续行进，到达下一测点时，开始第二点测定。周而复始地向前测定，汽车在整个测试过程中应保持在规定的速度范围内稳定行驶，标准的行车速度应为3.0～3.5km/h。在标准速度下的测试步距不应大于10m。

5. 数据采集

1）显示器显示弯沉盆或弯沉峰值。测定过程中按相应的功能键，显示器屏幕即可显示每一测点的总弯沉盆。当测定一段距离后，再按此键，将显示路段总弯沉均匀程度的弯沉峰值柱状图。

2）打印机输出。在测定车测定工作时，应打印出测点位置和左右弯沉峰值。

3）测定结束后，汽车停止前进，按下列步骤收起测量机构：

① 先收起导向机构。

② 提起测量架机构。

③ 提起后支点。

④ 最后挂起测头。

6. 数据处理

1）测定结构应按计算区间输出计算结果。计算区间长度要根据公路等级和测试要求确定，标准的计算区间为100m。

2）在测定时，随着打印机输出的同时，应将数据用电子文件方式同时记录在磁带或硬盘上，长期保存。通过计算机输出计算结果，包括每一个计算区间的平均总弯沉值、标准偏差、代表总弯沉值，示例见表6-4。其中代表总弯沉值按 $l_r = l + Z_\alpha S$ 计算。如已进行过自动弯沉仪总弯沉与贝克曼梁回弹弯沉对比试验，则可据此计算出相应的回弹弯沉值。

3）计算一个评定路段的平均总弯沉值、标准偏差、代表总弯沉值。

7. 自动弯沉仪与贝克曼梁弯沉仪对比试验步骤

1）针对不同地区选择某种路面结构的代表性路段，进行两种测定方法的对比试验，以便将自动弯沉仪测定的总弯沉值换算成贝克曼梁测定的回弹弯沉值。测定路段的长度为300~500m，并应使测定的弯沉值有一定的变化幅度。按计划区间列出的总弯沉测定示例见表6-4。

表6-4 按计划区间列出的总弯沉测定示例

记 录 号	路 线 号	公 里 桩	百 米 桩	平均总弯沉值（0.01mm）	标准偏差（0.01mm）	代表总弯沉值（0.01mm）
1	107	1376	100	41	19.256	79
2	107	1376	200	45	9.916	65
3	107	1376	300	55	18.442	92
4	107	1376	400	57	12.739	82
5	107	1376	500	42	9.096	60

注：本表计算区间为100m，代表总弯沉按平均总弯沉值加2倍标准偏差计算。

2）对比试验步骤：

① 采用同一辆自动弯沉仪测定车，使测定车型、荷载大小和轮胎作用面积完全相同。

② 用油漆标记对比路段起点位置。

③ 用自动弯沉仪按前述的方法进行测定，同时仔细用油漆标出每一测点的位置。

④ 在每一标记位置用贝克曼梁定点测定回弹弯沉，测点范围精确至10cm² 以内。

⑤ 逐点对应计算两者的相关关系，得出回归方程式 $l_B = a + bl_A$，式中 l_B、l_A 分别为贝克曼梁和自动弯沉仪测定的弯沉值。相关系数不得小于0.90。

注意：由于不同路面结构和材料、路基状况、温度、水文条件、路面使用状况不同，对比关系也有所不同，为了提高数据的准确性，应分情况做此项对比试验。

应当注意，自动弯沉仪测定的是总弯沉，因而与贝克曼梁测定的回弹弯沉有所不同。可通过自动弯沉仪总弯沉与贝克曼梁回弹弯沉对比试验，得到两者相关关系式，换算为回弹弯沉，用于路基、路面强度评定。

关于自动弯沉仪测定路面弯沉试验方法可详见《公路路基路面现场测试规程》（JTG E60—2008）。

8. 报告

1）报告应包括下列内容：

① 按一个计算区间列出总弯沉测定表及弯沉峰值柱状图。

② 每一个评定路段的全部测点总弯沉的平均值、标准偏差、代表弯沉、测试时的路面温度及温度修正值。

2）如与贝克曼梁弯沉仪进行了对比试验，尚应列出相关关系式、相关系数及换算的回弹弯沉。

任务6.3　路基路面强度指标检测（落锤式弯沉仪法）

落锤式弯沉仪（Falling Weight Deflectometer，FWD）具有无破损、测速快、精度高等优点，并很好地模拟了行车荷载作用，检测结果为弯沉盆数据，因此在国际上的应用也日益广泛。其应用范围主要是在路面养护管理方面。

1. 目的与适用范围

本方法适用于测定在标准质量的落锤式弯沉仪（FWD）重锤落下一定高度产生的冲击荷载作用下，路基和路面所产生的瞬时变形，即测定在动态荷载作用下产生的动态弯沉及弯沉盆，并可由此反算路基路面各层材料的动态弹性模量，作为设计参数使用。所测结果也可用于评定道路承载能力，调查水泥混凝土路面接缝的传力效果，探查路面板下的空洞等。

2. 工作原理

FWD由拖车（包括加载系统和位移传感器）与计算机控制系统（包括控制及数据采集处理部分）组成，如图6-7所示。

其工作原理是：在计算机控制下，把一定质量的重锤由液压传动装置提升至一定高度后自由落下，冲击力作用于承载板上并传递到路面，从而对路面施加脉冲荷载，导致路面表面产生瞬时变形，分布于距测点不同距离的传感器，检测结构层表面的变形，记录系统将信号传输至计算机，即测定在动态荷载作用下产生的动态弯沉及弯沉盆。测试数据可用于反算路面结构层模量，从而科学地评价路面的承载能力。

3. 仪具与材料技术要求

落锤式弯沉仪，简称FWD，由荷载发生装置、弯沉检测装置、运算控制系统与车辆牵引系统等组成。

1）荷载发生装置：重锤的质量及落高根据使用目的与道路等级选择，荷载由传感器测定，如无特殊需要，重锤的质量为（200 ± 10）kg，可采用（50 ± 2.5）kN 的冲击荷载。承载板宜为十字对称分开成4部分且底部固定有橡胶片的承载板。承载板的直径一般为300mm。

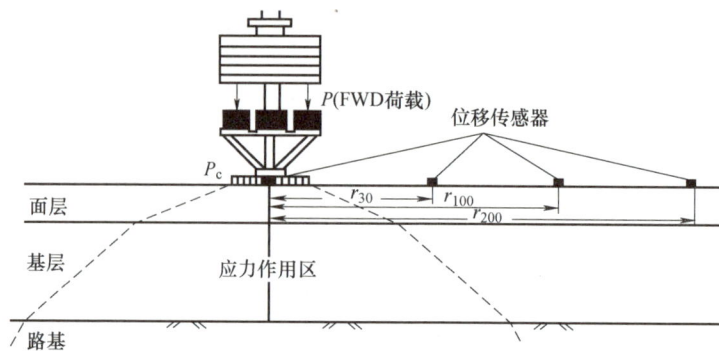

图 6-7 落锤式弯沉仪测量系统示意图

2）弯沉检测装置：由一组高精度位移传感器组成，传感器可为差动变压器式位移计（LVDT）。自承载板中心开始，沿道路纵向设置，隔开一定距离布设一组传感器，传感器总数不少于 7 个，建议布置在 0～250cm 范围以内，必须包括 0、30、60、90 四点，其他根据需要及设备性能决定。

3）运算及控制装置：能在冲击荷载作用的瞬间内，记录冲击荷载及各个传感器所在位置测点的动态变形。

4）牵引装置：牵引 FWD 并安装运算及控制装置的车辆。

4. 方法与步骤

（1）准备工作

1）调整重锤的质量及落高，使重锤的质量及产生的冲击荷载符合前述仪器的要求。

2）在测试路段的路基或路面各层表面布置测点，其位置或距离随测试需要而定。当在路面表面测定时，测点宜布置在行车道的轮迹带上。测试时，还可利用距离传感器定位。

3）检查 FWD 的车况及使用性能，用手动操作检查，各项指标符合仪器规定要求。

4）将 FWD 牵引至测定地点，将仪器打开，进入工作状态。牵引 FWD 行驶的速度不宜超过 50km/h。

5）对位移传感器按仪器使用说明书进行标定，使之达到规定的精度要求。

（2）测试步骤

1）承载板中心位置对准测点，承载板自动落下，放下弯沉装置的各个传感器。

2）启动落锤装置，落锤瞬即自由落下，冲击力作用于承载板上，又立即自动提升至原来位置固定。同时，各个传感器检测结构层表面变形，记录系统将位移信号输入计算机，并得到路面弯沉峰值，同时得到弯沉盆。每一测点重复测定应不少于 3 次，除去第一个测定值，取以后几次测定值的平均值为计算依据。

3）提起传感器及承载板，牵引车向前移动至下一个测点，重复上述步骤，进行测定。

5. 落锤式弯沉仪与贝克曼梁弯沉仪对比试验步骤

（1）路段选择　选择结构类型完全相同的路段，针对不同地区选择某种路面结构的代表性路段，进行两种测定方法的对比试验，以便将落锤式弯沉仪测定的动态弯沉换算成贝克曼梁测定的回弹弯沉值。选择的对比路段长度300～500m，弯沉值应有一定的变化幅度。

（2）对比试验步骤

1）采用与实际使用相同且符合要求的落锤式弯沉仪及贝克曼梁弯沉仪测定车。落锤式弯沉仪的冲击荷载应与贝克曼梁弯沉仪测定车的后轴双轮荷载相同。

2）用油漆标记对比路段起点位置。

3）布置测点位置，用贝克曼梁定点测定回弹弯沉。测定车开走后，用粉笔以测点为圆心，在周围画一个半径为15cm的圆，标明测点位置。

4）将落锤式弯沉仪的承载板对准圆圈，位置偏差不超过30mm，按本任务6.3中的"4. 方法与步骤"进行测定。两种仪器对一点弯沉测试的时间间隔不应超过10min。

5）逐点对应计算两者的相关关系。

通过对比试验得出回归方程式 $l_B = a + bl_{FWD}$，式中 l_{FWD}、l_B 分别为落锤式弯沉仪及贝克曼梁测定的弯沉值。回归方程式的相关系数应不小于0.95。

注意：由于路面结构和材料、路基状况、温度、水文条件、路面使用状况不同，对比关系也有所不同，为了提高数据的准确性，应分情况做此项对比试验。

6. 水泥混凝土路面板调查的方法与步骤

1）在测试路段的水泥混凝土路面板表面布置测点，当为调查水泥混凝土路面的接缝的传力效果时，测点布置在接缝的一侧，位移传感器分开在接缝两边布置。当为探查路面板下的空洞时，测点布置位置随测试需要而定，应在不同位置测定。

2）按本任务6.3中的"4. 方法与步骤"进行测定。

7. 计算

1）按桩号记录各测点的弯沉及弯沉盆数据，按《公路路基路面现场测试规程》附录B的方法计算一个评定路段的平均值、标准偏差、变异系数。

2）当为调查水泥混凝土路面接缝的传力效果时，利用分开在接缝两边布置的位移传感器测定值的差异及弯沉盆的形状，进行判断。

3）当为探查路面板下的空洞时，利用在不同位置测定的测定值的差异及弯沉盆的形状，进行判断。

8. 报告

1）报告应包括下列内容：

① 各测点的最大弯沉及弯沉盆测定数据。

② 每一个评定路段全部测点弯沉的平均值、标准偏差、变异系数及代表弯沉。

2）如与贝克曼梁弯沉仪进行了对比试验，尚应列出相关关系式、相关系数和换算的回弹弯沉。

任务6.4 路基路面回弹模量试验检测（承载板法）

土基的回弹模量是公路设计中一个必不可少的参数，土基回弹模量的改变将会影响路面设计的厚度，建议有条件时最好直接测定。而且随着施工质量的提高，回弹模量值的检验将会作为控制施工质量的一个重要指标。测定回弹模量的方法，目前国内常用的主要有：承载板法、贝克曼梁法和其他间接测试方法（如贯入仪测定法和 CBR 测定法）。

1. 目的与适用范围

1）本方法适用于在现场土基表面，通过承载板对土基逐级加载、卸载的方法，测出每级荷载下相应的土基回弹变形值，经过计算求得土基回弹模量。

2）本方法测定的土基回弹模量可作为路面设计参数使用。

2. 仪具与材料技术要求

1）加载设施：载有铁块或集料等重物、后轴重不小于 60kN 的载重汽车一辆，作为加载设备。在汽车大梁的后轴之后约 80cm 处，附设加劲横梁一根作反力架。汽车轮胎充气压力为 0.50MPa。

2）现场测试装置，由千斤顶、测力计（测力环或压力表）及球座组成，如图 6-8 所示。

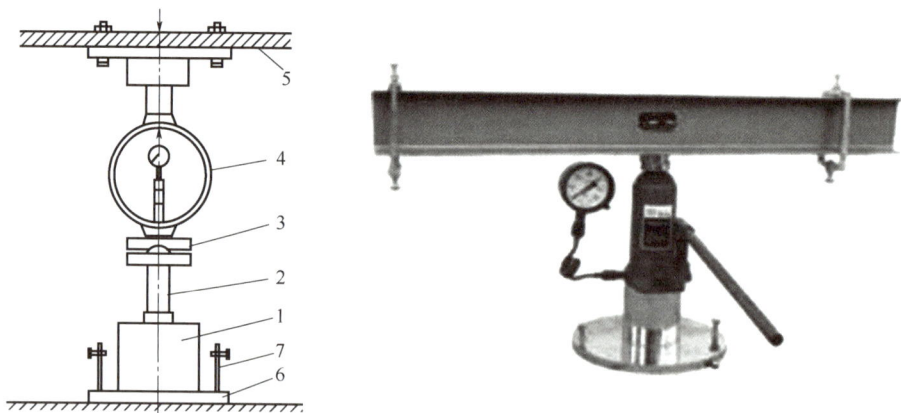

图 6-8 承载板测试装置图

1—加载千斤顶 2—钢圆筒 3—钢板及球座 4—测力计 5—加劲横梁 6—承载板 7—立柱及支座

3）刚性承载板一块，板厚 20mm，直径为 30cm，直径两端设有立柱和可以调整高度的支座供安放弯沉仪测头用，承载板放在土基表面上。

4）路面弯沉仪两台，由贝克曼梁、百分表及其支架组成。

5）液压千斤顶一台，80~100kN，装有经过标定的压力表或测力环，其容量不小于土基强度，测定精度不小于测力计量程的 1%。

6）秒表。

7）水平尺。

8）其他：细砂、毛刷、垂球、镐、铁锹、铲等。

3. 方法与步骤

（1）准备工作

1）根据需要选择有代表性的测点，测点应位于水平的路基上，土质均匀，不含杂物；

2）仔细平整土基表面，撒干燥洁净的细砂填平土基凹处，砂子不可覆盖全部土基表面，避免形成夹层。

3）安置承载板，并用水平尺进行校正，使承载板置水平状态。

4）将试验车置于测点上，在加劲横梁中部悬挂垂球测试，使之恰好对准承载板中心，然后收起垂球。

5）在承载板上安放千斤顶，上面衬垫钢圆筒、钢板，并将球座置于顶部与加劲横梁接触。如用测力环时，应将测力环置于千斤顶与横梁中间，千斤顶及衬垫物必须保持垂直，以免加压时千斤顶倾倒发生事故并影响测试数据的准确性。

6）安放弯沉仪，将两台弯沉仪的测头分别置于承载板立柱的支座上，百分表对零或其他合适的初始位置。

（2）测试步骤

1）用千斤顶开始加载，注视测力环或压力表，至预压0.05MPa，稳压1min，使承载板与土基紧密接触，同时检查百分表的工作情况是否正常，然后放松千斤顶油门卸载，稳压1min，将指针对零，或记录初始读数。

2）测定土基的压力—变形曲线。用千斤顶加载，采用逐级加载卸载法，用压力表或测力环控制加载量，荷载小于0.1MPa时，每级增加0.02MPa，以后每级增加0.04MPa左右。为了使加载和计算方便，加载数值可适当调整为整数。每次加载至预定荷载后，稳定1min，立即读记两台弯沉仪百分表数值，然后轻轻放开千斤顶油门卸载至0，待卸载稳定1min后，再次读数，每次卸载后百分表不再对零。当两台弯沉仪百分表读数之差小于平均值的30%时，取平均值。如超过30%，则应重测，当回弹变形值超过1mm时，即可停止加载。

3）各级荷载的回弹变形和总变形，按以下方法计算：

回弹变形 l =（加载后读数平均值 – 卸载后读数平均值）×弯沉仪杠杆比　　（6-6）

总变形 l' =（加载后读数平均值 – 加载初始前读数平均值）×弯沉仪杠杆比　　（6-7）

4）测定汽车总影响量 a。最后一次加载卸载循环结束后，取走千斤顶，重新读取百分表初读数，然后将汽车开出10m以外，读取终值数，两只百分表的初、终读数差的平均值乘弯沉仪杠杆比即为总影响量 a。

5）在试验点下取样，测定材料含水率。取样数量如下：

① 最大粒径不大于4.75mm，试样数量约120g。

② 最大粒径不大于19.0mm，试样数量约250g。

③ 最大粒径不大于31.5mm，试样数量约500g。

6）在紧靠试验点旁边的适当位置，用灌砂法或环刀法等测定土基的密度。

4. 计算

1）各级压力的回弹变形加上该级的影响量后，则为计算回弹变形值。表6-5是以后轴重60kN的标准车为测试车的各级荷载影响量的计算值。当使用其他类型测试车时，各级压力下的影响量 a_i 按下式计算：

$$a_i = \frac{(T_1 + T_2)\pi D^2 p_i}{4 T_1 Q} a \qquad (6-8)$$

式中　T_1——测试车前后轴距（m）；

　　　T_2——加劲横梁距后轴距离（m）；

　　　D——承载板直径（m）；

　　　Q——测试车后轴重（N）；

　　　p_i——该级承载板压强（Pa）；

　　　a——总影响量（0.01mm）；

　　　a_i——该级压力的分级影响量（0.01mm）。

表6-5　各级荷载影响量（后轴60kN车）

承载板压力/MPa	0.05	0.10	0.15	0.20	0.30	0.40	0.50
影响量	0.06a	0.12a	0.18a	0.24a	0.36a	0.48a	0.60a

2）将各级计算回弹变形值点绘于标准计算纸上，排除显著偏离的异常点并绘出顺滑的 p-l 曲线，如曲线起始部分出现反弯，应按图6-9所修正原点 O，O' 则是修正后的原点。

3）按下式计算相应于各级荷载下的土基回弹模量 E_i 值，即

$$E_i = \frac{\pi D}{4} \frac{p_i}{l_i}(1 - \mu_0^2) \qquad (6-9)$$

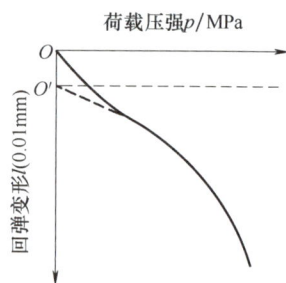

图6-9　修正原点示意图

式中　E_i——相应于各级荷载下的土基回弹模量（MPa）；

　　　μ_0——土的泊松比，根据相关路面设计规范规定选用；

　　　D——承载板直径，取30cm；

　　　p_i——承载板压强（MPa）；

　　　l_i——相对于荷载 p_i 时的回弹变形（cm）。

4）取结束试验前的各回弹变形值按线形回归方法由下式计算土基回弹模量 E_0 值，即

$$E_0 = \frac{\pi D}{4} \frac{\sum p_i}{\sum l_i}(1 - \mu_0^2) \qquad (6-10)$$

式中　E_0——土基回弹模量（MPa）；

　　　μ_0——土的泊松比，根据相关路面设计规范规定选用；

　　　l_i——结束试验前的各级实测回弹变形值（cm）；

　　　p_i——对应于 l_i 的各级压强值。

5）计算全部试件的算术平均值、标准偏差和变异系数。

5. 报告

试验报告应记录下列结果：

1）试验时所采用的汽车。

2）近期天气情况。

3）试验时土基的含水率。

4）土基密度和压实度。

5）相应于各级荷载下的土基回弹模量值。

6）土基回弹模量值。

记录表格参照表6-6。

表6-6　承载板测定记录表

路线和编号：　　　　　　　　　　　　　　　　　　　路面结构：										
测定层位：　　　　　　　　　　　　　　　　　　　　测定用汽车型号：										
千斤顶读数	荷载 p/kN	承载压力/MPa	百分表读数（0.01mm）			总变形（0.01mm）	回弹变形（0.01mm）	分级影响量（0.01mm）	计算回弹变形（0.01mm）	E_i/MPa
			加载前	加载后	卸载后					
总最影响量 a（0.01mm）										
土基回弹模量 E_0 值/MPa										

任务6.5　路基路面回弹模量试验检测（贝克曼梁法）

1. 目的与适用范围

本方法适用于在土基、厚度不小于1m 的粒料整层表面，用弯沉仪测试各测点的回弹弯沉值，通过计算求得该材料的回弹模量值；也适用于在旧路表面测定路基路面的综合回弹模量。

2. 方法与步骤

（1）准备工作

1）选择洁净的路基路面表面作为测点，在测点处做好标记并编号。

2）无机结合料粒料基层的整层试验段（试槽）应符合下列要求：

① 整层试槽可修筑在行车带范围内，或路肩及其他合适处，也可在室内修筑，但均应适于用汽车测定弯沉。

② 试槽应选择在干燥或中湿路段处，不得铺筑在软土基上。

③ 试槽面积不小于 3m×2m，厚度不宜小于1m。铺筑时，先挖 3m×2m×1m（长×宽×深）的坑，然后用欲测定的同一种路面材料按有关施工规定的压实层厚度分层铺筑并压实，直至顶面，使其达到要求的压实度标准。同时应严格控制材料组成，级配均匀一致，符合施工质量要求。

④ 试槽表面的测点间距布置可按图 6-10 布置在中间 2m×1m 的范围内，可测定 23 点。

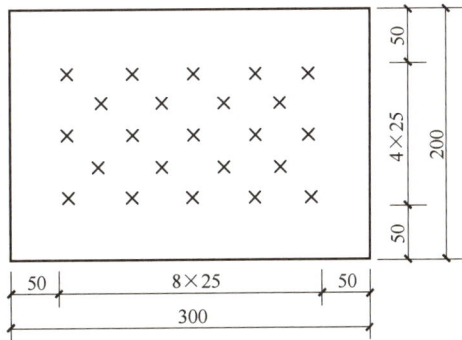

图 6-10　试槽表面的测点间距布置（单位：cm）

（2）测试步骤

按上述方法选择适当的标准车，实测各测点处的路面回弹弯沉值 l_i。如在旧沥青面层上测定时，应读取温度，并按规定的方法进行测定弯沉值的温度修正，得到标准温度20℃时的弯沉值。

3. 计算

1）计算全部测定值的算术平均值、单次测量的标准偏差和自然误差。

2）计算各测点的测定值与算术平均值的偏差值 $d_i = l_i - l$，并计算较大的偏差与自然误差之比 d_i/r_0。当某个测点观测值的 d_i/r_0 的值大于表6-7中的 d/r 极限值时，则应舍弃该测点，然后重新计算所余各测点的算术平均值（$\bar{l}$）及标准偏差（S）。

表6-7 相应于不同观测次数的 d/r 极限值

n	5	10	15	20	50
d/r	2.5	2.9	3.2	3.3	3.8

3）按下式计算代表弯沉值：

$$l_1 = \bar{l} + S \tag{6-11}$$

式中　l_1——计算代表弯沉；

　　　$\bar{l}$——舍弃不符合要求的测点后所余各测点弯沉的算术平均值；

　　　S——舍弃不符合要求的测点后所余各测点弯沉的标准偏差。

4）按下式计算土基、整层材料的回弹模量（E_1）或旧路的综合回弹模量：

$$E_1 = \frac{2p\delta(1-\mu^2)K}{l_1} \tag{6-12}$$

式中　E_1——计算土基、整层材料的回弹模量或旧路的综合回弹模量（MPa）；

　　　p——测车轮的平均垂直荷载（MPa）；

　　　δ——测定用标准双圆单轮传压面当量圆的半径（cm）；

　　　μ——测定层材料的泊松比；

　　　K——弯沉系数，为0.712.

4. 报告

报告应包括弯沉测定表、计算的代表弯沉、采用的泊松比及计算得到的材料回弹模量 E_1 等，对沥青路面应报告测试时的路面温度。

课堂测试

一、单选题

1. 以下（　　）适用于现场土基表面，通过逐级加载、卸载的方法测出每级荷载下相应的土基回弹变形，经计算求得土基回弹模量。

A. 贝克曼梁法　　　B. 承载板法　　　C. CBR法　　　D. 贯入仪法

2. 承载板法测定的土基回弹模量可作为（　　）。

A. 路面质量评定用　　　　　　　B. 路面设计参数使用

C. 路基设计参数用　　　　　　　D. 路基质量评定用

3. 土基回弹模量 E_0 的单位是（　　）。

A. MN　　　　　　B. kN　　　　　　C. kg　　　　　　D. MPa

4. 用承载板测试土基回弹模量，在逐级加载卸载过程中应（　　）。

A. 加载后稳定 1min，卸载后稳定 1min　B. 加载后稳定 2min，卸载后稳定 1min

C. 加载后稳定 1min，卸载后稳定 2min　D. 加载卸载后均不需要稳定

二、判断题

1. 半刚性基层交工验收时需进行弯沉测定。（　　）

2. 对于水泥混凝土路面，必须检测回弹弯沉。（　　）

3. 半刚性基层材料强度是指无侧限抗压强度。（　　）

4. 弯沉指标评定结果只有两种，即 100 分或零分。（　　）

5. 水泥混凝土上加铺沥青面层的复合式路面，沥青面层应检测路表弯沉。（　　）

6. 用贝克曼梁测定弯沉时，测得的结果必须进行温度修正。（　　）

7. 当进行土基回弹模量测试时，可以不进行预压直接进行加载测试。（　　）

8. 自动弯沉仪测定的弯沉值可以直接用于路基、路面强度评定。（　　）

9. 落锤式弯沉仪（FWD）测定的是路面动态弯沉，并用来反算路面的回弹模量。（　　）

三、多选题

1. 在沥青面层弯沉检测中，下列四种情况应进行温度修正的有（　　）。

A. 路面温度 15℃，沥青面层厚度 10cm

B. 路面温度 15℃，沥青面层厚度 4cm

C. 路面温度 25℃，沥青面层厚度 10cm

D. 路面温度 25℃，沥青面层厚度 4cm

2. 落锤式弯沉仪简称 FWD，其组成部分有（　　）。

A. 荷载发生装置　　　　　　　　　B. 弯沉检测装置

C. 车辆牵引系统　　　　　　　　　D. 加载千斤顶

3. 下列用于表征土基强度的指标有（　　）。

A. CBR 值　　　　　　　　　　　　B. 抗剪强度

C. 平整度　　　　　　　　　　　　D. 压实度

4. 承载板测定土基回弹模量试验中，刚性承载板的板厚和直径一般为（　　）。

A. 板厚 20mm　　　　　　　　　　B. 板厚 40mm

C. 直径 30cm　　　　　　　　　　D. 直径 76cm

5. 下列弯沉测定方法中，（　　）测出的弯沉是静态弯沉。

A. 落锤式弯沉仪　　　　　　　　　B. 自动弯沉仪

C. 贝克曼梁　　　　　　　　　　　D. 激光弯沉仪

6. 落锤式弯沉仪可用于（　　）。

A. 测定路面的动态弯沉　　　　　　B. 测定路面回弹弯沉

C. 计算 CBR 值　　　　　　　　　　D. 反算路面回弹模量

7. 以下关于落锤式弯沉仪的说法，正确的有（　　）。

A. 落锤式弯沉仪测定的动态弯沉可换算为贝克曼梁的静态回弹弯沉

B. 落锤式弯沉仪测定的是静态弯沉

C. 落锤式弯沉仪测定的是动态总弯沉

8. 用承载板法测定土基回弹模量时，测定完成后还要测定试验点的（　　）。

A. CBR   B. 含水率   C. 压实度   D. 密度

四、问答题

1. 试述弯沉值的测试步骤。

2. 使用3.6m弯沉仪测定水泥混凝土路面弯沉值时，为什么要进行支点变形修正？如何修正？

3. 承载板法测试土基回弹模量的步骤是什么？

4. 自动弯沉仪的工作原理是什么？

路面抗滑性能及渗水检测

路面抗滑性能通常是指路面的表面特性，是指与路面直接接触的车辆轮胎受到制动时沿道路表面抵抗滑移产生的力，并用路面与轮胎间的摩擦系数来表示。每年因为路滑产生的交通事故数以千计，因此道路的抗滑性能关系到个人生命及国家和个人财产安全。

道路表面特性包括道路表面微观构造与宏观构造。道路表面微观构造是指集料表面的粗糙度，它随车轮的反复磨耗而渐被磨光。通常采用石料磨光值（PSV）表征抗磨光的性能。宏观构造是指一定面积的路面表面凹凸不平的开口孔隙的平均深度。道路路面宏观构造功能是使车轮下的路面表面水迅速排除，以避免形成水膜。宏观构造由构造深度表征。

微观构造在低速（30~50km/h 以下）时对路面表面抗滑性能起决定作用。而高速时对路面表面抗滑性能起主要作用的是宏观构造。

影响抗滑性能的因素有路面表面特性、路面潮湿程度和行车速度。表 7-1 为路面抗滑性能检测方法。

表 7-1　抗滑性能检测方法

路面抗滑性能测试方法	试 验 指 标
制动距离法	摩擦系数 f，指车辆轮胎受到制动时沿表面滑移所产生的力
摆式仪法	摩擦摆值 BPN，指用标准的手提式摆式摩擦系数测试仪测定的路面在潮湿条件下对摆的摩擦阻力
偏转轮拖车法	横向力系数 SFC，指用标准的摩擦系数测试车测定，当测定轮与行驶方向成一定角度且以一定速度行驶时，轮胎与潮湿路面之间的摩擦阻力与试验轮上荷载的比值
手工铺砂法、电动铺砂法	构造深度 TD，指一定面积的路面表面凹凸不平的开口空隙的平均深度
激光构造深度仪法	

沥青路面的抗滑要求：在设计高速、一级公路的沥青表面层时，应选用抗滑、耐磨石料，其石料磨光值应大于 42。高速、一级公路的摩擦系数宜在竣工后第一个夏季用摩擦系数测定车，以（50±1）km/h 的车速测定横向力系数（SFC）；宏观构造深度应在竣工后第一个夏季用铺砂法或激光构造深度仪测定，测定值应符合规定的竣工验收值的要求，见表 7-2。

水泥混凝土路面的抗滑要求：高速公路、一级公路，构造深度 TD 不小于 0.7mm，且不大于 1.1mm；对于其他公路，构造深度 TD 不小于 0.5mm，且不大于 1.0mm。

表7-2　沥青路面竣工验收值

公 路 等 级	竣工验收值		
	横向力系数 SFC	摩擦摆值 BPN	构造深度 TD/mm
高速公路、一级公路	≥54	≥45	≥0.55

任务7.1　路面抗滑性能检测（铺砂法）

一、手工铺砂法

1. 目的与适用范围

本方法适用于测定沥青路面及水泥混凝土路面表面构造深度，用以评定路面表面的宏观粗糙度、路面表面抗滑性能及路面的排水性能。

2. 仪具与材料技术要求

1）手动铺砂仪：由圆筒、量砂筒、推平板和刮平尺组成。手动铺砂仪如图7-1所示。

① 量砂筒：一端是封闭的，容积为（25±0.15）mL，可通过称量砂筒中水的质量来确定其容积 V，并调整其高度，使其容积符合要求，如图7-2所示。

② 推平板：推平板为木制或铝制，直径50mm，底面粘一层厚1.5mm的橡胶片，上面有一圆柱把手，如图7-3所示。

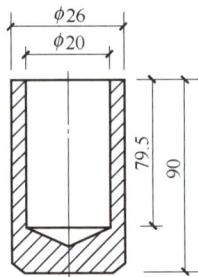

图7-1　手动铺砂仪　　　　图7-2　量砂筒构造简图　　　　图7-3　推平板构造简图

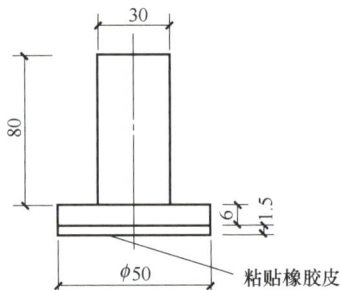

③ 刮平尺：可用30cm钢尺代替，主要用于将筒口量砂刮平。

2）量砂：足够数量的干燥洁净的匀质砂，粒径为0.15～0.30mm。

3）量尺：采用将直径换算成构造深度作为刻度单位的专用的构造深度尺，也可用钢直尺或钢卷尺代替。

4）其他：装砂容器（带小铲）、扫帚或毛刷、挡风板等。

3. 方法与步骤

（1）准备工作

1）量砂准备：取洁净的细砂晾干、过筛，取粒径为0.15～0.3mm的砂置于适当的容器中备用。量砂只能在路面上使用一次，不宜重复使用。回收砂必须经干燥、过筛处理后方可使用。

2）对测试路段按随机取样选点的方法，决定测点所在横断面位置。测点应选在行车道的轮迹带上，距路面边缘不应小于1m。

（2）测试步骤

1）用扫帚或毛刷子将测点附近的路面清扫干净；面积不小于30cm×30cm。

2）用小铲装砂，沿筒壁向圆筒中注满砂，手提圆筒上方，在硬质路面上轻轻地叩打3次，使砂密实，补足砂面用钢尺一次刮平。不可直接用量砂筒装砂，以免影响量砂密度的均匀性。

3）将砂倒在路面上，用底面粘有橡胶片的推平板，由里向外重复做摊铺运动，稍稍用力将砂细心地尽可能地向外摊开，使砂填入凹凸不平的路面表面的空隙中，尽可能将砂摊成圆形，并不得在表面上留有浮动余砂。注意摊铺时不可用力过大或向外推挤。

4）用钢直尺测量所构成圆的两个垂直方向的直径，取其平均值，准确至5mm。

5）按以上方法，同一处平行测定不少于3次，3个测点均位于轮迹带上，测点间距3~5m。对同一处，应由同一试验员进行测定。该处的测定位置以中间测点的位置表示。

4. 计算

1）计算路面表面构造深度测定结果，可按下式计算：

$$TD = \frac{1000V}{\pi D^2/4} \approx \frac{31831}{D^2} \tag{7-1}$$

式中　TD——路面表面构造深度（mm）；

　　　V——砂的体积（25cm³）；

　　　D——摊平砂的平均直径（mm）。

2）每一处均取3次路面构造深度的测定结果的平均值作为检测结果，精确至0.1mm。

3）计算每一个评定区间路面构造深度的平均值、标准偏差及变异系数。

5. 报告

1）列表逐点报告路面构造深度的测定值及3次测定的平均值，当平均值小于0.2mm时，检测结果以"<0.2mm"表示。

2）检测报告中还应包括每一个评定区间路面构造深度的平均值、标准偏差及变异系数。

6. 误差分析

一般来说，手动铺砂法误差有以下几类：装砂方法无标准、摊平板无标准、摊开程度无明确规定。

7. 检测报告

表7-3为某工程路面构造深度检测记录（手工铺砂法）。

表7-3　某工程路面构造深度检测记录

承包单位：		合同号：		
监理单位：	桩号：	编　号：		
检 测 方 法		手动铺砂法		
桩　　号	测点序号	铺砂圆直径 D/mm	构造深度 $TD = \frac{31831}{D^2}$/mm	平均值/mm
K7+000	1	180	0.98	1.00
	2	173	1.10	
	3	176	1.03	

（续）

检测方法		手动铺砂法		
桩　号	测点序号	铺砂圆直径 D/mm	构造深度 $TD = \dfrac{31831}{D^2}/mm$	平均值/mm
K7 + 200	1	181	0.97	1.00
	2	179	0.99	
	3	176	1.03	
K7 + 400	1	178	1.00	1.03
	2	174	1.05	
	3	175	1.04	
…	…	…	…	…
K8 + 200	1	172	1.08	1.05
	2	175	1.04	
	3	177	1.02	

该路段构造深度平均值 TD = 1.00mm，标准偏差 $S = 0.02$，变异系数 $C_v = 0.02$

二、电动铺砂法

1. 目的与适用范围

本方法适用于测定沥青路面及水泥混凝土路面表面构造深度，用以评定路面表面的宏观粗糙度及路面表面的排水性能和抗滑性能。

2. 仪具与材料技术要求

1）电动铺砂仪：利用可充电的直流电源将量砂通过砂漏铺设成宽度5cm，厚度均匀一致的器具，如图7-4、图7-5所示。

2）量砂：粒径为 0.15 ~ 0.3mm，足够数量干燥洁净的匀质砂。

图 7-4　电动铺砂仪

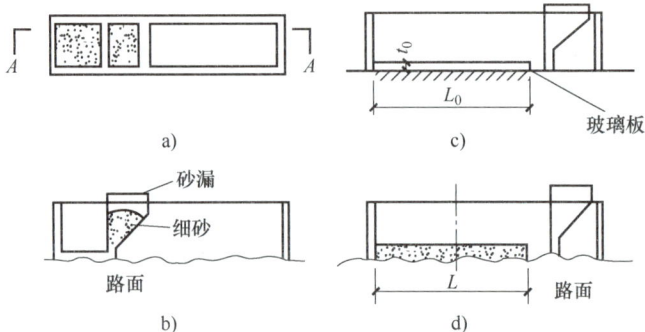

a)

b)

c)

d)

图 7-5　电动铺砂仪构造图

a）平面图　b）A—A 断面　c）标定　d）测定

3）标准量筒：容积 50mL。

4）玻璃板：面积大于铺砂器，厚 5mm。

5）其他：直尺、扫帚、毛刷等。

3. 方法与步骤

（1）准备工作

1）量砂准备：取洁净的细砂晾干、过筛，取粒径为 0.15 ~ 0.3mm 的砂置于适当的容器中备用。量砂只能在路面上使用一次，不宜重复使用。回收砂必须经干燥、过筛处理后方可使用。

2）对测试路段按随机取样选点的方法，决定测点所在横断面位置。测点应选在行车道的轮迹带上，距路面边缘不应小于 1m。

（2）电动铺砂仪标定

1）将铺砂仪平放在玻璃板上，将砂漏移至铺砂仪端部。

2）将灌砂漏斗口和量筒口大致齐平。通过漏斗向量筒中缓缓注入准备好的量砂至高出量筒成尖顶状，用直尺沿筒口一次刮平，其容积为 50mL。

3）将漏斗口与铺砂器砂漏上口大致齐平。将砂通过漏斗均匀倒入砂漏，漏斗前后移动，使砂的表面大致齐平。但不得用任何其他工具刮动砂。

4）开动电动机，使砂漏向另一端缓缓运动，量砂沿砂漏底部铺成宽 5cm 的带状，待砂全部漏完后停止。

5）根据图 7-5，按式（7-2）由 L_1 及 L_2 的平均值决定量砂的摊铺长度 L_0，精确至 1mm。

$$L_0 = \frac{L_1 + L_2}{2} \tag{7-2}$$

式中　L_0——量砂的摊铺长度（mm）；

L_1，L_2——见图 7-6。

6）重复标定 3 次，取平均值决定 L_0，精确至 1mm。标定应在每次测试前进行，用同一种量砂，由同一试验员承担测试。

（3）测试步骤

1）将测试地点用毛刷刷净，面积大于铺砂仪。

2）将铺砂仪沿道路纵向平稳地放在路面上，将砂漏移至端部。

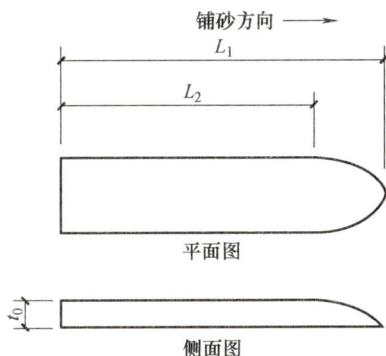

图 7-6　确定 L_0 及 L 的方法

3）按上述电动铺砂仪标定 2）~ 5）相同的步骤，在测试地点摊铺 50mL 量砂，按图 7-6 的方法量取摊铺长度 L_1 及 L_2。由式（7-3）计算 L，准确至 1mm。

$$L = \frac{L_1 + L_2}{2} \tag{7-3}$$

式中　L——量砂的摊铺长度（mm）。

其余符号意义同前。

4）按以上方法，同一处平行测定不少于 3 次，3 个测点均位于轮迹带上，测点间距 3 ~ 5m，该处的测定位置以中间测点的位置表示。

4. 计算

1）按下式计算铺砂仪在玻璃板上摊铺的量砂厚度 t_0，即

$$t_0 = \frac{V}{BL_0} \times 1000 = \frac{1000}{L_0}$$ (7-4)

式中　t_0——量砂在玻璃板上摊铺的标定厚度（mm）；

　　　V——砂的体积（50mL）；

　　　B——量砂仪摊铺砂的宽度（50mm）；

　　　L_0——玻璃板上 50mL 量砂的摊铺长度（mm）。

2）按下式计算路面构造深度 TD，即。

$$TD = \frac{L_0 - L}{L} t_0 = \frac{L_0 - L}{LL_0} \times 1000$$ (7-5)

式中　TD——路面的构造深度（mm）；

　　　L——路面上 50mL 量砂的摊铺长度（mm）。

其余符号意义同前。

3）每一处均取 3 次路面构造深度的测定结果的平均值作为检测结果，精确至 0.1mm。

4）计算每一个评定区间路面构造深度的平均值、标准偏差及变异系数。

5. 报告

1）列表逐点报告路面构造深度的测定值及 3 次测定的平均值，当平均值小于 0.2mm 时，检测结果以"＜0.2mm"表示。

2）检测报告中还应包括每一个评定区间路面构造深度的平均值、标准偏差及变异系数。

6. 激光构造深度仪法

激光构造深度仪是一种小型手推式路面构造深度测定仪，能够快速实时地检测各等级公路的路面平整度、构造深度等技术特性，可为竣工验收、预防性养护以及路面管理系统提供综合高效的数据支持。激光构造深度仪具有运输方便、操作快捷、费用低廉、可靠性好等优点。近几年构造深度的快速激光检测技术已发展地较为成熟，在应用上已开始普及，大大提高了路面构造深度的检测技术水平。

激光构造深度仪使用进口高精度激光位移传感器，通过检测该传感器与路面不同形状集料间的深度，并根据人工铺砂原理进行相关数据处理后，能在显示器上准确地读出路面的构造深度。该仪器克服了人工铺砂法存在的检测速度慢、人工劳动强度大、检测结果因人而异并受风力影响等缺点。其操作简单，测量准确、直观，既能检测某一地点的构造深度，又能对某一路段的平均构造深度进行检测，还可以自动对检测的数据进行存储和查询。

任务7.2 路面抗滑性能检测（摆式仪法）

1. 目的与适用范围

本方法适用于以摆式摩擦系数测定仪（摆式仪）测定沥青路面及水泥混凝土路面的抗滑值，用以评定路面在潮湿状态下的抗滑能力。

2. 仪具与材料技术要求

1）摆式摩擦系数测定仪（摆式仪）：其形状及结构如图 7-7 和图 7-8 所示。摆及摆的连接部分总质量为（1500±30）g，摆动中心至摆的重心距离为（410±5）mm，测定时摆在路面上滑动长度为（126±1）mm，摆在橡胶片端部距摆动中心的距离为 510mm，橡胶片对路面的正向静压力为（22.2±0.5）N。

图 7-7　摆式摩擦系数测定仪图

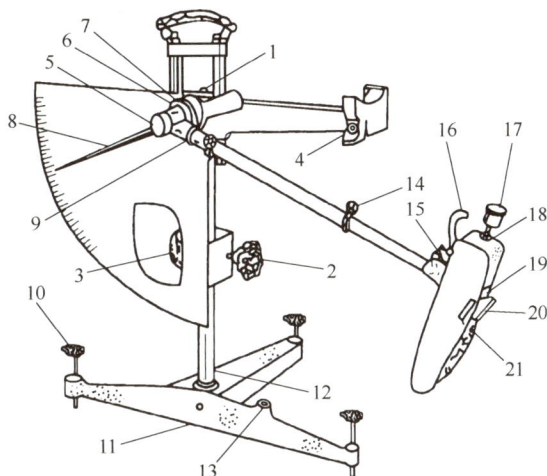

图 7-8　摆式摩擦系数测定仪结构图

1、2—紧固把手　3—升降把手　4—释放开关　5—转向节螺盖
6—调节螺母　7—针簧片或毡垫　8—指针　9—连接螺母
10—调平螺栓　11—底座　12—垫块　13—水准泡
14—卡环　15—定位追踪　16—举升柄　17—平衡锤
18—并紧螺母　19—滑溜块　20—橡胶片　21—止滑螺钉

2）橡胶片：尺寸为 6.35mm×25.4mm×76.2mm，橡胶质量应符合表 7-4 的要求。当橡胶片使用后，端部在长度方向上磨耗超过 1.6mm 或边缘在宽度方向上磨耗超过 3.2mm，或有油污染时，即应更换新橡胶片。新橡胶片应先在干燥路面上试测 10 次后再用于正式测试。橡胶片的有效使用期限为 1 年。

表 7-4　橡胶物理性质技术要求

性 能 指 标	温度/℃				
	0	10	20	30	40
弹性（%）	43~49	58~65	66~73	71~77	74~79
硬度（IR）	55±5				

3）标准量尺：长 126mm。

4）喷水壶。

5）橡胶刮板。

6）路面温度计：分度不大于 1℃。

7）其他：皮尺式钢卷尺、扫帚、粉笔等。

3. 方法与步骤

（1）准备工作

1）检查摆式仪的调零灵敏情况，并定期进行仪器的标定。当用于路面工程检查验收时，仪器必须重新标定。

2）对测试路段按随机取样方法，决定测点所在横断面位置。测点应选在行车道的轮迹带上，距路面边缘不应小于1m，并用粉笔做出标记。测点位置宜紧靠铺砂法测定构造深度的测点位置，并与其一一对应。

（2）测试步骤

1）仪器调平：

① 将仪器置于路面测点上，并使摆的摆动方向与行车方向一致。

② 转动底座上的调平螺栓，使水准泡居中。

2）调零，调零允许误差为±1。

3）校核滑动长度，橡胶片两次同路面接触点的距离应在126mm（即滑动长度）左右。

4）用喷水壶浇洒测试路面，并用橡胶刮板刮除表面泥浆。

5）再次洒水，并按下释放开关，使摆在路面滑过，指针即可指示出路面的摆值。但第1次测定，不记录。当摆杆回落时，用左手按住摆，右手提起举升柄使滑溜块升高，将摆向右运动，并使摆杆和指针重新置于水平释放位置。

6）重复5）的操作测定5次，读记每次摆值，最大值与最小值的差值不得大于3。如差数大于3时，应检查产生的原因，并再次重复上述各项操作，直至符合规定为止。取5次测定的平均值作为每个测点路面的抗滑值，取整数，以BPN_t表示。

7）在测点位置上用路表温度计测记潮湿路面的温度，精确至1℃。

8）按以上方法，同一处平行测定不少于3次，3个测点均位于轮迹带上，测点间距3～5m。测定位置以中间测点位置表示。每一处均取3次平均值作为试验结果，精确至1。

4. 抗滑值的温度修正

当路面温度为t时测得的值为BPN_t，必须按下式换算成标准温度20℃的摆值BPN_{20}。

$$BPN_{20} = BPN_t + \Delta BPN \qquad (7-6)$$

式中　BPN_{20}——换算成标准温度20℃时的摆值；

　　　BPN_t——路面温度为t时测得的摆值；

　　　t——测定的路表潮湿状态下的温度（℃）；

　　　ΔBPN——温度修正值，按表7-5取用。

表7-5　温度修正值

温度/℃	0	5	10	15	20	25	30	35	40
温度修正值 ΔBPN	-6	-4	-3	-1	0	+2	+3	+5	+7

5. 报告

报告见表7-6，应包含如下内容：

1）路面单点测定值BPN_t、经温度修正后的BPN_{20}、现场温度、3次的平均值。

2）评定路段路面抗滑值的平均值、标准偏差、变异系数。

表7-6　摆式仪测定路面抗滑值试验记录表

工程名称＿＿＿＿＿＿＿＿＿＿＿＿＿＿　合同号＿＿＿＿＿＿＿＿　编号＿＿＿＿＿＿＿＿

任务单号								试验环境			
试验日期								试验设备			
试验规程								试验人员			
评定标准								复核人员			
天气情况								设计值			
桩号	横距/m	摆值						路面温度/℃	换算成20℃摆值	平均值	路面外观描述
		1	2	3	4	5	均值				
测点数	平均值			标准偏差				变异系数（%）		合格点数	合格率（%）
结论：											
技术负责人：						监理工程师：					

任务7.3　路面抗滑性能检测（偏转轮拖车法）

1. 目的与适用范围

本方法适用于以标准的摩擦系数测定车测定沥青路面或水泥混凝土路面的横向力系数。路面横向摩擦力系数既表示车辆在路面上制动时的路面抗力，还表征车辆在路面上发生侧滑时的路面抗力。因此，它是路面纵横向摩擦系数的综合指标，反映较高速度下路面抗滑能力。测试结果可作为竣工验收或使用期评定路面抗滑能力的依据。

2. 仪具与材料技术要求

1）摩擦系数测定车：SCRIM型，主要组成如图7-9所示，由车辆底盘、测量机构、供水系统、荷载传感器、仪表及操作记录系统、标定装置等组成。

测定车应符合下列要求。

① 测量机构：测试轮与车辆行驶方向成0°角，作用于测试轮上的静态标准荷载为2kN。测试轮胎应为3.0/20的光面轮胎，其标准气压为（0.35±0.02）MPa。当轮胎直径减少达6mm时（每个测试轮约测350~400km需更换），需要换新轮胎。

② 测定车辆轮胎气压应符合所使用汽车规定的标准气压范围。

③ 能控制洒水量，使路面水膜厚度不得小于1mm。通常测量速度为50km/h时，水阀

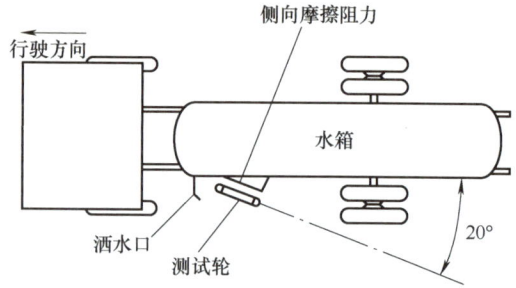

图 7-9　摩擦系数测定车

开启量宜为 50%，测量速度为 70km/h 时，宜为 70%，余类推。

2）备用轮胎等备件。

3. 方法与步骤

（1）准备工作

1）按照仪器设备技术手册或使用说明书对测定系统进行标定。仪器设备进行标定、检查时，必须在关闭发动机的情况下进行。标定按 SFC 值 10，20，30，…，100 的不同档次进行，满量程为 100 时的示数误差不得超过 ±2。

2）检查摩擦系数测定车系统的各项参数是否符合要求，检查外部警告标示是否正常。

3）贮存罐灌水。

4）将测试轮安装牢固且保持在升起的位置上。

5）将记录装置处于正常使用状态，安装足够的打印纸。打开记录系统预热不少于 10min。

6）根据需要确定采用连续测定或断续测定，以及每公里测定的长度。选择并设定"计算区间"，即输出一个测定数据的长度。标准的计算区间为 20m，根据要求也可选择为 5m 或 10m。

7）根据要求设定为单轮测试或双轮测试。

8）输入所需的说明性预设数据，如测试日期、路段编号、里程桩号等。

9）发动车辆驶向测试地段。

（2）测试步骤

1）在测试路段起点前约 500m 处停住，开机预热不少于 10min。

2）降下测试轮，打开水阀检查水流情况是否正常及水流是否符合需求，检查仪表各项指数是否正常，然后升起测试轮。

3）将车辆驶向测试路段，提前 100～200m 处降下测试轮。测定车的车速可根据公路等级的需要选择。除特殊情况外，标准车速为 50km/h，测试过程中必须保持匀速。

4）进入测试段后，按开始键，开始测试。在显示器上监视测试运行变化情况，检查速度、距离有无反常波动，当需要标明特征（如桥位、路面变化等）时，操作功能键插入到数据流中，整公里里程桩上也应做相应的记录。

4. 计算

测定的摩擦系数数据存储在磁盘或磁带中，摩擦系数测定车 SCRIM 系统配有专门数据处理程序软件，可计算和打印出每一个计算区间的摩擦系数值、行程距离、行驶速度、统计个数、平均值及标准偏差，同时还可打印出摩擦系数的变化图。根据要求将摩擦系数在 0 ~ 100 范围内分成若干区间，做出各区间的路段长度占总测试里程百分比的统计表。

5. 报告

1）测试路段名称及桩号、公路等级、测试日期、天气情况、路面在潮湿状态下的路表温度，描述路面结构类型及外观等。

2）测试过程中交叉口、转弯等特殊路段及里程桩号的记录。

3）数据处理打印结果，包括各测点路面摩擦系数值、行程距离、行驶速度，每一个评定路段路面摩擦系数值统计个数、平均值、标准偏差、变异系数。

4）公路沿线摩擦系数的变化图，不同摩擦系数区间的路段长度占总测试里程百分比的统计表。

任务7.4　沥青路面渗水系数试验

1. 目的与适用范围

本方法适用于在路面现场测定沥青路面的渗水系数。

2. 仪具与材料技术要求

1）路面渗水仪：形状如图 7-10 所示。上部盛水量筒由透明有机玻璃制成，容积 600mL，上有刻度，在 100mL 及 500mL 处有粗标线，下方通过 ϕ10mm 的细管与底座相接，中间有一开关。量筒通过支架连接，底座下方开口内径 150mm，外径 220mm，仪器附不锈钢圈压重两个，每个质量约 5kg，内径 160mm。

2）水筒及大漏斗。

3）秒表。

4）密封材料：防水腻子、油灰或橡皮泥。

5）其他：水、粉笔、塑料圈、刮刀、扫帚等。

图 7-10　路面渗水仪

3. 方法与步骤

（1）准备工作

1）在测试路段的行车道路面上，按规定的随机取样方法选择测试位置，每一个检测路段应测定 5 个测点，并用粉笔画上测试标记。

2）试验前，首先用扫帚清扫表面，并用刷子将路面表面的杂物刷去。杂物的存在一方面会影响水的渗入；另一方面也会影响渗水仪和路面或者试件的密封效果。

（2）测试步骤

1）将塑料圈置于试件中央或者路面表面的测点上，用粉笔分别沿塑料圈的内侧和外侧画上圈，在外环和内环之间的部分就是需要用密封材料进行密封的区域。

2）用密封材料对环状密封区域进行密封处理，注意不要使密封材料进入内圈。如果密封材料不小心进入内圈，必须用刮刀将其刮走。然后再将搓成拇指粗细的条状密封材料摞在环状密封区域的中央，并且摞成一圈。

3）将渗水仪放在试件或者路面表面的测点上，注意使渗水仪的中心尽量和圆环中心重合，然后略微使劲将渗水仪压在条状密封材料表面，再将配重加上，以防压力水从底座与路面间流出。

4）将开关关闭，向量筒中注满水，然后打开开关，使量筒中的水下流排出渗水仪底部内的空气，当量筒中水面下降速度变慢时用双手轻压渗水仪使渗水仪底部的气泡全部排出。关闭开关，并再次向量筒中注满水。

5）将开关打开，待水面下降至 100mL 刻度时，立即开动秒表开始计时，每间隔 60s，读记仪器管的刻度一次，至水面下降 500mL 时为止。测试过程中，如水从底座与密封材料间渗出，说明底座与路面密封不好，应移至附近干燥路面处重新操作。如水面下降速度较慢，则测定 3min 的渗水量即可停止；如果水面下降速度较快，在不到 3min 的时间内到达了 500mL 刻度线，则记录到达了 500mL 刻度线时的时间；若水面下降至一定程度后基本保持不动，说明基本不透水或根本不透水，在报告中注明。

6）按以上步骤在同一个检测路段选择 5 个测点测定渗水系数，取其平均值作为检测结果。

4. 计算

计算公式见式（7-7）。计算时以水面从 100mL 下降到 500mL 所需的时间为标准，若渗水时间过长，也可以采用 3min 通过的水量计算。

$$C_W = \frac{V_2 - V_1}{t_2 - t_1} \times 60 \tag{7-7}$$

式中　C_W——路面渗水系数（mL/min）；

　　　　V_1——第一次计时时的水量（mL），通常为 100mL；

　　　　V_2——第二次计时时的水量（mL），通常为 500mL；

　　　　t_1——第一次计时的时间（s）；

　　　　t_2——第二次计时的时间（s）。

5. 报告

现场检测，每一个检测路段应测定 5 个测点，计算其平均值作为检测结果。若路面不透水，在报告中注明渗水系数为 0。

课堂测试

一、单选题

1. 测定高速公路沥青混凝土面层抗滑摩擦系数，应优先采用（　　）。

A. 摆式仪法　　　　　　　　　B. 制动距离法

C. 摩擦系数测试车法　　　　　D. 铺砂法

2. 高温条件下用摆式仪测定的沥青面层摆值比低温条件下测得的摆值（　　）。

A. 大　　　　　B. 小　　　　　C. 一样　　　　　D. 不一定

3. 高速公路、一级公路沥青路面表面层的摩擦系数宜在竣工后的（　　）采用摩擦系数测定车测定。

A. 第 1 个夏季　　　　　　　　B. 第 1 个冬季

C. 第 1 个雨季　　　　　　　　D. 第 1 个最不利季节

4. 手工铺砂法测定路面构造深度，所使用量砂筒的容积为（　　）mL。

A. 15　　　　　　B. 25　　　　　　C. 50　　　　　　D. 100

5. 用摆式仪测定路面摩擦系数，所测定的抗滑值用以评定路面或路面材料试件在（　　）状态下的抗滑能力。

A. 干燥　　　　　B. 中湿　　　　　C. 潮湿　　　　　D. 浸泡

6. 使用摆式仪测某点抗滑值，5次读数分别为57、58、59、57、58，则该点抗滑值为（　　）。

A. 57　　　　　　B. 57.8　　　　　C. 58　　　　　　D. 59

7. 摆式摩擦仪调零允许误差为（　　）。

A. ±1　　　　　　B. ±2　　　　　C. ±3　　　　　D. 0

8. 用摆式仪测试路面抗滑性能时，同一处平行测定的次数要求为（　　）。

A. 不少于3次　　B. 不少于2次　　C. 不少于5次　　D. 不少于4次

9. 检验高速公路表面层的摩擦系数，可采用摩擦系数测定车测定（　　）。

A. 纵向摩擦力系数　　　　　　　　B. 横向摩擦力系数

C. 20℃时的摆值　　　　　　　　　D. 以上均不对

10. 我国高速公路、一级公路水泥混凝土路面一般路段的抗滑构造深度规定为（　　）。

A. 不小于0.6mm且不大于1.1mm　　B. 不小于0.5mm且不大于1.0mm

C. 不小于0.7mm且不大于1.1mm　　D. 不小于0.8mm且不大于1.2mm

二、判断题

1. 路面的抗滑摆值是指用标准的手提式摆式摩擦系数测定仪测定的路面在干燥条件下对摆的摩擦阻力。（　　）

2. 水泥混凝土路面抗滑性能既可用摩擦系数表示，也可用构造深度表示。（　　）

3. 手工铺砂法测定路面构造深度试验时，所用的量砂筒容积为50mL。（　　）

4. 手工铺砂法是目前测定路面构造深度常用的方法。（　　）

5. 摆式仪测定路面抗滑值，使用前必须进行标定。（　　）

6. 摆式仪测定路面抗滑值，当路面试验温度不是20℃时，应进行温度修正。（　　）

7. 摆式仪测定沥青路面和水泥混凝土路面的抗滑值，用以评定路面在各种状态下的抗滑能力。（　　）

8. 用摆式仪测试摆值，同一处平行测定不少于3次，3个测点间距2~5m。（　　）

9. 用摆式仪测试摆值，同一处平行测定不少于3次，每一处均取3次测定结果的平均值作为试验结果，精确至2。（　　）

三、多选题

1. 摆式仪应符合（　　）的要求。

A. 摆及摆的连接部分总质量为（1500±30）g

B. 摆动中心至摆的重心距离为（410±5）mm

C. 测定时摆在路面上滑动长度为（126±1）mm

D. 摆上橡胶片端部距摆动中心的距离为508mm

2. 以下关于摆式仪测试摆值的温度修正的说法，正确的有（　　）。

A. 当路面温度不是25℃时所测得的摆值必须修正

B. 当路面温度不是20℃时所测得的摆值必须修正

C. 修正公式为 $BPN_{20} = BPN_t + \Delta BPN$

D. 公式中的 ΔBPN 为温度修正值

3. 铺砂法适用于（　　　）。

A. 评定路面表面的宏观粗糙度　　　　B. 评定路面表面的排水性能

C. 评定路面抗滑性能　　　　D. 评定路面的平整度

4. 以下对手工铺砂法要求的说法，正确的有（　　　）。

A. 量砂应干燥、洁净、匀质，粒径为 0.15 ~ 0.30mm

B. 测点应选在行车道的轮迹带上，距路面边缘不应小于 2m

C. 同一处平行测定不少于 3 次，3 个测点间距 3 ~ 5m

D. 为了避免浪费，回收砂可直接使用

5. 使用摩擦系数测定车测定路面横向力系数时，有关技术参数要求为（　　　）。

A. 测速为 50km/h　　　　B. 测速为 60km/h

C. 测试轮静态标准荷载为 2kN　　　　D. 测试轮静态标准荷载为 6kN

6. 以下关于路面渗透性检测的说法，正确的有（　　　）。

A. 路面渗透性能可以用渗水系数表征

B. 路面渗水系数与空隙率有很大关系

C. 控制好空隙率和压实度就能完全保证路面渗水性能

D. 渗水系数法可以用于公称最大粒径大于 26.5mm 的下面层或基层混合料

7. 沥青路面的渗水系数计算时，一般以水面从（　　　）下降至（　　　）所需的时间为准。

A. 100mL　　　　B. 500mL　　　　C. 200mL　　　　D. 700mL

8. 影响路面抗滑性能的因素有（　　　）。

A. 路面表面特性　　　　B. 路面潮湿程度

C. 行车速度　　　　D. 车辆载重量

9. 以下关于路面抗滑性能的说法中，正确的有（　　　）。

A. 摆值 BPN 越大，抗滑性能越好

B. 构造深度 TD 越大，抗滑性能越好

C. 横向力系数 SFC 越大，抗滑性能越好

D. 制动距离越长，抗滑性能越好

10. 路面抗滑性能测试方法有（　　　）等。

A. 制动距离法　　　　B. 摆式仪法

C. 构造深度测试法　　　　D. 偏转轮拖车法

四、问答题

1. 沥青、水泥混凝土路面的抗滑要求是什么？

2. 路面构造深度检测都有哪些方法？

3. 路面摩擦系数检测都有哪些方法？

4. 手工铺砂法有哪些检测过程？

5. 摆式摩擦系数测定仪如何使用？

路面外观检测

目前我国交通事业飞速发展，交通量逐年增大，车辆荷载也随之增加，加之道路设计标准没有变化，这就导致道路的破损发展速度加快、使用年限不断减少。

路面结构性能的评价是通过路面损坏状况来描述的，路面损坏状况调查包括各路段路面损坏的类型，确定各项损坏的严重程度，量测损坏出现的范围。

路面病害通常用破损类型、轻重程度和发生范围三方面属性来描述。

1. 沥青路面破损分类、分级

沥青路面破损分类、分级见表 8-1。

表 8-1　沥青路面破损分类、分级

破损类型	分级		外观描述	分级指标	计量单位	换算系数	备　注
裂缝类	龟裂	轻	初期龟裂，缝细、无散落，裂区无变形	块度：20~50cm	m²	0.6	
		中	裂块明显，缝较宽（2~5mm），无或轻散落或轻度变形	块度：<20cm	m²	0.8	
		重	裂块破碎，缝宽（>5mm），散落重，变形明显，急待修理	块度：<20cm	m²	1.0	
	块状裂缝	轻	缝细（<3mm），不散落，块度大	块度：>100cm	m²	0.6	
		重	缝宽（>3mm），散落，裂块小	块度：50~100cm	m²	0.8	
	纵裂	轻	缝壁无散落或轻微散落，无或少支缝	缝宽：≤3mm	m²	0.6	实际长度乘以0.2
		重	缝壁散落多，支缝多	缝宽：>3mm	m²	1.0	
	横裂	轻	缝壁无散落或轻微散落，无或少支缝	缝宽：≤3mm	m²	0.6	
		重	缝壁散落多，支缝多	缝宽：>3mm	m²	1.0	
松散类	坑槽	轻	坑浅，面积小（<0.1m²）	坑深：≤25mm	m²	0.8	
		重	坑深，面积较大（>0.1m²）	坑深：>25mm	m²	1.0	

（续）

破损类型		分级	外观描述	分级指标	计量单位	换算系数	备注
松散类	松散	轻	细集料散失，脱皮、麻面等表面损坏		m^2	0.6	
		重	粗集料散失，脱皮、麻面、多量微坑，表面剥落		m^2	1.0	
变形类	沉陷	轻	深度浅（>10mm），行车无明显不适感	深度：10~25mm	m^2	0.6	
		重	深度深，行车明显颠簸不适	深度：>25mm	m^2	1.0	按每条的实际长度乘以0.4
	车辙	轻	变形较浅	深度：10~15mm	m^2	0.6	
		重	变形较深	深度：>15mm	m^2	1.0	
	波浪拥包	轻	波峰波谷高差小	高度：10~25mm	m^2	0.6	
		重	波峰波谷高差大	高度：>25mm	m^2	1.0	
其他类	泛油		路表呈现沥青膜，发亮，镜面，有轮印		m^2	0.2	
	修补		因破损或病害而采取修复措施进行处治，路表外观上已修补的部分与未修补的部分明显不同		m^2	0.1	
	冻胀		路基下部的水分向上聚集并冻结成冰引起路面结构膨胀，造成路表拱起和开裂		m^2	1.0	
	翻浆		因路基湿软，路面出现弹簧、破裂、冒浆的现象		m^2	1.0	

2. 水泥混凝土路面破损分类

水泥混凝土路面损坏分 11 类 20 项：破碎板、裂缝、板角断裂、错台、唧泥、边角剥落、接缝料损坏、坑洞、拱起、露骨、修补。

1）破碎板：

① 轻：板块被裂缝分为 3 块以上，破碎板未发生松动和沉陷，损坏按板块面积计算。

② 重：板块被裂缝分为 3 块以上，破碎板有松动、沉陷和唧泥等现象，损坏按板块面积计算。

2）裂缝：板块上只有一条裂缝，裂缝类型包括横向、纵向和不规则的斜裂缝等。

① 轻：裂缝窄、裂缝处未剥落，缝宽小于 3mm，一般为未贯通裂缝，损坏按长度计算，检测结果要用影响宽度换算成面积。

② 中：边缘有碎裂，裂缝宽度在 3~10mm 之间，损坏按长度计算，检测结果要用影响宽度换算成面积。

③ 重：缝宽、边缘有碎裂并伴有错台出现，缝宽大于 10mm，损坏按长度计算，检测结果要用影响宽度换算成面积。

3）板角断裂：裂缝与纵横接缝相交，且交点距板角小于或等于板边长度一半的损坏。

① 轻：裂缝宽度小于3mm，损坏按断裂板角的面积计算。

② 中：裂缝宽度在3～10mm之间，损坏按断裂板角的面积计算。

③ 重：裂缝宽度大于10mm，断角有松动，损坏按断裂板角的面积计算。

4）错台：接缝两边出现的高差大于5mm的损坏。

① 轻：高差小于10mm，损坏按长度计算，检测结果要用影响宽度换算成面积。

② 重：高差10mm以上，损坏按长度计算，检测结果要用影响宽度换算成面积。

5）唧泥：板块在车辆驶过后，接缝处有基层泥浆涌出，损坏按长度计算，检测结果要用影响宽度换算成面积。

6）边角剥落：沿接缝方向的板边碎裂和脱落，裂缝面与板面成一定角度。

① 轻：浅层剥落，损坏按长度计算，检测结果要用影响宽度换算成面积。

② 中：中深层剥落，接缝附近水泥混凝土有开裂，损坏按长度计算，检测结果要用影响宽度换算成面积。

③ 重：深层剥落，接缝附近水泥混凝土多处开裂，深度超过接缝槽底部，损坏按长度计算，检测结果要用影响宽度换算成面积。

7）接缝料损坏：由于接缝的填缝料老化、剥落等原因，接缝内已无填料，接缝被砂、石、土等填塞。

① 轻：填缝料老化，不密水，但尚未剥落脱空，未被砂、石、土填塞，损坏按长度计算，检测结果要用影响宽度换算成面积。

② 重：三分之一以上接缝出现空缝或被砂、石、土填塞，损坏按长度计算，检测结果要用影响宽度换算成面积。

8）坑洞：板面出现有效直径大于30mm、深度大于10mm的局部坑洞，损坏按坑洞或坑洞群所涉及的面积计算。

9）拱起：横缝两侧的板体发生明显抬高，高度大于10mm，损坏按拱起所涉及的板块面积计算。

10）露骨：板块表面细集料散失、粗集料暴露或表层松疏剥落，损坏按面积计算。

11）修补：裂缝、板角断裂、边角剥落、坑洞和层状剥落的修补面积或修补影响面积（裂缝修补按长度计算，影响宽度为0.2m）。

任务8.1　沥青路面破损检测

1. 目的与适用范围

通过沥青路面的破损调查，测定沥青路面各类破损的数量与面积、计算路面破损率及裂缝率等，可供路面质量管理与验收、建立路面管理系统和决定路面维修方案时使用。

2. 仪具与材料技术要求

检测所需的仪具与材料有量尺（钢卷尺、皮尺、钢直尺等）、破损记录纸（毫米方格纸）、高速摄影车或其他高效测试设备。

3. 方法与步骤

（1）准备工作　根据调查破损的目的，选择各类破损调查的时间，如路面翻浆调查就应选在春季进行；对车辙、拥包、波浪等热稳定性变形应选在夏季进行；对松散类破损宜选在雨季进行等。为便于裂缝观测，宜选择在雨后（或预先洒水）路表已干燥但尚有水迹的时机观测。选择测试路段并量测其路面的长度及宽度，计算测试路段总面积（a）。在毫米方格纸上按比例绘制破损记录方格，填好里程桩号。

（2）测试步骤

1）当采用高速摄影车或其他高效测试设备测试时，按有关使用说明书操作。采用自动摄影车测试时，进行连续摄影或录像，然后在室内评定或用计算机检测裂缝等各类破损数量。

2）当为人工检测时，由 2~4 人组成一组，沿路面仔细观察路面各类破损情况。观测裂缝时，一般以逆光观测较为清楚，对不明显的裂缝，可在裂缝位置用粉笔做出标记。

3）目测或用量尺测试路段的路面上各类破损的长度或范围，准确至 0.1m。

4）车辙检测按规程的规定进行。拥包、波浪、沉陷等变形类损坏除记录面积外，尚应测记拥起高度或下陷深度。

5）记录破损位置（桩号），就地在方格纸上按比例描绘破损图，记录破损类别。

6）必要时，可拍摄照片或录像备查。

4. 计算

1）测试路段的沥青路面各类破损的长度或面积可按表 8-1 分类统计。沥青路面破损率为各种类型破损的换算面积与调查区域总面积之比，按式（8-1）计算。根据需要，可以计入破损类型及严重程度的系数，并按破损类别分别统计。

$$DR = \frac{\sum \sum A_{ij}K_{ij}}{A} \times 100\% \tag{8-1}$$

式中　DR——沥青路面的破损率（%）；

　　　A_{ij}——路面各种损坏类型分别严重程度的累计面积（m²）；

　　　i——破损类别；

　　　j——破损严重程度；

　　　K_{ij}——路面各种损坏类型及不同严重程度的权重，根据规范选用，如无规定时取为1；

　　　A——调查路面面积（m²）。

2）沥青路面的裂缝率按下式计算：

$$C_K = \frac{C_A + L \times 0.3}{A} \tag{8-2}$$

式中　C_K——沥青路面总裂缝率（m²/1100m²）；

　　　C_A——龟裂及块裂的总面积（m²）；

　　　L——单根裂缝的总长度（m）；

　　　0.3——将单根裂缝长度换算成面积的影响系数；

　　　A——调查路面面积（m²）。

3）在没有龟裂及块裂的路面上，沥青路面横向裂缝或纵向裂缝等单根裂缝、裂缝度、总裂缝度分别按下列各式计算：

$$C_{1d} = \frac{\sum L_1}{A} \tag{8-3}$$

$$C_{2d} = \frac{\sum L_2}{A} \tag{8-4}$$

$$C_d = C_{1d} + C_{2d} + \cdots \tag{8-5}$$

式中　C_d——沥青路面总裂缝度（m/1100m²）；

C_{1d}——沥青路面横向裂缝的裂缝度（m/1100m²）；

C_{2d}——沥青路面纵向裂缝的裂缝度（m/1100m²）；

$\sum L_1$——横向裂缝的总长度（m）；

$\sum L_2$——纵向裂缝的总长度（m），其余符号意义同前。

4）计算裂缝度时可将各种单根裂缝（如横向裂缝、纵向裂缝、温度裂缝、施工接缝、反射裂缝等）单独计算。如欲换算成以面积计算的裂缝率时，宜将其分别乘以0.3得到。但当将单根裂缝纳入网状裂缝病害用于计算一般公路的完好率时，应按照《公路工程质量检验评定标准　第一册　土建工程》的规定计算。

5. 报告

沥青路面破损检测的报告一般包括以下几点：

1）路线名称、路面结构、使用年限、交通情况等。

2）破损记录图及调查统计表。

3）破损率、裂缝率、裂缝度等。

4）破损原因分析及处理建议。

任务8.2　水泥混凝土路面破损检测

1. 目的与适用范围

本方法适用于测定水泥混凝土路面的路面板开裂、接缝损坏等各种破损情况，供路面质量管理与验收、建立路面管理系统和决定路面维修方案时使用。

2. 仪具与材料技术要求

1）量尺：钢卷尺、皮尺、钢尺等。

2）记录纸（毫米方格纸）。

3）其他：改锥、粉笔、扫帚、小红旗及安全标志等。

3. 方法与步骤

（1）准备工作

1）选定路段并量测其路面的长度及宽度。

2）如路面不洁净妨碍观测时，可用扫帚清扫裂缝附近路面。

为便于观测，宜选择在雨后路面已干燥但裂缝尚有水迹的时机观测。观测应有专人指挥交通（需要时可封闭交通），并设置交通安全标志等以确保观测者的安全。

（2）测试步骤

1）沿路面纵向1或2人负责一块混凝土板宽度，仔细观察裂缝等各种破损情况，必要时用粉笔做出标记。

2）用目测或量尺分别测量测试路段的路面上每条裂缝长度及破损面积，准确至10cm。对伸缩缝接缝处的破坏及角部已成块的破坏都应单独记录条数、面积。其中接缝拱起还应记录高度。

3）记录板块号、破损位置（桩号），在方格纸中按比例绘裂缝及破损情况图。

4）根据需要，拍摄照片或录像备查。

4. 计算

1）测试路段路面的各类破损的长度或面积，可按表 8-2 分类统计，其中错台、拱起、板块沉陷还应记录高度或深度。

表 8-2　水泥混凝土路面破损调查统计

调查路段（桩号）：				调查员：		
调查时间：				天　气：		
破 损 类 型		坏板数（块）	坏缝数（条）	数量		
				面积/m²	长度/m	高度/m
板块裂缝	板角裂缝	块				
	D 形裂缝	块				
	纵向裂缝	块				
	横向开裂	块				
	纵向断板	块				
	横向断板	块				
接缝损坏	接缝材料损坏	块	条			
	边角剥落		条			
	唧泥		条			
	错台		条			
	拱起		条			
表面缺陷	网状细裂缝	块				
	层状剥落、起皮	块				
	露骨（集料磨光）	块				
	坑洞	块				
其他	板块沉陷	块				

2）水泥混凝土路面的坏板率按式（8-6）计算。根据需要，可按有关规范对各种坏板类型及严重程度取不同的权值进行计算。坏板率是指已发生板面开裂、断板、接缝损坏、表面缺陷、板块沉陷等各种板的损坏情况。

$$B_\mathrm{K} = \frac{\sum \sum A_{ij}K_{ij}}{S} \times 100 \qquad (8\text{-}6)$$

式中　　B_K——水泥混凝土路面的坏板率（%）；

A_{ij}——水泥混凝土板各种损坏类型分别严重程度的累计换算板数；

i——破损类别；

j——破损严重程度，可分为轻微、中度、严重三个等级；

K_{ij}——水泥混凝土板各种损坏类型及不同严重程度的权重，根据规范选用，如无规定时取为 1；

S——调查路段路面板总块数。

3）水泥混凝土路面的断板率按下式计算：

$$B_D = \frac{D}{S} \times 100 \tag{8-7}$$

式中　B_D——水泥混凝土路面的断板率（%）；

D——已完全折断成两块以上的水泥混凝土路面板总数，其余符号意义同前。

4）水泥混凝土路面的裂缝度、裂缝率按下列各式计算：

$$C_d = \frac{\sum L}{A} \tag{8-8}$$

$$C_K = \frac{\sum C_A}{A} \tag{8-9}$$

式中　C_d——水泥混凝土路面的裂缝度（m/1100m²）；

C_K——水泥混凝土路面裂缝率（m²/1100m²）；

$\sum C_A$——板角裂缝、D 形裂缝及完全碎裂的总面积（m²）；

$\sum L$——水泥混凝土路面板的纵向开裂、横向开裂总长度（m）；

A——测试路面总面积，以 1100m² 计。

5）水泥混凝土路面的坏缝率按下式计算：

$$J_K = \frac{\sum J_{1C} + \sum J_{2C}}{J_1 + J_2} \times 100\% \tag{8-10}$$

式中　J_K——水泥混凝土路面的坏缝率（m/1100m²）；

$\sum J_{1C}$——水泥混凝土路面的横向伸缩缝破坏的总长度（m）；

$\sum J_{2C}$——水泥混凝土路面的纵向接缝破坏的总长度（m）；

J_1——测试路段的横向伸缩缝的总长度，以 1100m 计；

J_2——测试路段的纵向接缝的总长度，以 1100m 计。

任务8.3　路面错台检测

1. 目的与适用范围

本方法适用于测定路面在人工构造物端部接头、水泥混凝土路面或桥梁的伸缩缝以及沥青路面裂缝两侧由于沉降所造成的错台（台阶）高度，以评价路面行车舒适性能（跳车情况），并作为计算维修工作量的依据。

2. 仪具与材料技术要求

皮尺、水准仪、三米直尺、钢直尺、钢卷尺和粉笔。

3. 方法与步骤

1）非经注明，错台的测定位置，以行车道错台最大纵断面为准，根据需要也可以其他代表性纵断面为测定位置。

2）选择需要测定的断面，记录位置及桩号，描述发生错台的原因。

3）构造物端部由于沉降造成的接头错台的测试步骤如下：

① 将精密水准仪架在距构造物端部不远的路面平顺处调平。

② 从构造物端部无沉降或鼓包的断面位置起，沿路线纵向用皮尺量取一定距离，作为

测点，在该处立起塔尺，测量高程。再向前量取一定距离，作为测点，测量高程。如此重复，直至无明显沉降的断面为止。无特殊需要，从构造物端部起2m内应每隔0.2m量测一次，2～5m内宜每隔0.5m量测一次，5m以上可每隔1m量测一次，由此得出沉降纵断面及最大沉降值，即最大错台高度D_m，精确至1mm。

4）测定由水泥混凝土路面或桥梁的伸缩缝或路面横向开裂造成的接缝错台、裂缝错台时，可按3）的方法用水准仪测定接缝或裂缝两侧一定范围内的道路纵断面，确定最大错台的位置及高度D_m，精确至1mm。

5）当发生错台变形的范围不足3m时，可在错台最大位置沿路线纵向用三米直尺架在路面上，其一端位于错台的高出的一侧，另一端位于无明显沉降变形处，作为基准线。用钢直尺或钢卷尺每隔0.2mm量取路面与基准线直接高度D，同时测记最大错台高度D_m，精确至1mm。

4. 资料整理

以测定的错台读数D与各测点的距离绘制成纵断面图作为测定结果。图中应标明相应断面的设计纵断面高程，最大错台位置与高度D_m，精确至1mm。

5. 报告

报告应记录如下事项：

1）路线名称、测定日期、天气情况。

2）测定地点、桩号、路面及构造物概况。

3）道路交通情况及造成错台原因的初步分析。

4）最大错台高度D_m及错台纵断面图。

任务8.4 沥青路面车辙检测

1. 目的与适用范围

本方法适用于测定沥青路面的车辙，供评定路面使用状况及作为计算维修工作量的依据。

2. 仪具与材料技术要求

1）路面横断面仪：如图8-1所示，其长度不小于一个车道宽度，横梁上有一位移传感器，可自动记录横断面形状，调试间距小于20cm，测试精度为1mm。

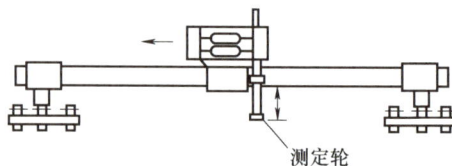

图8-1 路面横断面仪

2）激光或超声波车辙仪：如图8-2所示，包括多点激光或超声波车辙仪、线激光车辙仪和线扫描激光车辙仪等类型。通过激光测距技术、激光成像或数字图像分析技术得到车道横断面相对高程数据，并按规定模式计算车辙深度。

要求激光或超声波车辙仪有效测试宽度不小于3.2m，测点不小于13点，测试精度为1mm。

3）横断面尺：如图8-3所示，为硬木或金属制直尺，刻度间距5cm，长度不小于一个车道宽度。顶面平直，最大弯曲不超过1mm，两端有把手及高度为10～20cm的支脚，两支脚的高度相同。

图 8-2　激光连续车辙测试仪

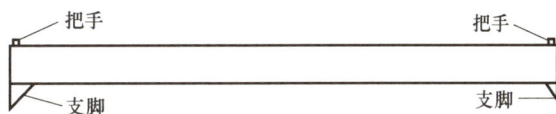

图 8-3　路面横断面尺

4）量尺：钢直尺、卡尺、塞尺，量程大于车辙深度，刻度至 1mm。

5）其他：皮尺、粉笔等。

3. 方法与步骤

1）车辙测定的基准测量宽度应符合下列规定：

①对高速公路及一级公路，以发生车辙的一个车道两侧标线宽度中点到中点的距离为基准测量宽度。

②对二级及二级以下公路，有车道区画线时，以发生车辙的一个车道两侧标线宽度中点到中点的距离为基准测量宽度；无车道区画线时，以形成车辙部位的一个设计车道宽作为基准测量宽度。

2）以一个评定路段为单位，用激光车辙仪连续检测时，测定断面间隔不大于 10mm。用其他方法非连续测定时，在车道上每隔 50m 作为一测定断面，用粉笔画上标记进行测定。

3）采用激光或超声波车辙仪的测试步骤如下：

①将检测车辆就位于测定区间起点前。

②启动并设定检测系统参数。

③启动车辙和距离测试装置，开动测试车沿车道轮迹位置且平行于车道线平稳行驶，测试系统自动记录出每个横断面和距离数据。

④到达测定区间终点后，结束测定。

⑤系统处理软件按照规定的模式通过各横断面相对高程数据计算车辙深度。

4）采用路面横断面仪的测试步骤如下：

①将路面横断面仪就位于测定断面上，方向与道路中心线垂直，两端支脚立于测定车道两侧边缘，记录断面桩号。

②调整两端支脚高度，使其等高。

③移动横断面仪的测量器，从测定车道的一端移至另一端，记录出断面形状。

5）采用横断面尺的测试步骤如下：

①将横断面尺就位于测定断面上，两端支脚置于车道两侧。

②沿横断面尺每隔 20cm 一点，用量尺垂直立于路面上，用目平视测记横断面尺顶面与路面之间的距离，准确至 1mm。如断面的最高处或最低处明显不在测定点上，应加测该点

距离。

③ 记录测定读数，绘出断面图，最后连接成圆滑的横断面曲线。

④ 横断面尺也可以用线绳代替。

⑤ 当不需要测定横断面，仅需要测定最大车辙时，也可以用不带支脚的横断面尺架在路面上由目测确定最大车辙位置用尺量取。

4. 计算

1）根据断面线按图 8-4 的方法画出横断面图及顶面基准线。通常为其中之一种形式。

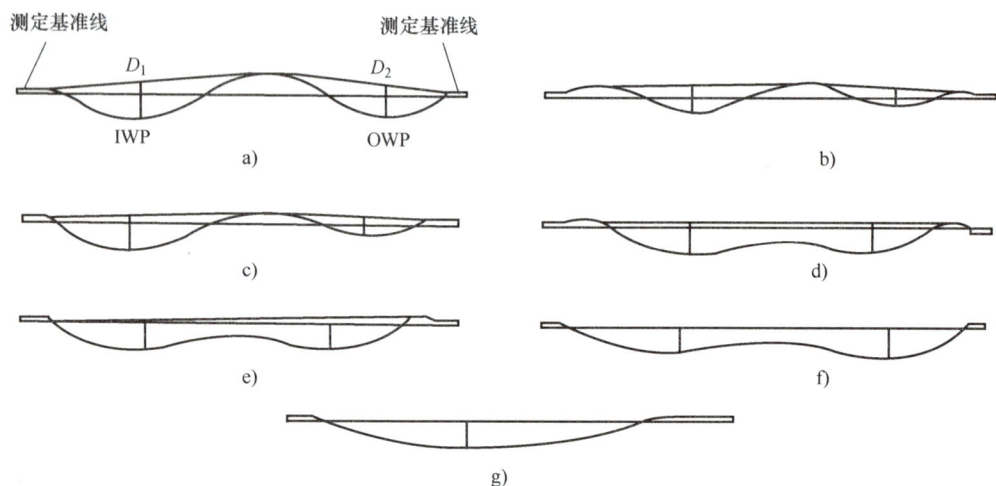

图 8-4　不同形状、不同程度的路面车辙示意图

注：IWP、OWP 表示内侧轮迹带及外侧轮迹带。

2）在图上确定车辙深度 D_1 及 D_2，读至 1mm，以其中最大值作为断面的最大车辙深度。

3）求取各测定断面最大车辙深度的平均值作为该评定路段的平均车辙深度。

断面图概括了不同形状及不同程度的车辙。由于造成车辙的原因不同（沥青混合料推挤流动、压密、路基压实、沉降）以及车轮横向分布的不同，车辙形状是不同的。

5. 报告

测试报告应记录下列事项：

1）采用的测定方法。

2）路段描述，包括里程桩号、路面结构及横断面、使用年限、交通情况等。

3）各测定断面的横断面图。

4）各测定断面的最大车辙深度表。

5）各评定路段的最大车辙深度和平均车辙深度。

6）根据测定目的应记录的其他事项或数据。

课堂测试

一、单选题

1. 路面错台测试方法用以评价路面的（　　　）。

A. 承载能力　　　　B. 平整度　　　　C. 抗滑性能　　　　D. 行车舒适性能

2. 路面错台的测试以（　　）作为测定结果。

A. 测定的错台读数与各测点的距离绘成的纵断面图

B. 设计纵断面高程

C. 最大错台位置

D. 最大错台高度 D_m

3. 在下列四个车辙深度测试方法中，（　　）属于半自动化测试方法。

A. 超声波车辙仪　　　　　　　　B. 激光车辙仪

C. 路面横断面仪法　　　　　　　D. 横断面尺法

4. 绘制横断面曲线时，在图上确定车辙深度 D_1、D_2，以其中的最大值作为（　　）。

A. 该评定路段的最大车辙深度　　B. 该评定路段的平均车辙深度

C. 该断面的最大车辙深度　　　　D. 该断面的平均车辙深度

5. 进行沥青路面车辙测试时，针对内外侧轮迹带的车辙深度 D_1、D_2，以（　　）作为断面的车辙深度。

A. 其中最小值　　B. 两者平均值　　C. 其中最大值　　D. 两者之差值

二、判断题

1. 路面错台可以指相邻水泥混凝土板块接缝间出现的高程突变。（　　）

2. 路面错台是产生跳车的主要原因。（　　）

3. 路面错台的测试以测定的错台读数 D 与各测点的距离绘成的纵断面图作为测定结果，图中应标明的最大错台高度 D_m 应准确至 0.01m。（　　）

4. 车辙是路面结构层在行车荷载作用下的补充压实以及结构层中材料的侧向位移产生的可恢复变形。（　　）

5. 以直尺、线绳或横断面尺为代表的人工路面车辙测试手段适合在车流量大的主干车道上使用。（　　）

三、多选题

1. 路面错台的测试报告应包括（　　）。

A. 最大错台高度 D_m 及错台纵断面图

B. 路线名、测定日期、天气情况

C. 道路交通情况及造成错台原因的初步分析

D. 测定地点、桩号、路面及构造物概况

2. 路面错台的测定结果应包括（　　）。

A. 测定的错台读数 D 与各测点的距离绘成的纵断面图

B. 图中标注的设计纵断面高程

C. 图中标注的最大错台位置

D. 图中标注的最大错台高度 D_m

3. 车辙测定的基准测量宽度应符合的规定是（　　）。

A. 对于高速公路，以发生车辙的一个车道两侧标线宽度中点到中点的距离为基准测量宽度

B. 对于二级及二级以下公路，有车道区画线时，以发生车辙的一个车道两侧标线宽度

中点到中点的距离为基准测量宽度

C. 对于二级及二级以下公路，无车道区画线时，以发生车辙的一个设计车道宽作为基准测量宽度

D. 对于一级公路，以发生车辙的一个设计车道宽作为基准测量宽度

四、问答题

1. 路面破损都有哪些类型？

2. 路面错台检测的方法与步骤是什么？

3. 沥青路面车辙检测的方法与步骤是什么？

启示角

大桥助脱贫

坚决打赢脱贫攻坚战，历史性解决绝对贫困问题，这既是中华民族的千年梦想，更是桥梁行业践行以人民为中心发展思想的集中体现。

毕都北盘江大桥、汉十高铁崔家营汉江特大桥、武九高速尖山沟特大桥等众多希望之桥的建设，切实解决了当地交通发展的短板问题，为当地人民带去了发展的福音。一座座桥梁助推贫困地区"外通内联、通村畅乡、客车到村、安全便捷"的交通运输网络基本形成，为农村地区特别是贫困地区脱贫致富奔小康提供了有力支撑。

毕都北盘江大桥建成时是世界最高桥梁，桥面至江面的垂直距离达565m，横跨贵州和云南两省。

汉十高铁崔家营汉江特大桥，最大跨度达300m，是世界上第一座设计时速每小时350km、跨度300m的大跨度钢构拱桥。

武九高速尖山沟特大桥，全长509.8m，主桥跨径结构为220m的上承式钢管混凝土拱桥，主桥桥面系及引桥均采用钢—混组合梁，施工时采用上下多层立体交叉作业方式，作业高度达233m。

一座座利民惠民的桥梁，"编织"起全面小康的蓝图，稳稳地托起人民对美好生活的向往。

任务 9

桥梁地基与基础检测

埋入土层一定深度的建筑物向地基传递荷载的下部承重结构称为基础，基础是连接上部结构与地基的结构物，基础结构应符合上部结构使用要求，技术上合理以及施工方便，满足地基的承载能力和抗变形能力要求。为了保障建筑工程总体质量，对地基承载力和桩基础承载力检测，对钻、挖孔灌注桩质量检验与评定是十分必要的。本任务仅就常见地基承载力、桩基础承载力、灌注桩完整性和桥涵工程基础质量评定方法与检查项目进行论述。

地球上的建筑与土木工程都是修建在地表或埋置于地层之中。建筑物的全部荷载最终由其下的地层来承担，承受建（构）筑物全部荷载的那一部分地层称为地基。

岩土地基承载力分为允许承载力、基本承载力和极限承载力。地基设计采用正常使用极限状态，所选定的地基承载力为承载力允许值。

地基允许承载力是在保证建筑物安全可靠，并符合正常使用要求的前提下，地基土在单位面积上所能承受荷载的能力，通常用荷载强度（kPa）表示。地基允许承载力的确定要考虑两方面的要求，即基础沉降量不超过允许值和保证地基有足够的稳定性。

地基承载力的验算，以修正后的地基承载力允许值控制，该值是在地基原位测试或《建筑地基基础设计规范》（GB 50007—2011）和《公路桥涵地基与基础设计规范》给出的各类岩土承载力基本允许值的基础上，经过修正而得。

地基允许承载力的测定方法有：野外载荷试验法、理论公式法、邻近旧桥涵调查对比综合分析确定法、贯入试验法以及按《公路桥涵地基与基础设计规范》推荐的方法确定地基允许承载力。地基承载力的理论公式法只考虑地基的强度，没有考虑沉降的要求，且是在做了一定简化假定的条件下得到的，多数只针对条形荷载而言。

在实践中，可以根据建筑物的不同要求，用临塑荷载或临界荷载作为地基承载力允许值，如《建筑地基基础设计规范》中的临塑荷载及临界荷载的理论计算公式，具体内容可参见《土力学》《建筑地基基础设计规范》等。也可通过查表规范法来确定地基承载力，具体可以查阅《铁路工程地质勘察规范》（TB 10012—2007）。

任务 9.1 地基承载力检测（静载试验法）

原位试验法是一种通过现场直接试验确定地基承载力的方法，现场直接试验包括静载试验、静力触探试验、标准贯入试验、旁压试验等。

1. 试验的目的及意义

1）确定地基土的临塑荷载、极限荷载，为评定地基土的承载力提供依据。

2）确定地基土的变形模量。

3）估算地基土的不排水抗剪强度。

4）确定地基土基床反力系数。

2. 试验的适用范围

浅层平板载荷试验适用于浅层地基土；深层平板载荷试验适用于埋深等于或大3m 和地下水位以上的地基土；螺旋板载荷试验适用于深层地基土或地下水位以下的地基土。载荷试验可适用于各种地基土，特适用于各种填土及碎石的土。本节主要介绍浅层平板静力载荷试验。

3. 试验的基本原理

平板载荷试验是在拟建建筑场地上将一定尺寸和几何形状（方形或圆形）的刚性板，安放在被测的地基持力层上，逐级增加荷载，并测得相应的稳定沉降，直至达到地基破坏标准，由此可得到荷载（p）-沉降（s）曲线（即 p-s 曲线）。典型的平板载荷试验 p-s 曲线可以划分为三个阶段，如图9-1 所示。

通过对 p-s 曲线进行计算分析，可以得到地基土的承载力特征值 f_{ak}、变形模量 E_0 和基床反力系数 k_s。

平板载荷试验所反映的相当于承压板下 1.5～2.0 倍承压板直径（或宽度）的深度范围内地基土的强度、变形的综合性状。

浅层平板载荷试验适用浅层天然地基土，包括各种填土、含碎石的土等，也用于复合地基承载力评价。

图 9-1 典型的平板载荷试验 p-s 曲线

4. 试验仪器及制样工具

1）仪器设备：载荷试验的设备由承压板、加荷装置及沉降观测装置等部件组合而成。目前，组合形式多样，成套的定型设备已应用多年。

2）承压板：有现场砌置和预制两种，一般为预制厚钢板（或硬木板）。对承压板的要求是：要有足够的刚度，在加荷过程中承压板本身的变形要小，而且其中心和边缘不能产生弯曲和翘起；其形状宜为圆形（也有方形），对密实黏性土和砂土，承压面积一般为 1000～5000cm^2。对一般土多采用 2500～5000cm^2。按道理讲，承压板尺寸应与基础相近，但不易做到。

3）加荷装置：加荷装置包括压力源、载荷台架或反力构架。加荷方式可分为两种，即重物加荷和油压千斤顶反力加荷。

① 重物加荷法，即在载荷台上放置重物，如铅块等。由于此法笨重，劳动强度大，加荷不便，目前已很少采用（图9-2）。其优点是荷载稳定，在大型工地常用。

② 油压千斤顶反力加荷法，即用油压千斤顶加荷，用地锚提供反力。由于此法加荷方便，劳动强度相对较小，已被广泛采用，并有定型产品（图9-3）。采用油压千斤顶加压，必须注意两个问题：油压千斤顶的行程必须满足地基沉降要求；下入土中的地锚反力要大于最大加荷，以避免地锚上拔，试验半途而废。

4）沉降观测装置：沉降观测仪表有百分表、沉降传感器或水准仪等。只要满足所规定的精度要求及线性特性等条件，可任意选用其中一种来观测承压板的沉降。

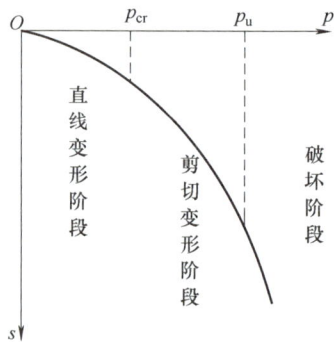

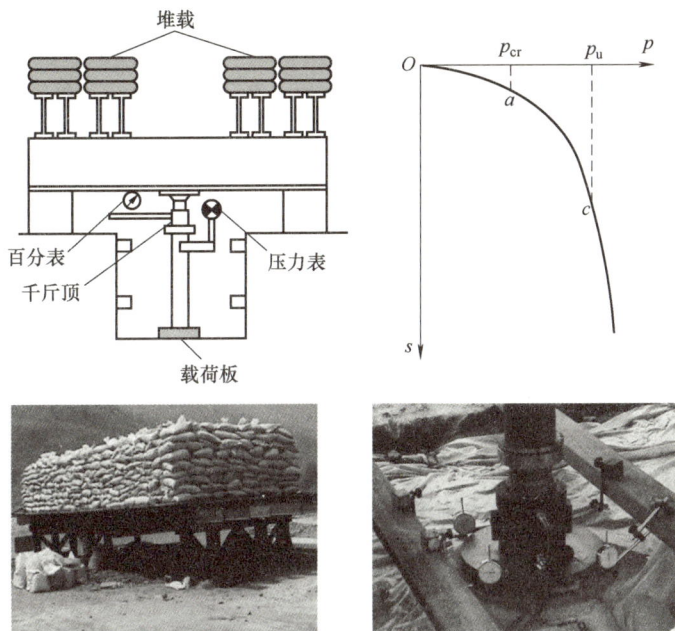

图 9-2　平板载荷试验（重物加荷法）

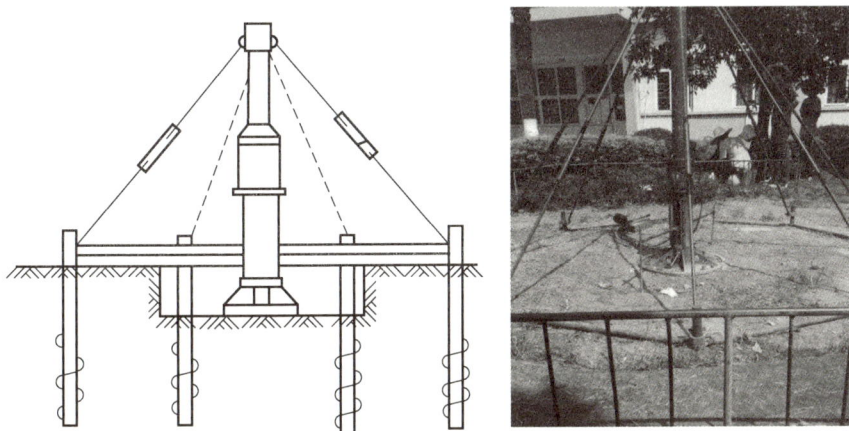

图 9-3　平板载荷试验（油压千斤顶反力加荷法）

由于载荷试验所需荷载很大，要求一切装置必须牢固可靠、安全稳定。

5. 试验步骤

（1）设备安装

1）下地锚，安横梁、基准梁，挖试坑等。地锚数量为 4 个，以试坑中心为中心点对称布置。然后根据试验要求，开挖试坑至试验深度。接着安装好横梁、基准梁等。

2）放置承压板。在试坑的中心位置，根据承压板的大小铺设不超过 20mm 厚的砂垫层并找平，然后小心放置承压板。

3）千斤顶和测力计的安装。以承压板为中心，从下往上依次放置千斤顶、测力计、垫片，并注意保持它们在一条垂直直线上。然后调整千斤顶，使整体稳定在承压板和横梁之间，形成完整的反力系统。

4）沉降测量元件的安装。把百分表通过磁性表座固定在基准梁上，并调整其位置，使其能准确测量承压板的沉降量。百分表数量为 4 个，在安装时，注意使其均匀分布在四个方向，形成完整的沉降测量系统。

（2）加载操作

1）加载前预压，以消除误差。

2）加载等级一般分 10~12 级，并不小于 8 级，我们取 10 级。最大加载量 200kPa，所以每级 20kPa。由于承压板面积为 0.2m²，所以每级荷载为 4kN。同时，第一级是各级加压的两倍，即 8kN。

3）通过事先标定的压力表读数与压力之间的关系，计算出预定荷载所对应的测力计百分表读数。

4）加荷载。按照计算的预定荷载所对应的测力计百分表读数加载，并随时观察测力计百分表指针的变动，通过千斤顶不断补压，以保证荷载的相对稳定。

5）沉降观测。采用慢速法，每级荷载施加后，间隔 5min、5min、10min、10min、15min、15min 测读一次沉降，以后间隔 30min 测读一次沉降，当连续 2h 每小时沉降量小于 0.1mm 时，可以认为沉降已达到相对稳定标准，可施加下一级荷载。

6）试验记录。每次读完数，准确记录，以保证资料的可靠性。

（3）卸载操作

1）卸载时，每级压力是加载时的 2 倍。

2）松开油阀，拆卸装置。

《建筑地基基础设计规范》提出载荷试验确定地基承载力基本允许值应符合以下规定：

① 当 $p\text{-}s$ 曲线上有比例界限时，取该比例界限所对应的荷载值。

② 当极限荷载小于对应比例界限时的荷载值的 2 倍时，取极限荷载值的一半。

③ 当不能按上述两条要求确定时，当承压板面积为 0.25~0.50m² 时，可取 $s = (0.01~0.015)b$ 所对应的荷载，但其值不应大于最大加载量的一半。

④ 同一土层参加统计的试验点不应少于 3 点。当试验实测值的极差不超过其平均值的 30% 时，取此平均值作为该土层的地基承载力基本允许值 $[f_{ao}]$。

应指出，地基承载力还与基础的形状、底面尺寸、埋置深度等有关，由于载荷试验的承压板尺寸远小于地基的底面尺寸，所以用上述方法确定的地基承载力允许值偏保守。

6. 试验数据

载荷试验记录见表 9-1。

表 9-1 载荷试验记录

压力表读数/MPa	千斤顶出力/kN	承压板压力/MPa	累计沉降量/mm	备 注
0.2	4.6	9.2	0.0565	达到稳定
0.4	10.8	21.6	0.1515	达到稳定
0.6	17	34	0.282	达到稳定
0.8	23.2	46.4	0.5555	达到稳定
1	29.3	58.6	0.782	达到稳定

（续）

压力表读数/MPa	千斤顶出力/kN	承压板压力/MPa	累计沉降量/mm	备 注
1.2	35.6	71.2	1.308	达到稳定
1.4	46.8	93.6	1.9315	达到稳定
1.6	48	96	3.884	达到稳定
1.8	54.2	108.4	5.468	达到稳定
2	60	120	6.4605	未达到稳定

任务9.2 桥梁桩基础承载力检测（静载试验法）

桩基础是由埋于地基中的若干根桩及将所有桩连成一个整体的承台（或盖梁）两部分所组成的一种基础形式。桩基础的作用是将承台或盖梁以上结构物传来的外力，通过承台和盖梁由桩传到较深的地基持力层中去。

现有确定基桩承载力的检测方法有两种：一种是静载试验，另一种是各种桩的动测方法。静载试验是确定基桩承载力最可靠的方法，而各种桩的动测方法，则要在与桩静载试验结果大量对比的基础上，找出对比系数，才能推广应用。

1. 试验设备

垂直静载试验是在试桩顶上分级施加静荷载直到土对试桩的阻力破坏时为止，从而求得桩的允许承载力单桩的下沉量。按现行地基基础规范，单桩承载力宜通过现场静载试验确定，在同一条件下试桩数量不宜少于总桩数的1%，并不少于3根。就地灌注桩的静载试验应在混凝土强度达到能承受预定破坏荷载后开始。斜桩做静载试验时，荷载方向应与斜桩轴线相同。

（1）加荷装置

1）基本要求：首先要求安全可靠，保证有足够的加载量，不能发生加载量达不到要求而中途停止试验的事故；其次从节约材料、少用经费、取用方便、缩短筹备时间等方面进行比较，选用合适的加载系统。

2）加载量的确定：根据《建筑基桩检测技术规范》，荷载系统的加载能力至少不低于破坏荷载或最大加载量的1.5倍，最好能达到1.5~2.0倍。

3）反力装置：反力装置是加载系统中最主要的组成部分，对它应事先做好周密的设计。

（2）基准点与基准梁的设置 作为下沉量测试的基准点和基准梁原则上应该是不动的。但是，由于试桩与锚桩的变位，气象、日照、潮汐以及附近施工与交通引起的振动等影响，都会使基准点或基准梁产生一定的变位或变形。如果对此掉以轻心或熟视无睹，那么测得的试桩下沉量将是不可靠的。

1）基准点的设置。基准点的设置应满足以下几个条件：基准点本身不变动；没有被接触或遭破损的危险；附近没有振源；不受直射阳光与风雨等干扰；不受试桩下沉的影响。

2）基准梁的设置。基准梁一般采用型钢，其优点是有磁性、刚度大、便于加工、形状一致，缺点是温度膨胀系数大。在受温度影响大的长期载荷试验时，并且当桩本身的下沉又不大时，测试精度会受很大影响。因此，当量测桩位移用的基准梁如采用钢梁时，为保证测试精度需采取下述措施：基准梁的一端固定，另一端必须自由支承；防止基准梁受日光直接照射；基准梁附近不设照明及取暖炉；必要时基准梁可用聚苯乙烯等隔热材料包裹起来，以消除温度影响。

（3）测试仪器装置　测量仪器必须精确，一般使用精度为1/20mm的光学仪器或力学仪器，如水平仪、挠度仪测力器（包括荷载传感器、拉应力传感器、电子秤、压力环等）、倾角仪、位移计等。

2. 试验步骤

（1）试验加载装置的选择　试桩所承受的荷载一般由油压千斤顶加载系统施加。加载反力装置可根据现场实际情况以及试桩的预估极限加载量大小来决定，一般可采用锚桩横梁反力装置、堆重平台反力装置及锚桩堆重平台联合反力装置三种形式（图9-4）。

锚桩横梁反力装置　　　　堆重平台反力装置　　　　锚桩堆重平台联合反力装置

图9-4　试验加载装置

1）锚桩横梁反力装置：锚桩数、锚桩尺寸、锚筋以及横梁的承载力设计均应满足1.2~1.4倍的试桩预估极限加载量。锚桩的抗拔承载力由有关规范计算确定，锚桩数量可为2根、4根、6根。当采用工程桩作锚桩时，锚桩数量应不少于4根，并应在试验过程中对锚桩上拔量进行监测。锚桩与反力横梁间用锚拉钢筋连接，钢筋焊接搭接长度；单面施焊时不小于10d，采用双面施焊时不小于5d（d为钢筋直径）。

2）堆重平台反力装置：配置荷载量不得少于试桩预估极限加载量的1.2~1.5倍，配置荷载应在试验开始前一次加上，并均匀放置于平台上。也可将上述两种反力装置联合使用，形成锚桩堆重平台联合反力装置。

（2）试桩制作要求

1）试桩顶部一般应予以加强：可在桩顶配置加密钢筋网2~3层，桩身钢筋应伸入桩头，或以薄钢板圆筒做成加强箍与桩顶混凝土浇筑成一体，用高强度等级砂浆将桩顶抹平。

2）试桩的成桩工艺和质量控制标准应与工程桩一致，为缩短试桩养护时间，混凝土强度等级可适当提高，或掺入早强剂。

（3）试桩用千斤顶

1）千斤顶应平放于试桩中心，当采用2个或2个以上千斤顶施加荷载时，宜选择相同型号、相同类型的千斤顶，将千斤顶并联同步工作并使千斤顶的合力通过试桩中心线。

2）千斤顶的检查：千斤顶加载系统主要包括千斤顶、高压油泵及油路三个部分，试桩前宜对加载系统进行检查。检查目的在于检查千斤顶、油泵工作是否正常，油路有无漏油。

（4）荷载与沉降的量测仪表

1）施加于桩顶的荷载宜用放置于千斤顶上的压力环或应变式压力传感器直接测定。也可采用安装在千斤顶油压系统上的压力表测定油压并根据千斤顶率定曲线换算荷载值的方法。

2）试桩沉降一般采用百分表测量。试验时应在桩的 2 个正交直径方向对称安置 4 个百分表，小直径桩也可安置 2 个或 3 个百分表，固定和支承百分表的夹具和基准梁在构造上应确保不受气温的影响而变形，同时应避免振动、雨水、阳光照射等。

（5）温度对沉降测量的影响　主要由于温度变化会使基准梁产生变形，为消除这种影响可采用下列几种方法：

1）基准梁宜采用刚度较大的型钢制作，且必须简支在基准桩上。

2）用一百分表支在基准梁跨中附近某一相对不动体上，对基准梁的变形进行监测，以便对桩顶沉降测量值进行修正。

3）利用围护物将试桩场地围护起来，防止基准梁受阳光直射及减小温差。

（6）试桩、锚桩（堆重平台支墩）和基准桩之间的中心距离要求　试桩、锚桩和基准桩之间的中心距离要求见表 9-2。

表 9-2　试桩、锚桩和基准桩之间的中心距离要求

反力装置	试桩中心与锚桩中心 （或堆重平台支墩边）	试桩中心与基准桩中心	基准桩中心与锚桩中心 （或堆重平台支墩边）
锚桩横梁	≥4（3）D 且 >2.0m	≥4（3）D 且 >2.0m	≥4（3）D 且 >2.0m
堆重平台	≥4D 且 >2.0m	≥4（3）D 且 >2.0m	≥4D 且 >2.0m
地锚装置	≥4D 且 >2.0m	≥4（3）D 且 >2.0m	≥4D 且 >2.0m

注：1. D 为试桩、锚桩或地锚的设计直径或边宽，取其较大者。

2. 如试桩或锚桩为扩底桩或多支盘桩时，试桩与锚桩的中心距尚不应小于 2 倍扩大端直径。

3. 括号内数值可用于工程桩验收检测时多排桩基础设计桩中心距离小于 4D 的情况。

4. 软土场地堆载重量较大时，宜增加支墩边与基准桩中心和试桩中心之间的距离，并在试验过程中观测基准桩的竖向位移。

3. 试验

（1）从试桩入土到开始试验的间歇时间　预制桩，砂性土中为 14d；对粉土或黏性土，应视土的强度恢复而定，一般不少于 28d；对于淤泥或淤泥质土不得少于 28d；对灌注桩，其桩身混凝土强度应达到设计等级。

（2）试验加载方式

1）慢速维持荷载法：逐渐加载，每级荷载下的桩顶沉降达到相对稳定后再加下一级荷载，直到满足试验加载终止条件，然后逐级卸载至零。

2）多循环加、卸载法：每级荷载下的桩顶沉降达到相对稳定后，再卸荷至零。然后进行下一循环，直至满足试验加载终止条件。

3）快速维持荷载法：每级荷载维持 1h 后，再施加下一级荷载，直到满足试验加载终止条件，然后分级卸载至零。

（3）慢速维持荷载法的试验　要用慢速维持荷载法进行试验，应按下列规定进行加载、卸载和沉降观测：

1）加载分级：每级加载量为试桩预计最大试验荷载的 1/10～1/12，逐渐加载，第一级

则可取 2 倍加载量进行加载。

2）测读桩顶沉降量的间隔时间：每级加载后，隔 5min、10min、15min 测读一次，以后每隔 15min 测读一次，累计 1h 后每隔半小时测读一次。

3）沉降相对稳定标准：在每级荷载作用下，桩顶的沉降量在每小时内不大于 0.1mm，并连续出现两次。

4）终止加载条件：当出现下列情况之一时，即可终止加载：

① 某级荷载作用下，桩顶的沉降量为前一级荷载作用下沉降量的 5 倍。

② 某级荷载作用下，桩顶的沉降量大于前一级荷载作用下沉降量的 2 倍，且经 24h 尚未达到相对稳定。

③ 达到设计要求最大加载量且沉降达到稳定，或已达桩身材料的极限强度，以及试桩桩顶出现明显的破损现象。

④ 试桩桩顶总沉降量超过 10cm 时，若桩长大于 40m，则控制的总沉降量可按桩长每增加 10m 相应增加 1cm。

⑤ 已达到锚桩最大抗拔力或堆重平台的最大质量时。

5）卸载时桩顶沉降观测规定：

① 慢速法：每级卸载值为每级加载值的 2 倍，每卸一级荷载后隔 15min 测读一次，读两次后，隔半小时再读一次，即可卸下一级荷载。卸载至零后，隔 3~4h 再读一次。

② 快速法：卸载时，每级荷载维持 15min，观测时间为 5min、15min；卸载至零后测读 2h，测读时间为 5min、15min、30min、60min、90min、120min。

4. 试验资料的整理

1）在现场进行试验的同时，应对试验资料进行初步的整理，绘制荷载-沉降（q-s）曲线图，以便及时发现试验中所出现的问题。

2）将单桩垂直静载试验概况整理成表格形式，并应对成桩和试验过程中出现的异常情况作补充说明。

3）做好单桩垂直静载试验的数据记录，试验数据应准确、清晰，不得随意涂改。

4）绘制有关试验成果曲线，以确定单桩的极限承载力，一般需绘制 q-s、s-lgt、s-lgq 曲线，以及其他辅助分析所需的曲线。

5）当进行桩身应力、应变和桩端阻力测定时，应整理出有关数据的记录表和绘制桩身轴力分布图、摩擦力分布图、桩端阻力与荷载关系等曲线。

6）划分桩侧总摩擦力和桩端阻力极限值，并由此求出桩侧平均极限摩擦力（当进行分层试验时，应求出各层土的极限摩擦力，然后再取平均值确定桩侧平均摩擦力）。

5. 单桩垂直抗压承载力的判定

可根据下列方法确定极限承载力：

1）取 s-lgt 曲线尾部出现明显向下曲折的前一级荷载值为极限承载力。

2）取 q-s 曲线发生明显陡降的起始点（第二拐点）所对应的荷载值为极限承载力。

3）取 s-lgq 曲线出现陡降直线段的起始点所对应的荷载值为极限承载力。

4）根据沉降控制确定极限承载力。

5）根据其他方法确定极限承载力。

任务9.3 桥梁灌注桩完整性检测（低应变法）

一、概述

钻（挖）孔灌注桩的检验主要包括三个方面：一是施工前的检验（原材料检验、配合比检验、施工机具检验）；二是施工过程检验；三是桩完整性、承载力检验。原材料与配合比检验在"公路建筑材料"课程中讲述，此部分内容重点介绍施工过程的一些检测项目与方法及桩完整性检测。

由于灌注桩的成桩过程是在桩位处的地面下或水下完成的，施工工序多，质量控制难度大，极易出现事故。因此《建筑基桩检测技术规范》中规定：钻孔灌注桩一般选有代表性的桩用无破损法进行检测，重要工程或重要部位的桩宜逐根进行检测。

灌注桩成桩质量通常存在两方面问题：一是属于桩身完整性，常见的缺陷有夹泥、断裂、缩径、扩径、混凝土离析及桩顶混凝土密实性较差等；二是嵌岩桩，影响桩底支承条件的质量问题，主要是灌注混凝土前清孔不彻底，孔底沉淀厚度超过规定极限，影响承载力。

桩基础施工质量的检验，随着长、大桩径及高承载力桩基础迅速增加，传统的静压桩试验已很难实施，目前，常用的钻孔灌注桩质量的检测方法有以下几种：

（一）钻芯检验法

由于大直径钻孔灌注桩的设计荷载一般较大，用静力试桩法有许多困难，所以常用地质钻机在桩身上沿长度方向钻取芯样，通过对芯样的观察和测试确定桩的质量。但这种方法只能反映钻孔范围内的小部分混凝土质量，而且设备庞大、费工费时、价格昂贵，不宜作为大面积检测方法，而只能用于抽样检查，一般抽检总桩量的3%~5%，或作为对无损检测结果的校核手段。

（二）振动检验法

所谓振动检验法又称为动测法。它是在桩顶用各种方法（例如锤击、敲击、电磁激振器、电水花等）施加一个激振力，使桩体乃至桩土体系产生振动，或在桩内产生应力波，通过对波动及振动参数的种种分析，以推定桩体混凝土质量及总体承载力的一类方法。这类方法主要有以下四种：

1. 敲击法和锤击法

用力棒或锤子打击桩顶，在桩内激励振动，用加速度传感器接收桩头的响应信号，信号经处理后被显示或记录，通过对信号的时域及频域分析，可确定桩尖或缺陷的反射信号，据此可判断桩内是否存在缺陷。当锤击力足以引起桩土体系的振动时，根据所测得的振动参数，可计算桩的动刚度和承载力。

2. 稳态激振机械阻抗法

在桩顶用电磁激振器激振，该激振力是一幅值恒定，频率从20~1000Hz变化的简谐力。量测桩顶的速度响应信号。作用在简谐振动体系上的作用力F与该体系上某点的速度v之比称为机械阻抗，机械阻抗的倒数称为导纳（Admittance），可用记录的力和速度经仪器合成，描绘出导纳曲线，还可求得应力波在桩身混凝土中的波速、特征导纳、实测导纳及动刚度等动参数。据此，可判断是否有断桩、缩径、鼓肚、桩底沉渣太厚等缺陷，并可由动刚度估算单桩允许承载力。

3. 瞬态激振机械阻抗法

用力棒等对桩顶施加一个冲击脉冲力，这个脉冲力包含了丰富的频率成分。通过力传感器和加速度传感器，记录力信号和加速度信号，然后把两种信号输入信号处理系统，进行快速傅里叶变换，把时域变成频域，信号合成后同样可得到桩的导纳曲线，从而判断桩的质量。

4. 水电效应法

在桩顶安装一高约1m的水泥圆筒，筒内充水，在水中安放电极和水听器。电极高压放电，瞬时释放大电流产生声学效应，给桩顶一冲击能量，由水听器接收桩土体系的响应信号，对信号进行频谱分析，根据频谱曲线所含有的桩基质量信息判断桩的质量和承载力。

（三）超声脉冲检验法

该法是在检测混凝土缺陷技术的基础上发展起来的。其方法是在桩的混凝土灌注前沿桩的长度方向平行预埋若干根检测用管道，作为超声发射和接收换能器的通道。检测时探头分别在两个管子中同步移动，沿不同深度逐点测出横截面上超声脉冲穿过混凝土时的各项参数，并按超声测缺原理分析每个断面上混凝土的质量。

（四）射线法

该法是以放射性同位素辐射线在混凝土中的衰减、吸收、散射等现象为基础的一种方法。

当射线穿过混凝土时，因混凝土质量不同或因存在缺陷，接收仪所记录的射线强弱发生变化，据此来判断桩的质量。由于射线的穿透能力有限。一般用于单孔测量，采用散射法，以便了解孔壁附近混凝土的质量，扩大钻芯法检测的有效半径。

二、低应变法检测灌注桩完整性

1. 目的与适用范围

本方法检测各类预制桩和混凝土灌注桩的桩身质量，推定缺陷类型、性质及其部位。

2. 基本原理

基桩低应变动力检测反射波法的基本原理是将桩身假定为一维弹性杆件（桩长 >> 直径），在桩顶锤击力作用下，产生一压缩波，沿桩身向下传播。当桩身存在明显波阻抗 Z 变化的截面将产生反射和透射波，反射的相位和幅值大小由波阻抗 Z 变化决定。桩身波阻抗 Z 由桩的横截面面积 A、桩身材料密度 ρ 等决定，即 $Z = \rho CA$。假设在基桩中某处存在一个波阻抗变化界面，界面上部波阻抗 $Z_1 = \rho_1 C_1 A_1$，上部波阻抗 $Z_2 = \rho_2 C_2 A_2$。

1）当 $Z_1 = Z_2$ 时，表示桩截面均匀，无缺陷。

2）当 $Z_1 > Z_2$ 时，表示在相应位置存在缩径或混凝土质量较差等缺陷，反射波速度信号与入射波速度信号相位一致。

3）当 $Z_1 < Z_2$ 时，表示在相应位置存在扩径，反射波与入射波速度信号相位相反。

当桩身存在缺陷时，根据缺陷反射波时刻与桩顶锤击触发时刻的差值 Δt 和桩身传播速度 C 来推算缺陷位置 $L_x = \Delta t \times C/2$。不同情况灌注桩波形图如图9-5所示。

3. 检测设备及仪器

低应变检测仪器如图9-6所示，包括如下部件：

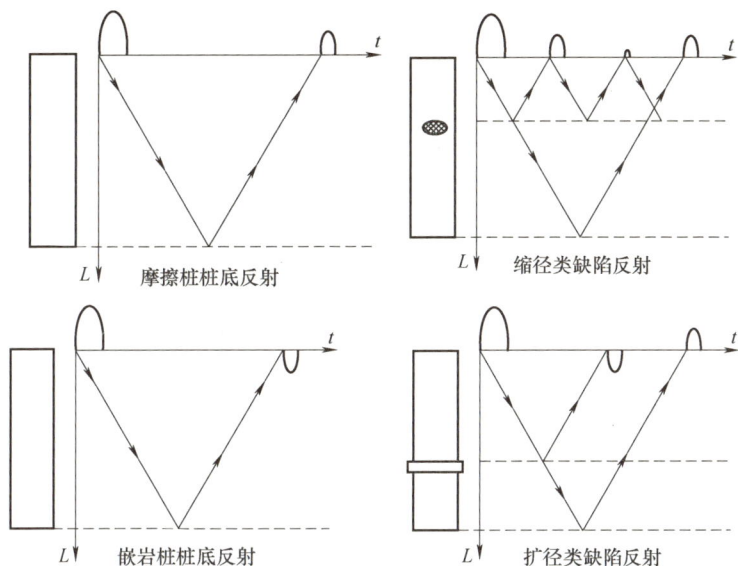

摩擦桩桩底反射　　　　　缩径类缺陷反射

嵌岩桩桩底反射　　　　　扩径类缺陷反射

图9-5　不同情况灌注桩波形图

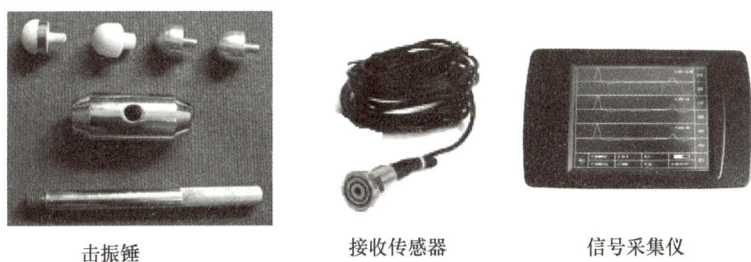

击振锤　　　　　　接收传感器　　　　　信号采集仪

图9-6　低应变检测仪器

1）击振锤。

2）接收传感器。

3）信号采集仪。

4. 试验过程

（1）桩头处理　凿掉浮浆、打磨平整、桩头干净干燥。由于浮浆层不密实，与下部正常混凝土粘结不良，会形成一个不连续的界面。敲击桩头产生的应力波在这一界面上多次反射，影响应力波向下传播，与正常信号叠加后，会掩盖桩下部的信号；激振点与传感器安装位置应凿成大小合适的平面，平面应平整并基本与桩身轴线垂直；激振点及传感器安装位置应远离钢筋笼的主筋，目的是减少外露主筋对测试信号产生干扰。若外露主筋过长，影响正常测试，应将其割短。

（2）传感器安装　实心桩的激振点宜选择在桩头中心部位，传感器应粘贴在距桩中心约$2R/3$处。敲击产生的应力波除向下传播外，也沿径向周边传播，从周边反射回来的波与圆心外散的波会发生叠加。理论与实践表明，$2R/3$处波的干扰最小。空心桩的激振点及传感器安装位置应选择在壁厚$1/2$处且应在同一水平面上，与桩中心连线形成的夹角宜为90°安装位置，如图9-7所示。采用橡皮泥、口香糖、黄油、牙膏、石膏等粘结，粘结层尽量薄，不应采用手扶。

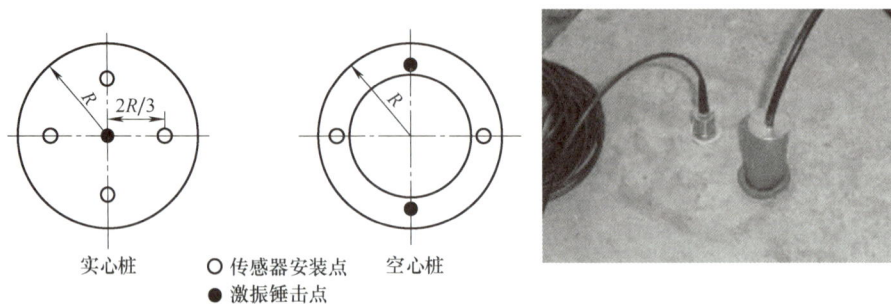

图 9-7　传感器安装

对直径大于 1000mm 的桩（含 1000mm），加速度宜设置 4 个轴对称测点，每个测点需采集一组信号后，将所有信号叠加平均；直径低于 600 ~ 1000mm 的桩（含 600mm），加速度宜设置 2 个轴对称测点，每个测点采集一组信号进行叠加平均；直径低于 600mm 的桩，可设置 1 个测点。

手锤敲击部位的混凝土应平整、坚硬，且手锤应与桩顶垂直。

（3）激振

1）激振位置：桩顶中心部位，避开主筋

2）激振源选择：桩身固有频率与桩长、缺陷深度与程度、桩底情况等有关。长桩固有频率低、短桩高；摩擦桩固有频率低、端承桩高。激振频谱与桩身频谱特性匹配是获得好的应力波信号的前提。

① 用宽脉冲获取桩底或桩下部缺陷反射信号。

低频：聚乙烯、尼龙、橡胶、木棒等（大质量）。

② 用窄脉冲获取桩身上部缺陷反射信号。

高频：铁、钢、铝、铜锤、钢杆（管）等（小质量）。

3）激振方向垂直于桩面，锤击干脆，形成单扰动。

（4）信号采集

1）根据桩径大小，对称布置 2 ~ 4 个检测点，每个检测点记录有效信号不宜少于 3 个。

2）较好波形特征：

① 波形重复性好。

② 真实反映桩身实际情况，完好桩桩底反射明显。

③ 波形光滑，不含毛刺或振荡波形。

④ 波形最终归零。

5. 试验数据分析与处理

（1）波速计算　完整摩擦桩波速示意图如图 9-8 所示。

$$C = \frac{2L}{\Delta t} \tag{9-1}$$

（2）完整性类别划分

Ⅰ 类桩：桩身结构完整。桩底反射合理，实测波速在合理范围内，桩底反射波到达前，

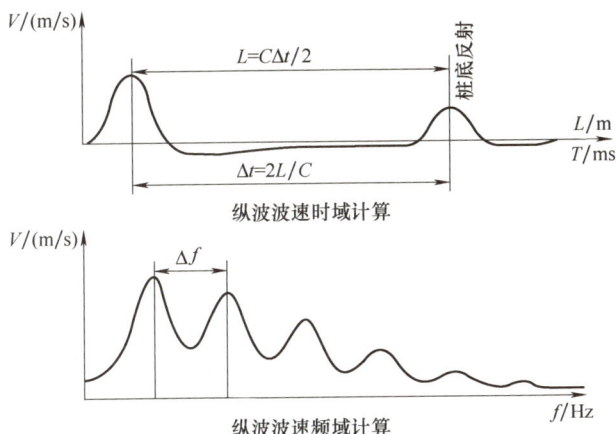

图9-8　完整摩擦桩波速计算示意图

C——桩身材料的一维应力波纵波波速（m/s），简称波速；

L——测点下桩的长度（m）；

Δt——桩底反射波峰值与入射波峰值的时刻差（s）；

Δf——幅值谱上完整桩相邻峰值间的频率差（Hz）。

无同相反射波发生。

Ⅱ类桩：桩身结构基本完整，存在轻微缺陷。桩底反射基本合理，实测波速在合理范围之内，缺陷反射波幅值相对较弱。

Ⅲ类桩：完整性介于Ⅱ类和Ⅳ类之间，一般存在明显缺陷，宜采用钻芯法或超声波透射法等其他方法进一步判断或直接进行处理。记录到多个同相反射信号，形成复杂波列，且无合理的桩底反射信号。依反射信号和提供桩长计算的波速明显偏离同类完整桩平均波速，或时域信号存在较强的异常同相反射。嵌岩端承桩虽有明显的桩底反射，但反射波却与入射波相位相同。

Ⅳ类桩：桩身结构存在严重缺陷，就其结构完整性而言不能使用。未见桩底反射。出现多次幅值较强的同相、等间距反射信号，或信号幅值明显较强并以大低频形式出现，当振源脉冲宽度极窄时，同时伴有连续的 Δt 很小的同相反射（频域为双峰），此为典型的浅部断桩特征。

（3）桩身缺陷位置估算。

$$L_j = \frac{C_m \Delta t_j}{2} \tag{9-2}$$

式中　C_m——场区同条件桩平均波速（m/s）；

L_j——桩身第 j 个缺陷的距离（m）；

Δt_j——桩身第 j 个缺陷的首次反射波峰与入射波峰对应的时差（s）。

6. 报告编写

基桩检测报告不仅仅反映了检测的具体成果，而且还体现了检测单位对其他有关建设工程各方的质量责任。基桩检测报告与隐蔽工程的验收或后续工序的技术论证、决策有关，也有可能作为司法诉讼时的证据，要经得起历史的检验。所以在确保桩基工程的质量与安全的同时，必须进一步提升基桩检测工作的质量水准，不仅要提高检测工作的可靠性，而且还要增强检测报告的可读性，才能有助于建设工程的有关各方如业主、监理、质检等正确理解报告内容。

（1）检测报告要实事求是　规范中明确低应变动测技术的适用范围是：检测混凝土桩的桩身完整性，判定桩身缺陷的程度及位置。有效检测桩长范围应通过现场试验确定，同时还规定低应变动测技术可以作为基桩质量的普查手段，可以进行桩基工程质量的有效检测和评价。在编写检测的报告论述低应变动测技术的应用范围和功能时，一定要实事求是，不超越规范不说大话，用语规范，力求避免容易混淆的术语和概念。

（2）《建筑基桩检测技术规范》对基桩检测报告要求的条文
1）检测报告应结论准确、用词规范。
2）检测报告应包含以下内容：
① 委托方名称、工程名称、地点，建设、勘察、设计、监理和施工单位，基础及结构形式、层数、设计要求、检测目的、检测依据、检测数量、检测日期。
② 地质条件描述。
③ 受检桩的桩号、桩位和相关施工记录。
④ 检测方法、检测仪器设备、检测过程叙述。
⑤ 各桩的检测数据、实测与计算分析曲线、表格和汇总结果。
⑥ 与检测内容相应的检测结论。

任务9.4　桥梁灌注桩完整性检测（超声波透射法）

超声透射法是在预埋声测管的混凝土灌注桩中检测桩身完整性，判定桩身缺陷的程度及其位置。它的特点是检测的范围可覆盖全桩长的各个检测剖面，检测全面细致，信息量大，成果准确可靠；现场操作不受场地、桩长、长径比的限制，操作简便，工作进度快。声波透射法以其鲜明的特点，成为混凝土灌注桩（尤其是大直径桩）桩身完整性检测的一个重要手段，在工民建、水利、交通桥梁和港口等工程建设领域中得到了广泛应用。

1. 检测原理

超声波透射法检测桩身结构完整性的基本原理是：由超声脉冲发射源在桩身混凝土激发高频弹性脉冲波，并用高精度的接收系统记录该脉冲波在桩身混凝土内传播过程中表现的波动特性；当桩身混凝土内存在不连续或破损界面时，缺陷面形成波阻抗界面，波到达该界面时，产生波的透射和反射，使接收到的透射波能量明显降低；当混凝土内存在松散、蜂窝、孔洞等严重缺陷时，将产生波的散射和绕射；根据波的初至到达时间和波的能量衰减特性、频率变化及波形畸变程度等特征，可以获得测区范围内混凝土的密实度参数。测试记录不同侧面、不同高度上的超声波动特征，经过处理分析就能判别测区内部存在缺陷的性质、大小及空间位置。

在基桩施工前，根据桩直径的大小预埋一定数量的声测管，作为换能器的通道。测试的每两根声测管为一组，通过水的耦合，超声脉冲信号从一根声测管中的换能器中发射出去，在另一根声测管中的换能器接收信号，超声检测仪（图9-9）测定有关参数并采集存储。换能器由桩底同步往上提升，检测遍及整个截面。

2. 检测设备

（1）声波检测仪器 声波检测仪器有两大类：一类是模拟式声波仪，由于人工操作，现场工作量大，工作效率低，容易出错，使用场所越来越少；另一类是数字式声波仪，它通过信号采集器采集信号，将采集的模拟信号变为数字信号，由计算软件自动进行声时和波幅判读，既提高了检测精确度，又提高了效率，因而得到了广泛的应用。

《公路工程基桩动测技术规程》（JTG/T F81-01—2004）对超声波检测仪的技术指标要求如下：

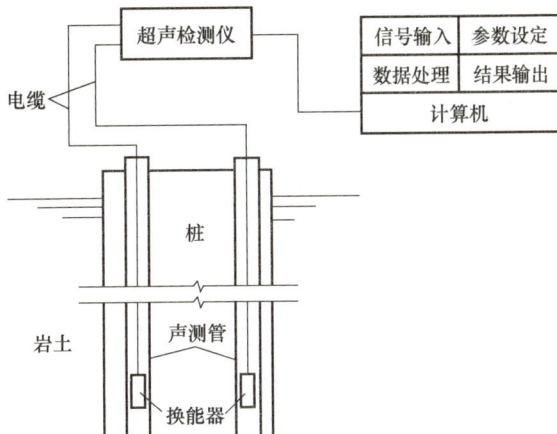

图9-9 超声检测仪

1）超声波检测仪的技术性能应符合下列规定：

① 检测仪系统应包括信号放大器、数据采集及处理存储器、径向振动换能器等。

② 检测仪应具有一发双收功能。

③ 声波发射应采用高压阶跃脉冲或矩形脉冲，其电压最大值不应小于1000V，且分档可调。

2）接收放大与数据采集器应符合下列规定：

① 接收放大器的频带宽度为5~200kHz，增益不应小于100dB，放大器的噪声有效值不大于2μV；波幅测量范围不小于80dB，测量误差小于1dB。

② 计时显示范围应大于2000μs，精度优于0.5μs，计时误差不应大于2%。

③ 采集器模-数转换精度不应低于8bit，采样频率不应小于10MHz，最大采样长度不应小于32kB。

3）径向振动换能器应符合下列规定：

① 径向水平面无指向性。

② 谐振频率宜大于25kHz。

③ 在1MPa水压下能正常工作。

④ 接收、发射换能器的导线均应有长度标注，其标注允许偏差不应大于10mm。

⑤ 接收换能器宜带有前置放大器，频带宽度宜为5~60kHz。

⑥ 单孔检测采用一发双收一体型换能器，其发射换能器至接收换能器的最近距离不应小于30cm，两接收换能器的间距宜为20cm。

（2）声测管埋设要求 声测管应选择透声性好、便于安装和费用较低的材料。考虑到混凝土的水化热作用及施工过程中受外力作用较大，容易使声测管变形、断裂，影响换能器上、下管道的畅通，以选用强度较高的金属管为宜。

1）声测管内径应大于换能器外径（>15mm）。

2）声测管应下端封闭、上端加盖、管内无异物。声测管连接处应光滑过渡，管口应高出桩顶100~300mm，且各声测管管口高度应一致。

3）应采取适宜方法固定声测管，使之成桩后相互平行。

4）声测管埋设数量与桩径大小有关，根据《公路工程基桩动测技术规程》规定，当桩径 D 不大于 1500mm 时，埋设 3 根管；当桩径大于 1500mm 时，应埋设 4 根管。《建筑基桩检测技术规范》（JGJ 106—2014）规定，桩径小于或等于 800mm 时，不少于 2 根声测管；桩径大于 800mm 且小于或等于 1600mm 时，不少于 3 根声测管；桩径大于 1600mm 时，不少于 4 根声测管；桩径大于 2500mm 时，宜增加预埋声测管数量。

声测管应沿桩截面外侧呈对称形状布置，按图 9-10 所示以路线前进方向的顶点为起始点顺时针旋转依次编号。

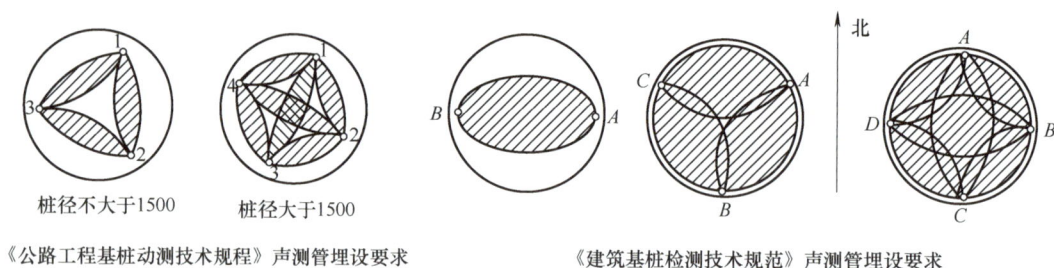

桩径不大于1500   桩径大于1500

《公路工程基桩动测技术规程》声测管埋设要求   《建筑基桩检测技术规范》声测管埋设要求

图 9-10　声测管布置图

3. 现场检测技术

（1）检测准备工作　检测对混凝土龄期的要求，《公路工程基桩动测技术规程》规定不应小于 14d。《建筑基桩检测技术规范》规定受检桩混凝土强度不应低于设计强度的 70%，且不应低于 15MPa。

检测前的准备工作：

1）用大于换能器直径的圆钢疏通，以保证换能器在声测管全程范围内升降顺畅，然后用清水清洗声测管。

2）准确测量声测管的内外径和声测管外壁间的净距离。

3）采用标定法确定仪器系统延迟时间。

4）计算声测管及耦合水层声时修正值。

（2）检测方法　超声波透射法检测混凝土灌注桩有桩内单孔透射法和跨孔透射法两种。单孔透射法是在桩身只有一个通道的情况下，如钻孔取芯后需要了解孔芯周围的混凝土质量情况，作为钻芯检测的补充手段使用。这时采用一发双收换能器放于一个钻芯孔中，声波从发射换能器经水耦合进入孔壁混凝土表层滑行，再经水耦合到达接收换能器，从而测出声波沿孔壁混凝土传播的各项声学参数。单孔透射法的声传播途径比跨孔法复杂得多，信号分析难度大，且有效检测范围约一个波长，故此法不常采用。

下面介绍跨孔透射法。跨孔法是在桩内预埋 2 根或 2 根以上的声测管，把发射和接收换能器分别置于两根管中，跨孔法现场检测装置如图 9-11 所示。

（3）测试过程　将发射和接收换能器放入桩内声测管中同一深度的测点处，超声检测仪

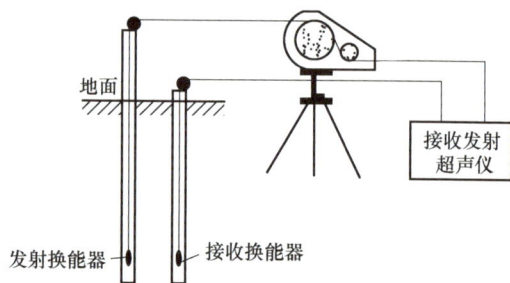

图 9-11　跨孔法检测装置示意图

通过发射换能器发射超声波，经桩身混凝土传播，在另一声测管中的接收换能器接收到超声波，经电缆传输给超声检测仪，实时高速记录显示接收波形，并判读声学参数。换能器在桩内移动过程的位置，位移测量系统也实时传输给超声检测仪。当换能器到达预定位置时，超声检测仪自动存储该测点的波形及声学参数，实现换能器在桩身声测管内移动过程中自动记录存储各测点声学参数及波形的目的。全桩各个检测剖面检测出的桩身声学参数（声时、幅值和主频等），按照规范编制软件进行数据处理后，可绘制成基桩质量分析的成果图。现场测试过程中应保持发射电压与仪器设置参数不变，使同一次测得的声学参数具有可比性。

（4）测试方式　测试方式可分为三种方法，如图9-12所示

1）对测（普查）。发射和接收换能器分别置于两声测管的同一高度，自下而上，将接收和发射换能器以相同步长（不大于100mm）向上提升，进行水平检测。若平测后，存在桩身质量的可疑点，则进行加密平测，以确定异常部位的纵向范围。

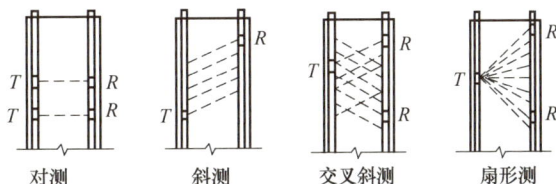

图9-12　超声波透射法测试方式

2）斜测。让发射、接收换能器保持一定的高程差，在声测管中以相同步长，同步升降进行测试。斜测分为单向斜测和交叉斜测。斜测时，发射、接收换能器中心连线与水平夹角一般取30°~40°，斜测可探出局部缺陷、缩径或专测管附着泥团、层状缺陷等。

3）扇形测。扇形测在桩顶、桩底斜测范围受限或为减小换能器升降次数时采用。一只换能器固定在某一高程不动，另一只逐步移动，测线呈扇形分布。此时换算的波速可以相互比较，但幅值无可比性，只能根据相邻测点幅值的突变来判断是否有异常。

通过上述三种方法检测，结合波形进行综合分析，可查明桩身存在缺陷性质和范围大小。

当现场进行平测以后，发现其PSD、声速、波幅明显超过临界值，接收频率、波形（或频谱）等物理量异常时，为了找出缺陷所造成阴影的范围，确定缺陷位置、范围大小和性质，需要进行更详细的检测。

双管对测时，各种缺陷的细测判断法如图9-13~图9-16所示。其基本方法是将一个探头固定，另一探头上下移动，找出声阴影所在边界位置。在混凝土中，由于各种不均匀界面的漫射和低频波的绕射等原因，使阴影边界十分模糊，但通过上述物理量的综合运用仍可定出其范围。

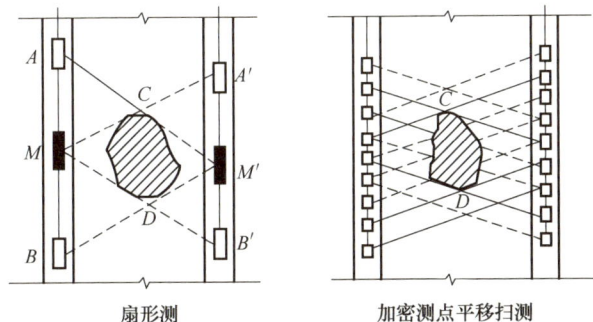

图9-13　孔洞大小及位置的细测判断

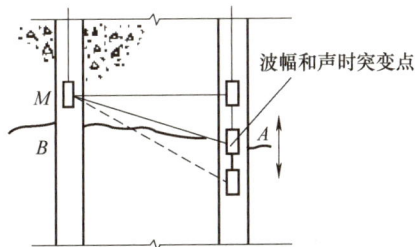

图9-14　断层位置的细测判断

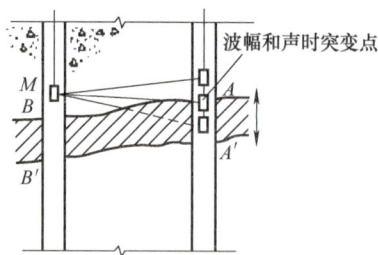

图 9-15 厚夹层上下界面的细测判断

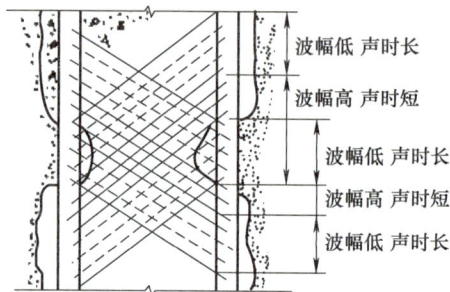

图 9-16 缩径现象的细测判断现场

在运用上述分析判断方法时，应注意排除声测管和耦合水声时值、管内混响、箍筋等因素的影响，且检测龄期应在 7d 以上。

如用 PSD 判据，也可用于其他结构物大面积扫测时缺陷判别，即将扫测网络中每条测线上的数据用 PSD 判据处理，然后把各测线处理结果综合在一起，同样可定出缺陷的性质、大小及位置。

如图 9-16 所示，缩径现象的细测判断现场检测一般首先采用水平同步平测法，将接收和发射换能器置于两个声测管中，从管顶（或管底）开始，以一定间距向下进行水平逐点对测，直到桩底时止。为保证测点间声场可以覆盖而不至于漏测，其测量点距可取 20 ~ 40cm。超声检测仪对每一个测点自动步进式编号，从测点编号，即可知道换能器的测试深度。一对声测管测完后，再转入下一对声测管进行测试，可对全桩各个检测剖面进行检测，即可测出桩身声学参数（声时、幅值和主频等）供计算分析，判定桩身混凝土质量情况。

4. 检测数据分析与判定

灌注桩超声波透射法检测分析和处理的参数主要有声时 t_c、声速 v、波幅 A_p 及主频 f，同时要观测和记录实测波形。目前使用的数字式声波仪有很强的数据处理和分析功能，可以直接绘制出声速-深度（$v-z$）曲线、波幅-深度（A_p-z）曲线和 PSD 判据图来分析桩身质量情况。下面简单介绍数据整理的方法，有利于我们对桩身缺陷的判定。

（1）波速计算 第 i 测点声时 t_{ci} 可由第 i 测点声时测量值 t_i 减去仪器系统延迟时间 t_0 和声测管与耦合水层声时修正值 t' 得到。

$$t_{ci} = t_i - t_0 - t' \tag{9-3}$$

根据每检测剖面两声测管的外壁间净距离 l'（mm），求得第 i 测点声速 v_i。

$$v_i = \frac{l'}{t_{ci}} \tag{9-4}$$

（2）声速临界值计算 声速临界值的计算可以参见《建筑基桩检测技术规范》。根据原交通部《公路工程基桩动测技术规程》规定声速临界值采用正常混凝土声速平均值与 2 倍声速标准差之差。

混凝土强度与声速关系见表 9-3。

表 9-3 混凝土强度与声速参考表

声速/（m/s）	>4500	4500 ~ 3500	3500 ~ 3000	3000 ~ 2000	<2000
强度定性评价	好	较好	可疑	差	非常差

（3）波幅计算

$$A_{pi} = 20\lg\frac{a_i}{a_0} \tag{9-5}$$

$$f_i = \frac{1000}{T_i} \tag{9-6}$$

式中　A_{pi}——第 i 测点波幅值（dB）；

a_i——第 i 测点信号首波峰值（V）；

a_0——零分贝信号幅值（V）；

f_i——第 i 测点信号主频值（kHz），也可由信号频谱主频求得；

T_i——第 i 测点信号周期（ms）。

波幅异常时的临界值判据应按下列式计算。

$$A_m = \frac{1}{n}\sum_{i=1}^{n}A_{pi} \tag{9-7}$$

$$A_c = A_m - 6 \tag{9-8}$$

式中　A_m——波幅平均值（dB）；

n——检测剖面测点数；

A_c——波幅异常判断的临界值（dB）。

当上式成立时，波幅可判定为异常。

（4）PSD 判据　当采用斜率法的 PSD 值作为异常点判据时，PSD 值应按下列公式计算：

$$PSD = K\Delta t \tag{9-9}$$

$$K = \frac{t_{ci} - t_{c(i-1)}}{z_i - z_{i-1}} \tag{9-10}$$

$$\Delta t = t_{ci} - t_{c(i-1)} \tag{9-11}$$

式中　t_{ci}——第 i 测点声时值（ms）；

z_i——第 i 测点深度（m）；

z_{i-1}——第 $i-1$ 测点深度（m）。

可根据 PSD 值在某深度处的突变，结合波幅变化情况，作为异常点判定的辅助依据。

从工程实践经验可知，声速指标比较稳定，重复性好，数据有可比性，但对桩身缺陷不够敏感。波幅虽对桩身缺陷反应很敏感，但它受传感器与桩身混凝土耦合状态的影响很大，可比性较差。斜率法（PSD）判据将桩内缺陷处与正常测点的声时差取平方，将其特别放大，但 K 值很大的地方，有可能是缺陷的边缘。因为 K 值的大小主要取决于相邻两点的声时差值，对于因声测管不平行造成测试误差的干扰有削弱作用。

灌注桩所产生的各种类型的缺陷，使声学参数变化的特征有所不同。如沉渣是松散介质，声速很低（2000m/s 以下），对声波衰减相当剧烈，其波幅、声速均剧烈下降。泥沙与水泥砂浆的混合物在桩身中存在，则是断桩；如在桩顶出现，则是混凝土强度不够。它们的特点是声速、波幅都明显下降，但前者是突变，后者为缓变。孔壁坍塌或泥团，其声速、波幅均较低，如果是局部泥团，并未包裹声测管时，下降程度不大。粗集料本身波速高，但声学界面多，对声波的反射、散射加剧，能量损耗，幅值下降，混凝土气泡密集时，虽不致形成空洞，但混凝土质量下降，波速不会明显下降，波幅却明显下降。

一般分析步骤是：首先，以波速值进行概率统计法统计判断，得到低于临界值的异常点位置和深度，再分析振幅大小的变化，将上述两者都偏低的测点定为异常部位；再进一步进行细测和斜测，确定缺陷的范围和大小；最后，根据施工情况综合判定缺陷的种类和性质，判定桩身完整性类别。《公路工程基桩动测技术规程》桩身完整性类别判定见表9-4，《建筑基桩检测技术规范》桩身完整性类别判定见表9-5。

表9-4 《公路工程基桩动测技术规程》桩身完整性类别判定

类　别	特　征
Ⅰ类桩	各声测剖面每个测点的声速、波幅均大于临界值，波形正常
Ⅱ类桩	某一声测剖面个别测点的声速、波幅略小于临界值，但波形基本正常
Ⅲ类桩	某一声测剖面连续多个测点或某一深度桩截面处的声速、波幅值小于临界值，PSD值变大，波形畸变
Ⅳ	某一声测剖面连续多个测点或某一深度桩截面处的声速、波幅值明显小于临界值，PSD突变，波形严重畸变

表9-5 《建筑基桩检测技术规范》桩身完整性类别判定

类　别	特　征
Ⅰ类桩	所有声测线声学参数无异常，接收波形正常；存在声学参数轻微异常、波形轻微畸变的异常声测线，异常声测线在任一检测剖面的任一区段纵向不连续分布，且在任一深度横向分布的数量小于检测剖面数量的50%
Ⅱ类桩	存在声学参数轻微异常、波形轻微畸变的异常声测线，异常声测线在一个或多个检测剖面的一个或多个区段内纵向连续分布，或在一个或多个深度横向分布的数量大于或等于检测剖面数量的50%；存在声学参数明显异常、波形明显畸变的异常声测线，异常声测线在任一个检测剖面的任一区段内纵向不连续分布，且在任一深度横向分布的数量小于检测剖面数量的50%
Ⅲ类桩	存在声学参数明显异常、波形明显畸变的异常声测线，异常声测线在一个或多个检测剖面的一个或多个区段内纵向连续分布，但在任一深度横向分布的数量小于检测剖面数量的50%；存在声学参数明显异常、波形明显畸变的异常声测线，异常声测线在任一检测剖面的任一区段内纵向不连续分布，但在一个或多个深度横向分布的数量大于或等于检测剖面数量的50%；存在声学参数严重异常、波形严重畸变或声速低于低限值的异常声测线，异常声测线在任一检测剖面的任一区段内纵向不连续分布，且在任一深度横向分布的数量小于检测剖面数量的50%
Ⅳ类桩	存在声学参数明显异常、波形明显畸变的异常声测线，异常声测线在一个或多个检测剖面的一个或多个区段内纵向连续分布，且在一个或多个深度横向分布的数量大于或等于检测剖面数量的50%；存在声学参数严重异常、波形严重畸变或声速低于低限值的异常声测线，异常声测线在一个或多个检测剖面的一个或多个区段内纵向连续分布，或在一个或多个深度横向分布的数量大于或等于检测剖面数量的50%

任务9.5　桥涵工程基础质量评定与检查

一、扩大基础

1. 基本要求

1）所用的水泥、砂、石、水、外掺剂及混合材料的质量和规格必须符合有关规范的要求，按规定的配合比施工。

2）不得出现露筋和空洞现象。

3）基础的地基承载力必须满足设计要求。

4）严禁超挖回填虚土。

2. 实测项目

扩大基础实测项目见表9-6。

表9-6　扩大基础实测项目

项次	检 查 项 目		规定值或允许偏差	检查方法和频率	权　值
1△	砂浆强度/MPa		在合格标准内	按（JTG F80/1—2017）附录F检查	3
2	平面尺寸/mm		±50	尺量：长、宽各检查3处	2
3△	基础底面高程/mm	土质	±50	水准仪：测量5～8点	2
		石质	+50，−200		
4	基础顶面高程/mm		±30	水准仪：测量5～8点	1
5	轴线偏位/mm		25	全站仪或经纬仪：纵、横各检查2点	2

3. 外观鉴定

混凝土表面平整，无明显施工接缝。不符合要求时减1～3分。

二、钻孔灌注桩

1. 基本要求

1）桩身混凝土所用的水泥、砂、石、水、外掺剂及混合材料的质量和规格必须符合有关规范的要求，按规定的配合比施工。

2）成孔后必须清孔，测量孔径、孔深、孔位和沉淀层厚度，确认满足设计或施工技术规范要求后，方可灌注水下混凝土。

3）水下混凝土应连续灌注，严禁有夹层和断桩。

4）嵌入承台的锚固钢筋长度不得低于设计规范规定的最小锚固长度。

5）应选择有代表性的桩用无破损法进行检测，重要工程或重要部位的桩宜逐根进行检测。设计有规定或对桩的质量有怀疑时，应采取钻取芯样法对桩进行检测。

6）凿除桩头预留混凝土后，桩顶应无残余的松散混凝土。

2. 实测项目

钻孔灌注桩实测项目见表9-7。

3. 外观鉴定

1）无破损检测桩的质量有缺陷，但经设计单位确认仍可用时，应减3分。

2）桩顶面应平整，桩柱连接处应平顺且无局部修补，不符合要求时减1～3分。

表 9-7 钻孔灌注桩实测项目

项次	检查项目			规定值或允许偏差	检查方法和频率	权值
1△	混凝土强度/MPa			在合格标准内	按（JTG F80/1—2017）附录D检查	3
2△	桩位/mm	群桩	100	全站仪或经纬仪：每桩检查	2	
		排架桩	允许	50		
			极值	100		
3△	孔深/m			不小于设计	测绳量：每桩测量	3
4△	孔径/mm			不小于设计	探孔器：每桩测量	3
5	钻孔倾斜度			1%桩长，且不大于500mm	用测壁（斜）仪或钻杆垂线法：每桩检查	1
6△	沉淀厚度/mm	摩擦桩		设计规定，设计未规定时按施工规范要求	沉淀盒或标准测锤：每桩检查	2
		支承桩		不大于设计规定		
7	钢筋骨架底面高程/mm			±50	水准仪：测每桩骨架顶面高程后反算	1

三、挖孔桩

1. 基本要求

1）桩身混凝土所用的水泥、砂、石、水、外掺剂及混合材料的质量和规格必须符合有关规范的要求，按规定的配合比施工。

2）挖孔达到设计深度后，应及时进行孔底处理，必须做到无松渣、淤泥等扰动软土层，使孔底情况满足设计要求。

3）嵌入承台的锚固钢筋长度不得小于设计规范规定的最小锚固长度。

2. 实测项目

挖孔桩实测项目见表 9-8。

表 9-8 挖孔桩实测项目

项次	检查项目			规定值或允许偏差	检查方法和频率	权值
1△	混凝土强度/MPa			在合格标准内	按（JTG F80/1—2017）附录D检查	3
2△	桩位/mm	群桩		100	全站仪或经纬仪：每桩检查	2
		排架桩	允许	50		
			极值	100		
3△	孔深/m			不小于设计	测绳量：每桩测量	3
4△	孔径/mm			不小于设计	探孔器：每桩测量	3
5	钻孔倾斜度			0.5%桩长，且不大于200mm	垂线法：每桩检查	1
6	钢筋骨架底面高程/mm			±50	水准仪测骨架顶面高程后反算：每桩检查	1

3. 外观鉴定

1）无破损检测桩的质量有缺陷，但经设计单位确认仍可用时，应减3分。

2）桩顶面应平整，桩柱连接处应平顺且无局部修补，不符合要求时减1～3分。

四、预制桩沉桩

1. 基本要求

1）混凝土桩所用的水泥、砂、石、水、外掺剂及混合材料的质量和规格必须符合有关规范的要求，按规定的配合比施工。

2）混凝土预制桩必须检查合格后，方可沉桩。

3）钢管桩的材料规格、外形尺寸和防护应符合设计和施工技术规范的要求。

4）用射水法沉桩，当桩尖接近设计高程时，应停止射水，用锤击或振动使桩达到设计高程。

5）桩的接头应严格按照规范要求，确保质量。

2. 实测项目

预制桩、沉桩实测项目分别见表9-9和表9-10。

表9-9　预制桩实测项目

项次	检查项目		规定值或允许偏差	检查方法和频率	权值
1	混凝土强度/MPa		在合格标准内	按（JTG F8011—2017）附录D检查	3
2	长度/mm		±50	尺量：每桩检查	1
3	横截面/mm	桩的边长	±5	尺量：每预制件检查2个断面，检查10%	2
		空心桩空心（管芯）直径	±5		
		空心中心与桩中心偏差	±5		
4	桩尖对桩的纵轴线/mm		10	尺量：抽查10%	1
5	桩纵轴线弯曲矢高/mm		0.1%桩长，且不大于20	沿桩长拉线量，取最大矢高：抽查10%	1
6	桩顶面与桩纵轴线倾斜偏差/mm		1%桩径或边长，且不大于3	角尺：抽检10%	1
7	接桩的接头平面与桩轴平面垂直度		0.5%	角尺：抽检20%	1

表9-10　沉桩实测项目

项次	检查项目			规定值或允许偏差	检查方法和频率	权值
1△	桩位/mm	群桩	中间桩	$d/2$且不大于250	全站仪或经纬仪：检查20%	2
			外缘桩	$d/4$		
		排架桩	顺桥方向	40		
			垂直桥轴方向	50		

（续）

项次	检 查 项 目		规定值或允许偏差	检查方法和频率	权值
2	桩尖高程/mm		不高于设计规定	水准仪测桩顶面高程后反算；每桩检查	3
	贯入度/mm		小于设计规定	与控制贯入度比较：每桩检查	
3	倾斜度	直桩	1%	垂线法：每桩检查	2
		斜桩	15% tanφ		

注：1. d 为桩径或短边长度。

2. φ 为斜桩轴线与垂线间的夹角。

3. 深水中采用打桩船沉桩时，其允许偏差应符合设计规定。

4. 当贯入度符合设计规定但桩尖高程未达到设计高程，应按施工技术规范的规定进行检验，并得到设计认可时，桩尖高程为合格。

3. 外观鉴定

1）预制桩的桩顶和桩尖不得有蜂窝、麻面现象。不符合要求时减 1~3 分。

2）桩头无劈裂，如有劈裂时应进行处理，并减 1~3 分。

课堂测试

一、单选题

1. 地基在荷载作用下达到破坏状态的过程分为（　　）阶段。
A. 一　　　　B. 二　　　　C. 三　　　　D. 四

2. 地基载荷板试验，每级荷载增量一般取土层预估极限承载力的（　　）。
A. 1/10~1/8　B. 1/8~1/6　C. 1/12~1/10　D. 1/20~1/10

3. 基桩静载试验，对施工检验性试验，一般可采用设计荷载的（　　）。
A. 1.2 倍　　B. 1.5 倍　　C. 2.0 倍　　D. 2.5 倍

4. 基桩静载试验，每级加载下沉量，在规定的时间内如不大于（　　）可认为稳定。
A. 0.001mm　B. 0.01mm　C. 0.1mm　D. 1mm

5. 超声波透射法检测桩身完整性，PSD 判据增大了（　　）权数。
A. 波形　　B. 波幅　　C. 频率　　D. 声时差值

6. 超声波透射法检测桩身完整性，各声测剖面每个测点的声速、波幅均大于临界值，波形正常，则该类桩属于（　　）类。
A. Ⅰ　　　　B. Ⅱ　　　　C. Ⅲ　　　　D. Ⅳ

7. 桩基完整性检测方法中，属于振动检测法的是（　　）。
A. 锤击法　　B. 超声脉冲法　C. 射线法　　D. 钻芯法

8. 低应变检测桩身完整性，宜在混凝土灌注成桩（　　）以后进行。
A. 3d　　　　B. 7d　　　　C. 14d　　　　D. 28d

9. 低应变检测桩身完整性，传感器宜安装在距桩中心（　　）部位。
A. 半径 1/2 处　　　　　B. 半径 1/3 处
C. 半径 1/3~1/2 处　　　D. 半径 2/3~1/2 处

10. 低应变检测桩身完整性，当桩径不大于 1000mm 时不宜少于（　　）测点。

A. 2个 　　　　B. 3个 　　　　C. 4个 　　　　D. 5个

二、判断题

1. 桩基静载试验，桩端下为巨粒土时，下沉稳定的标准是每级加载最后 2h 的下沉量不大于 0.1mm。（　　）

2. 桩基静载试验，总位移量大于或等于 40mm，或本级荷载下沉量大于或等于前一级荷载下沉量的 5 倍，即可终止加载，该级荷载即为极限荷载。（　　）

3. 钻芯法检测桩基完整性是目前普遍采用的检测方法。（　　）

4. 超声波检测桩基完整性，临界 PSD 判据反映了测点间距、声波穿透距离、介质性质、测量的声时值等参数之间的综合关系，这一关系与缺陷性质有关。（　　）

5. 利用超声波透射法检测桩基混凝土内部缺陷时，不平行的影响可在数据处理中予以鉴别和消除，所以对平行度不必苛求，但必须严格控制。（　　）

6. 采用超声波透射法检测灌注桩质量时，PSD 判据法基本上消除了由于声测管不平行或混凝土不均匀等因素造成的声时变化对缺陷判断的影响。（　　）

7. 地基载荷板试验过程中，压密阶段土体处于弹性平衡状态，该阶段对应拐点称为极限荷载。（　　）

三、多选题

1. 超声波检测桩基完整性，声时修正值包括（　　）。

A. 系统延迟时间 　　　　B. 检测管壁传播修正 　　　　C. 水中传播声时修正

D. 倾斜修正 　　　　E. 高差修正

2. 超声波检测桩基完整性，适用 PSD 判据确定有缺陷区段，应综合运用（　　）指标。

A. 声时 　　　　B. 波幅 　　　　C. 频率

D. 波形 　　　　E. 波速

3. 超声波透射法可以采用（　　）法对检测数据进行处理。

A. 声速判据 　　　　B. 波幅判据 　　　　C. PSD 判据

D. 多因素概率分析 　　　　E. 抽样

4. 基桩低应变动力检测法的优点有（　　）。

A. 设备轻便灵活 　　　　B. 振动检验法 　　　　C. 检测效率高

D. 射线法 　　　　E. 检测费用低

5. 根据检测原理，混凝土钻孔灌注桩桩身的完整性无损检测常用的方法有（　　）。

A. 钻芯检验法 　　　　B. 现场检测工作量小 　　　　C. 超声脉冲检验法

D. 多处缺陷容易判定 　　　　E. 回弹法

6. 确定地基承载力允许值的方法有（　　）。

A. 参照法 　　　　B. 理论计算法 　　　　C. 现场载荷试验法

D. 经验公式法 　　　　E. 假设法

7. 低应变反射波法可用于检测（　　）完整性。

A. 混凝土灌注桩 　　　　B. 混凝土预制桩 　　　　C. 混凝土挖孔桩

D. 钢桩 　　　　E. 木桩

8. 低应变反射波法检测桩基完整性，出现下列（　　）情况应结合其他方法检测。

A. 桩底反射信号不明显　　B. 桩身截面多变　　　　C. 桩长推算值与实际值不符

D. 实测信号复杂、无规律　　E. 预制桩时域曲线在接头处反射明显

9. 超声波透射法检测桩基完整性，检测前应做好以下准备工作：（　　）。

A. 声测管清空　　　　　　B. 声测管注满清水　　　　C. 标定系统延迟时间

D. 测量声测管内外径　　　E. 实测混凝土强度

四、问答题

1. 什么是地基？什么是基础？

2. 什么是桩基础？桩基础由哪几部分组成？

3. 什么是单桩竖向承载力？

4. 如何用"规范法"评定黏性土的地基承载力？需要地基土哪些物理指标？

5. 简述规范法确定地基承载力允许值方法。

6. 简述载荷试验法确定地基承载力允许值方法。

7. 灌注桩的常见缺陷有哪些？

8. 基桩垂直静载试验时，怎样确定破坏荷载、极限荷载和允许荷载？

9. 简述用声波法测量成孔质量。

10. 钻孔灌注桩泥浆性能指标有哪些？

11. 钻孔灌注桩质量评定实测项目有哪些？

12. 挖孔灌注桩质量评定实测项目有哪些？

13. 如何判断桩身缺陷？

桥梁构件检测

桥梁工程实测项目包括桥面中线偏位、桥宽、桥长、引道中心线与桥梁中心线的衔接、桥头高程衔接。一般桥梁检测包括一般检测和特殊检测。一般检测指外观检查、线形检测等。特殊检测包括无损检测、静载试验、动载试验等。无损检测又包括混凝土强度检测，裂缝检测，钢筋锈蚀、碳化检测等。

桥涵混凝土结构、钢筋混凝土结构或预应力混凝土结构或构件的试验检测项目主要有：

1) 外观质量检测：主要是在构件成形达到一定强度后检测结构实物的尺寸和位置偏差，混凝土表面平整度、蜂窝、麻面、露筋及裂缝等。

2) 构件混凝土的强度等级，通常以立方体抗压试件的抗压强度来反映，当对某一方面的检验内容产生怀疑时，如构件的强度离散型过大、强度不足、振捣不密实或存在其他缺陷时，通常还采用无破损方法进行专项检验或载荷试验来判定，判定方法主要有钻芯法、回弹法、超声法、超声-回弹综合法和拉拔法等。

任务 10.1 水泥混凝土构件强度检测（钻芯法）

钻芯法检验混凝土强度是从混凝土结构物中钻取芯样来测定混凝土的抗压强度，是一种直观准确的方法。

适用性：可作为混凝土抗压强度、均匀性和内部缺陷的检测，适用于检测 10 ~ 80MPa 普通混凝土结构强度，当对试块抗压强度的测试结果有怀疑或因各种原因发生混凝土质量问题或损害时，以及需检测经多年使用的建筑结构或构筑物中混凝土强度时，也可采用此方法。

检测依据：《钻芯法检测混凝土强度技术规程》（JGJ/T 384—2016）。

1. 检测器具与材料准备

1) 钻芯机：应具有水冷却系统，并需保证足够的刚度、操作灵活、固定和移动方便。

2) 锯切机：具有冷却系统和牢固夹紧芯样的装置；配套使用的人造金刚石或人造金刚石薄壁钻头。钻头胎体对钢体的同心偏差不得大于 0.3mm，钻头的径向跳动不大于 1.5mm。

3) 补平装置（或研磨机）：用于保证芯样的端面平整以及其与芯样轴线垂直。

4) 探测钢筋位置的磁感仪：最大探测深度不应小于 60mm，探测位置偏差不宜大于 3mm。

5) 芯样测量工具：游标卡尺、钢卷尺、钢直尺、游标量角器等。

2. 检测流程

（1）钻前准备资料

1）工程名称（或代号）及设计、施工、监理、建设单位名称。

2）结构或构件种类、外形尺寸及数量。

3）设计混凝土强度等级。

4）检测龄期，原材料（水泥品种、粗集料粒径等）和抗压强度试验报告。

5）结构或构件质量状况和施工中存在问题的记录。

6）有关的结构设计图和施工图等。

（2）确定钻取芯样部位

1）结构或构件受力较小的部位。

2）混凝土强度质量具有代表性的部位。

3）便于钻芯机安放与操作的部位。

4）避开主筋、预埋件和管线的位置。

（3）取芯

1）固定钻芯机。

2）在未安装钻头之前，通电检查主轴旋转方向。

3）取芯时宜采用 3～5L/min 水流量来冷却钻头和排除混凝土碎屑，同时应注意控制进钻速度，避免由于速度过快造成芯样的损伤。

4）芯样数量，芯样的数量按《钻芯法检测混凝土强度技术规程》中 6.3.1、7.3.1、8.0.5 确定。

5）标记芯样，应记录取芯构件名称、取芯位、芯样长度及外观质量等，必要时应拍摄照片。如发现不符合制作芯样试件的条件，应另行钻取。

6）及时填补钻芯后留下的孔洞

（4）芯样试件取样

1）使用芯样锯切机截取试件。抗压芯样试件的高度与直径之比（H/d）取为 1.00；宜使用标准芯样试件，其公称直径不宜小于集料最大粒径的 3 倍；也可采用小直径芯样试件，但其公称直径不应小于 70mm 且不得小于集料最大粒径的 2 倍。

2）观察芯样试件有无裂缝或较大缺陷，若存在，则应重新取样。

3）抗压芯样不宜含有钢筋，也可有一根直径不大于 100mm 的钢筋，且钢筋应与芯样轴线垂直并离开端面 10mm 以上；劈裂抗拉试件在劈裂破坏面内不应有钢筋；抗折芯样试件内不应有纵向钢筋。

4）对锯切后的芯样试件进行端面处理，一般在磨平机上磨平端面。承受轴向压力的芯样试件端面，也可采取下列处理方法：

① 用环氧胶泥或聚合物水泥砂浆补平，其一般做法如下：

补平前先将芯样端面污物清除干净，然后将端面用水湿润。

在平整度为每 100mm 不超过 0.05mm 的钢板上涂一薄层矿物油或其他脱模剂，然后倒上适量水泥砂浆摊成薄层，稍许用力将芯样压入水泥砂浆之中，并应保持芯样与钢板垂直。待 2h 后，再补加一端面。仔细清除侧面多余水泥砂浆，在室内静放一昼夜后送入养护室内养护。待补平材料强度不低于芯样强度时，方能进行抗压试验。

② 采用硫黄胶泥补平，补平层厚度不宜大于2mm。一般做法如下：

补平前先将芯样端面污物清除干净，然后将芯样垂直地夹持在补平器的夹具中，并提升到一定高度。

在补平器底盘上涂上一层很薄的矿物油或其他脱模剂，以防硫黄胶泥与底盘粘结。

将硫黄胶泥置放于容器中加热熔化。待硫黄胶泥溶液由黄色变成棕色时（约150℃），倒入补平器底盘中。然后转动手轮使芯样下移并与底接触。待硫黄胶泥凝固后，反向转动手轮，把芯样提起，打开夹具取出芯样。然后，按上述步骤补平该芯样的加一端面。

5）测量芯样试件尺寸（图10-1）：

① 平均直径：用游标卡尺在芯样试件上部、下部和中部相互垂直的两个位置上测量上共测量6次，取测量的算术平均值作为芯样试件的直径，精确至0.5mm。

② 芯样试件高度：用钢卷尺或钢直尺进行测量，精确至1mm。

③ 垂直度：用游标量角器测量芯样试件两个端面与母线之间的夹角，精确至0.1°。

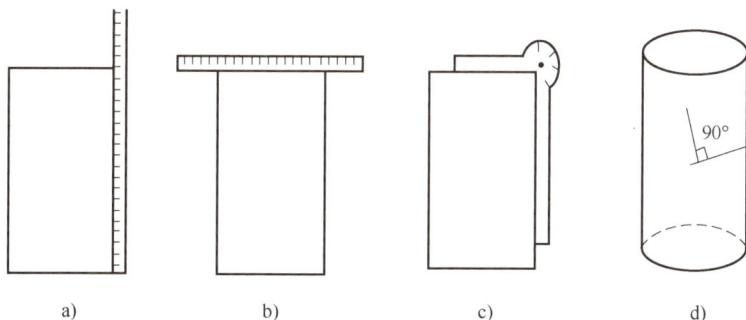

图10-1　芯样尺寸测量示意图
a）测高度　b）测平整度　c）测垂直度　d）测平均直径

④ 平整度：用钢直尺或角尺紧靠在芯样试件端面上，一面转动钢直尺，一面用塞尺测量钢直尺与芯样试件端面之间的缝隙；也可采用其他专用设备量测。

当芯样试件尺寸偏差及外观质量超过下列数值时，相应的测试数据无效，应重新钻取芯样：

① 芯样试件的实际高径比（H/d）小于要求高径比的0.95或大于1.05时。

② 沿芯样试件高度的任一直径与平均直径相差大于1.5mm。

③ 抗压芯样试件端面的不平整度在100mm长度内大于0.1mm。

④ 芯样试件端面与轴线的不垂直度大于1°。

（5）抗压强度试验　芯样试件的抗压试验的操作应符合现行国家标准《普通混凝土力学性能试验标准方法》（GB/T 50081—2002）中对立方体试块抗压试验的规定。当结构工作条件比较潮湿，需要确定潮湿状态下混凝土的抗压强度时，芯样试件宜在（20±5）℃的清水中浸泡40～80h，从水中取出后应去除表面水渍，并立即进行试验。

芯样试件的抗压强度可按下式计算：

$$f_{cu,cor} = \beta_c F_c / A \tag{10-1}$$

式中　$f_{cu,cor}$——芯样试件的抗压强度值（MPa）；

　　　F_c——芯样试件的抗压试验测得的最大压力（N）；

A——芯样试件抗压截面面积（mm^2）；

β_c——芯样试件强度换算系数，取 1.0。

3. 结果整理计算

1）检验批的混凝土强度推定值应计算推定区间，推定区间的上限值和下限值按下列公式计算：

上限值
$$f_{cu,e1} = f_{cu,cor,m} - k_1 S_{cu} \tag{10-2}$$

下限值
$$f_{cu,e2} = f_{cu,cor,m} - k_2 S_{cu} \tag{10-3}$$

平均值
$$f_{cu,cor,m} = \frac{\sum_{i=1}^{n} f_{cu,cor,i}}{n} \tag{10-4}$$

标准偏差
$$S_{cu} = \sqrt{\frac{\sum_{i=1}^{n}(f_{cu,cor,i} - f_{cu,cor,m})^2}{n-1}} \tag{10-5}$$

式中　$f_{cu,cor,m}$——芯样试件的抗压强度平均值（MPa），精确至 0.1MPa；

$f_{cu,cor,i}$——单个芯样试件的抗压强度值（MPa），精确至 0.1MPa；

$f_{cu,e1}$——混凝土抗压强度上限值（MPa），精确至 0.1MPa；

$f_{cu,e2}$——混凝土抗压强度下限值（MPa），精确至 0.1MPa；

k_1，k_2——推定区间上限值系数和下限值系数；

S_{cu}——芯样试件强度样本的标准偏差（MPa），精确至 0.1MPa。

$f_{cu,e1}$ 和 $f_{cu,e2}$ 所构成推定区间的置信度宜为 0.90，$f_{cu,e1}$ 和 $f_{cu,e2}$ 之间的差值不宜大于 5.0MPa 和 $0.10 f_{cu,cor,m}$，两者的较大值，且宜以 $f_{cu,e1}$ 作为检验批混凝土强度的推定值。

2）数据的剔除和修正。按现行国家标准《数据的统计处理和解释　正态样本离群值的判断和处理》（GB/T 4883—2008）的规定剔除芯样试件抗压强度样本中的异常值。当确有试验依据时，可对芯样试件抗压强度样本的标准偏差 S_{cu} 进行符合实际情况的修正或调整。

任务 10.2　水泥混凝土构件强度检测（回弹法）

回弹法是通过回弹仪检测混凝土表面硬度从而推算出混凝土强度的方法。由于其简单、灵活，在我国广泛使用。

适用性：应特别注意回弹法不适用于表层与内部质量有明显差异或内部存在缺陷的混凝土结构或构件的检测，即当混凝土表面遭受了火灾、冻伤、化学侵蚀或内部有缺陷时，不能直接采用回弹法检测。

检测依据：《回弹法检测混凝土抗压强度技术规程》（JGJ/T 23—2011）。

1. 试验仪器

回弹仪，宜采用示值系统为指针直读数的混凝土回弹仪。

2. 试验流程

（1）准备工作

1）结构或构件混凝土强度检测资料收集：

① 工程名称及设计、施工、监理（或监督）和建设单位名称。

② 结构或构件名称、外形尺寸、数量及混凝土强度等级。

③ 水泥品种、强度等级、安定性、厂名；砂、石种类、粒径；外加剂或掺合料品种、掺量；混凝土配合比等。

④ 施工时材料计量情况，施工模板、混凝土浇筑、养护情况及成形日期等。

⑤ 必要的设计图和施工记录。

⑥ 检测原因。

2）回弹仪的率定。回弹仪在工程检测前后，应在钢钻上做率定试验，使其符合下列标准状态下的要求：

① 水平弹击时，弹击锤脱钩的瞬间，回弹仪的标准能量应为 2.207J。

② 弹击锤与弹击杆碰撞的瞬间，弹击拉簧应处于自由状态，且弹击锤起跳点应位于指针指示刻度尺上"0"处。

③ 在洛式硬度 HRC 为 60±2 的钢砧上，回弹仪的率定值应为 80±2。回弹仪率定试验应在干燥、室温为 5~35℃ 的条件下进行。率定时，钢砧应稳固地平放在刚度大的物体上。测定回弹值时，取向下连续弹击 3 次的稳定回弹平均值。弹击杆应分为 4 次旋转，每次旋转应为 90°。弹击杆每旋转一次的率定平均值应为 80±2。

（2）回弹值量

1）选择符合规定的测区。每一结构或构件测区应符合下列规定：

① 每一结构或构件测区数不应少于 10 个，对某一方向尺寸小于 4.5m 且另一方向尺寸小于 0.3m 的构件，其测区数量可适当减少，但不应少于 5 个。

② 相邻两测区的间距应控制在 2m 以内，测区离构件端部或施工缝边缘的距离不宜大于 0.5m，且不宜小于 0.2m。

③ 测区宜选在使回弹仪处于水平方向的混凝土浇筑侧面。当不能满足这一要求时，可使回弹仪处于非水平方向的混凝土浇筑表面或底面。

④ 测区宜布置在构件的两个对称的可测面上，也可选在一个可测面上，且应均匀分布。在构件的重要部位及薄弱部位必须布置测区，并应避开预埋件。

⑤ 测区的面积不宜大于 0.04m²。

⑥ 检测表面应为混凝土原浆面，并应清洁、平整，不应有疏松层、浮浆、油垢、涂层以及蜂窝、麻面，必要时可用砂轮清除疏松层和杂物，且不应有残留物的粉末或碎屑。

⑦ 对弹击时产生颤动的薄壁、小型构件应进行固定。

2）测区编号并记录。每个结构或构件的测区应标有清晰的编号，并宜在记录纸上绘制测区布置示意图和描述外观质量情况。

3）选择合适的测点。测点宜在测区范围内均匀分布，相邻两测点的净距不宜小于 20mm；测点距外露钢筋、预埋件的距离不宜小于 30mm。测点不应在气孔或外露石子上，同一测点只应弹击一次。每一测区应记取 16 个回弹值，每一测点的回弹值读数精确至 1。

4）回弹值测量操作。将弹击杆顶住混凝土的表面，轻压仪器，松开按钮，弹击杆徐徐伸出。使仪器对混凝土表面缓慢均匀施压，待弹击锤脱钩冲击弹击杆后即回弹，带动指针向后移动并停留在某一位置上，即为回弹值。继续顶住混凝土表面并在读取和记录回弹值后，逐渐对仪器减压，使弹击杆自仪器内伸出，重复进行上述操作，即可测得被测构件或结构的回弹值。操作中注意仪器的轴线应始终垂直于混凝土构件的检测面，缓慢施压，准确读数，快速复位。

（3）碳化深度值测量

1）回弹值测量完毕后，应在有代表性的位置上测量碳化深度值，测点数不应少于构件测区数的30%，取其平均值为该构件每测区的碳化深度值。当碳化深度值大于2.0mm时，应在每一测区测量碳化深度值。

2）碳化深度值测量应符合下列规定：采用适当的工具在测区表面形成直径约15mm的孔洞，其深度应大于预估混凝土的碳化深度。孔洞中的粉末和碎屑应除净，并不得用水擦洗。同时，采用质量分数为1%~2%的酚酞酒精溶液滴在孔洞内壁的边缘处，当已碳化与未碳化界线清楚时，再用深度测量工具测量已碳化与未碳化混凝土交界面到混凝土表面的垂直距离，测量不应少于3次，每次读数精确至0.25mm。取其平均值作为检测结果，并应精确至0.5mm。

3. 回弹值计算

1）计算测区平均回弹值，应从该测区的16个回弹值中剔除3个最大值和3个最小值，余下的10个回弹值按下式计算：

$$R_m = \frac{\sum_{i=1}^{10} R_i}{10} \tag{10-6}$$

式中　R_m——测区平均回弹值，精确至0.1；

　　　R_i——第i个测点的回弹值。

2）非水平方向检测混凝土浇筑侧面时，应按下式修正：

$$R_m = R_{m\alpha} + R_{a\alpha} \tag{10-7}$$

式中　$R_{m\alpha}$——非水平方向检测时测区的平均回弹值，精确至0.1；

　　　$R_{a\alpha}$——非水平方向检测时回弹值修正值，可由规程规定取值。

3）水平方向检测混凝土浇筑表面或底面时，应按下列公式修正：

$$R_m = R_m^t + R_a^t \tag{10-8}$$

$$R_m = R_m^b + R_a^b \tag{10-9}$$

式中　R_m^t，R_m^b——水平方向检测混凝土浇筑表面、底面时，测区的平均回弹值，精确至0.1；

　　　R_a^t，R_a^b——混凝土浇筑表面、底面回弹值的修正值，应按照规程规定取值。

当检测时回弹仪为非水平方向且测试面为非混凝土的浇筑侧面时，应先对回弹值进行角度修正，再对修正后的值进行浇筑面修正。

4. 测区混凝土强度的确定

结构或构件第i个测区混凝土强度换算值，根据每一测区的回弹平均值及碳化深度值，查阅全国统一测强曲线得出，当有地区测强曲线或专用测强曲线时，混凝土强度换算值应按地区测强曲线或专用测强曲线换算得出。未列入规程表中的测区强度值可用内插法求得，对于泵送混凝土还应符合下列规定：

1）当碳化深度不大于2.0mm时，每一测区混凝土强度换算值应按规程要求进行修正。

2）当碳化深度值大于2.0mm时，可采用同条件试件或钻取混凝土芯样进行修正。

5. 结构或构件混凝土强度计算

1）结构或构件的测区混凝土强度平均值可根据各测区的混凝土强度换算值计算。当测区数为 10 个及以上时，还应计算强度标准偏差。平均值及标准偏差应按下列公式计算：

$$m_{f_{cu}^c} = \frac{\sum_{i=1}^{n} f_{cu,i}^c}{n} \tag{10-10}$$

$$S_{f_{cu}^c} = \sqrt{\frac{\sum (f_{cu,i}^c)^2 - n(m_{f_{cu}^c})^2}{n-1}} \tag{10-11}$$

式中　$m_{f_{cu}^c}$——结构或构件测区混凝土强度换算值的平均值（MPa），精确至 0.1MPa；

n——对单个检测的构件，取一个构件的测区数；对批量检测的构件，取被抽检构件的测区数之和；

$S_{f_{cu}^c}$——结构或构件测区混凝土强度换算值的标准偏差（MPa），精确至 0.01MPa。

2）结构或构件的混凝土强度推定值（$f_{cu,e}$）应符合下列规定：

① 当该结构或构件测区数少于 10 个时，应按下式计算：

$$f_{cu,e} = f_{cu,min} \tag{10-12}$$

式中　$f_{cu,min}$——构件中最小的测区混凝土强度换算值。

② 当该结构或构件的测区强度值中出现小于 10.0MPa 时应按下式确定：

$$f_{cu,e} < 10.0MPa$$

③ 当该结构或构件测区数不少于 10 个或按批量检测时，应按下式计算

$$f_{cu,e} = m_{f_{cu}^c} - 1.645S_{f_{cu}^c} \tag{10-13}$$

④ 当批量检测时，应按下式计算

$$f_{cu,e} = m_{f_{cu}^c} - kS_{f_{cu}^c} \tag{10-14}$$

式中　k——推定系数，宜取 1.645。当需要进行推定强度区间时，可按国家现行有关标准的规定取值。

3）对按批量检测的构件，当出现下列情况之一时，则该批构件应全部按单个构件检测：

① 当该批构件混凝土强度平均值小于 25MPa、$S_{f_{cu}^c}$ 大于 4.5MPa 时。

② 当该批构件混凝土强度平均值不小于 25MPa 且不大于 60MPa、$S_{f_{cu}^c}$ 大于 5.5MPa 时。

6. 编制混凝土强度报告

回弹法检测混凝土抗压强度报告可按《回弹法检测混凝土抗压强度技术规程》中附录 F 的格式编写。

任务 10.3　预应力混凝土构件强度检测

一、检测项目

预应力混凝土结构在土木工程中应用十分广泛。预应力混凝土分为先张预应力和后张预应力。在预应力混凝土中，预应力筋：即在预应力混凝土中用于建立预加应力的单根或成束

的预应力钢丝、钢绞线或钢筋，有粘结预应力筋，是和混凝土直接粘结的或在张拉后通过灌浆使之与混凝土粘结的预应力筋；无粘结预应力筋，不能与混凝土粘结，是用塑料、油脂等涂包的预应力筋。

对预应力混凝土结构的检测主要有以下几个项目的检测：

（1）预应力钢材试验检测　对用于预应力混凝土的钢材包括热处理钢筋、矫直回火钢丝（消除应力钢丝）、冷拉钢丝、刻痕钢丝、钢绞线等，主要进行外观检查，并依据《公路工程　金属试验规程》（JTJ 055—1983）进行力学性能试验检验。

（2）预应力锚具、夹具和连接器检测　对其形式检验的项目包括：表面质量、粗糙度、几何尺寸、硬度；静载试验；疲劳试验，周期载荷试验；辅助性试验。

在桥梁施工中的检验主要包括：外观与尺寸检查，硬度检查，大桥有时需进行静载试验。

（3）预应力张拉设备的检验　桥梁工程中通常采用液压拉伸机，由油压千斤顶和配套的高压油泵、压力表及外接油管等组成，液压拉伸机的千斤顶按其构造可分为台座式（普通油压千斤顶）、穿心式、锥锚式和拉杆式。预应力张拉机具应与锚具配套使用，并在进场前进行检查和校验。检验仪器可采用压力试验机、标准测力计或传感器等，一般采用长柱压力试验机。

（4）张拉力控制检验　预应力钢材的张拉方法和控制应力应符合设计要求，采用超张拉时，张拉控制应力不超过设计规范规定的最大超张拉应力，张拉应按千斤顶油压和预应力钢材伸长量双重控制，即采用预应力钢材张拉控制应力乘预应力表面积得到张拉控制力 N_y，根据千斤顶校验公式求出相应的油表压力 P，进行张拉力控制，同时采用预应力钢材伸长量进行校验。

（5）水泥浆技术条件检验　对后张法有粘结预应力构件，在预应力钢材张拉完毕后 10h ~ 14d 之内须向管道内压注水泥浆，以保证预应力钢材防锈及其与构件混凝土粘结成整体。一般采用纯水泥浆，管道较粗时可采用加入细砂的水泥砂浆，相应地需控制水泥浆的膨胀率、泌水率及强度试验。

二、预应力钢材的检测

1. 热处理钢筋检验

（1）外观检查　热处理钢筋按其螺纹外形分为有纵肋和无纵肋两种。有纵肋的热处理钢筋公称直径有 8.2mm、10mm 两种，无纵肋的热处理钢筋公称直径有 6mm、8.2mm 两种。钢丝尺寸及偏差用分度 0.01mm 的量具测量，热处理钢筋端头应切得正直，钢筋表面不得有裂纹、结疤和折叠，断面尺寸误差在允许范围之内。此外热处理钢筋表面不得沾有油污，在制造过程中，除端部外不应受到切割火花或其他方式造成的局部加热影响。

（2）力学性能试验　热处理钢筋力学性能试验需成批试验验收，每批由同一外形、同一截面尺寸、同一热处理制度和同一炉号的钢筋组成。每批量不大于 60t。从每批钢筋中选取 10% 的盘数（不少于 25 盘）进行抗拉（屈服强度 $\sigma_{0.2}$、抗拉强度 σ_b 和伸长率 δ_{10}）试验。试件从每盘钢筋的任一端先截去 50cm，然后按《公路工程金属试验规程》的规定制成要求长度的试件。试验结果如有一项不符合规定性能时，该盘钢筋为不合格品，应予报废，再从未试验过的钢筋中取 2 倍数量的试件进行复验，如仍有一项不合格，则该批钢筋判为不合格品，不予验收。

2. 预应力钢丝检验

预应力钢丝应成批验收，每批应由同一钢号（优质钢丝按同一炉罐号及同一热处理炉序号）、同一形状尺寸、同一交货状态（冷拉或矫直回火）的钢丝组成。

（1）外观检查　从每批钢丝中抽查5%但不少于5盘进行形状尺寸和表面检查，如检查不合格则应将该批钢丝逐盘检查。优质钢丝不能抽查，而应逐盘检查，预应力钢丝表面不得有裂纹、小刺、机械损伤、氧化铁皮和油迹；存在肉眼不可见的麻坑和表面浮锈仍可作为合格品；回火成品钢丝表面的回火颜色应是正常颜色。矫直钢丝的伸直性：取弦长为1m的钢丝，其弦与弧的最大自然矢高，对光面钢丝不大于20mm，对刻痕钢丝不大于30mm。预应力光面钢丝的形状尺寸和允许偏差应符合GB/T 52337的规定（直径≤4mm，允许误差±0.4mm；直径>4mm，允许误差±0.05mm）；钢丝的椭圆度不得超出直径公差。每盘钢丝由一根组成，其质量不小于50kg，最低质量不小于20kg，每个交货批中最低质量的盘数不得多于10%。矫直回火钢丝的盘径不小于1700mm，冷拉钢丝的盘径不小于600mm，经供需双方协议也可供应盘径不小于550mm的钢丝。

（2）力学性能试验　从外观检查合格的同批钢丝中抽取5%，但不少于3盘；优质钢丝抽取10%，但不少于3盘进行拉力试验（抗拉强度σ_b、屈服强度$\sigma_{0.2}$和伸长率）、弯曲试验和松弛试验。

拉力试验按《公路工程金属试验规程》的规定进行。钢丝横截面面积按公称直径计算。为便于供方日常检验钢丝的屈服强也可测定屈服强度σ_1，即钢丝在负荷作用下测定其伸长达到原标准距1%时的最小应力为屈服强度，其值符合标准规定时可以交货，但仲裁试验时应测定$\sigma_{0.2}$。测定伸长为1%的负荷时，预加负荷为公称屈服负荷的10%，预加负荷对试样所产生的伸长应加在总伸长之内。

弯曲试验按《金属材料　线材　反复弯曲试验方法》（GB/T 238—2013）的规定进行。对于3.0mm的冷拉钢丝弯曲试验也可按弯曲半径$R=10mm$进行，但弯曲次数应不小于10次。刻痕钢丝的弯曲试验，当试验放置在试验机上时，凹坑平面应与钳口平行。

松弛试验期间试验的环境温度应保持在（20±2）℃范围内，试样制备后不得进行任何热处理和冷加工，加在试样上的初始负荷是公称抗拉强度的70%乘以钢丝的计算面积。初始负荷应在5min内均匀施加完毕，并保持2min后开始记录松弛值，试样标距长度不小于公称直径的60倍。

预应力钢丝力学性能试验应符合《公路工程金属试验规程》的规定，如有某一项试验结果不符合要求，则该盘钢丝不予验收，并从同一批未经试验的钢丝盘中再取2倍数量的试样进行复验（包括该项试验的所要求的任一指标）。复验结果即使有一个指标不合格，则整批钢丝不予验收，或进行逐盘检验，合格者可予验收。

3. 预应力钢绞线检验

预应力钢绞线应成批验收，每批由同一钢号、同一规格、同一生产工艺制造的钢绞线组成，每批不超过60t。从每批钢绞线中选取3盘进行表面质量、直径偏差、捻距和力学性能的检验。如每批少于3盘，则应逐盘进行上述检验。

（1）外观检验　预应力钢绞线的公称直径、直径允许偏差、中心钢丝直径加大范围应符合《公路工程金属试验规程》的规定。每盘成品钢绞线的长度应不小于200m；钢绞线盘的内径应不小于1000mm。钢绞线的捻距应为钢绞线公称直径的12～16倍，如无特殊要求，钢绞线的捻编方向为左捻。钢绞线内不得有折断、横裂和相互交叉的钢丝；每根成品钢绞线表面不得带有任何形式的电接头。成品钢绞线表面不得带有润滑剂、油渍等降低钢绞线与混凝土黏结力的物质。钢绞线表面允许有轻微的浮锈，但锈蚀不得成肉眼可见的麻坑。钢绞线表面质量用肉眼检查，直径和捻距用精度为0.02mm的卡尺测量，直径应以横穿直径方向的相对两根上层钢丝为准，测得钢绞线中心钢丝直径d_0、外层钢丝直径d和捻距，可以算出钢绞线捻角α，钢绞线的截面积A可以按下式计算：

$$A = \frac{\pi d_0^2}{4}\left(1 + \frac{6d^2}{\sin\alpha d_0^2}\right) \tag{10-15}$$

（2）力学性能试验　从外观检验合格的3盘钢绞线的端部正常部位各截取一根试样进行拉力试验（包括破断负荷、屈服负荷和伸长率）和松弛试验。整根钢绞线的拉力试验按《公路工程金属试验规程》进行。用公称截面面积计算强度级别，试验结果应符合规范的规定。钢绞线的屈服负荷是钢绞线在残余伸长为0.2%时所受的负荷。供方在生产检验中也可以测定伸长为1%时所受的负荷，其值符合标准规定时可以交货。但仲裁时应测定钢绞线在残余伸长为0.2%时的负荷；测定伸长为原标距1%的负荷时，预加负荷为公称屈服负荷的10%，预加负荷对试样产生的伸长应加在总伸长内。测定钢绞线伸长率时，其标距不小于600mm，在测定伸长为1%时的负荷后，继续加荷直到引伸计的伸长率读数为3.5%，此时卸下引伸计，并标明试验机上下工作台之间的距离。然后继续加荷直到钢绞线的一根或几根钢丝破断。此时标明上下工作台间的最终距离：试验机上下工作台距离的百分数，加上引伸计测得数据的3.5%即为钢绞线的伸长率。如果任何一根钢丝破断之前，钢绞线的伸长率已达到所规定的要求，可以不继续测定最后伸长率的值。松弛试验的环境温度应保持在20℃±2℃的范围内，试样制备后不得进行任何热处理和冷加工。松弛试验的初始负荷为钢绞线破断负荷的70%，初始负荷应在5min内均匀施加完毕，并保持2min后开始记录松弛值。钢绞线的松弛值应符合规范的规定。

从每盘钢绞线截取一根试样进行力学性能试验，每项试验结果均应符合标准规定值，如有一项不合格时，该盘钢绞线判定为不合格品，再从未试验的钢绞线中取2倍数量的试样进行不合格项的复验，如仍有一项不合格，则该批钢绞线判定为不合格品。

三、预应力钢绞线锚具和连接器检测

1. 技术要求

锚具、夹具和连接器应具有可靠的锚固性能和足够的承载能力，以保证充分发挥预应力筋的强度。锚具静载锚固性能由预应力锚具组装件的静载试验测定的锚具效率系数η_a和达到实测极限拉力时的总应变ε_{apu}来确定。夹具的静载锚固性能由预应力夹具组装件静载锚固试验测定的夹具效率系数确定。我国《预应力筋用锚具、夹具和连接器》（GB/T 14370—2015）规定锚具和夹具的静载锚固性能符合下列要求：

类锚具　　$\eta_a \geq 0.95$，$\varepsilon_{apu} \geq 2.0\%$

夹具　　　$\eta_a \geq 0.92$

预应力筋锚具组装件达到实测极限拉力时，全部零件均不应出现肉眼可见的裂缝或破坏。预应力筋夹具组装件达到实测极限拉力时，全部零件均不应出现肉眼可见的裂缝或

破坏，应有良好的自锚性能和松锚性能；需敲击才能松开的夹具；必须保证其对预应力筋的锚固没有影响，且对操作人员安全不造成危险。锚具宜满足分级张拉、补张拉以及放松预应力筋的要求。锚具及其附件上应设置灌浆孔，灌浆孔应具有保证浆液畅通的截面面积。

Ⅰ类锚具的预应力筋组装件除必须满足静载锚固性能外，尚须进行循环荷载作用下疲劳性能试验，试件经受 200 万次循环荷载后，预应力筋因锚具影响发生疲劳破坏的面积不应大于试件总截面面积的 5%。用于抗震结构中的锚具还应进行周期荷载试验，试件经 50 次循环荷载作用后预应力筋不应发生破断。

用于后张法的连接器必须符合Ⅰ类锚具的性能要求，用于先张法的连接器必须符合夹具的性能要求。

用于锚具、夹具和连接器的材料的机械性能和化学成分应符合设计要求，材料的热处理和机加工应符合《预应力筋用锚具、夹具和连接器》和相关建筑机械加工技术标准的要求。

2. 静载锚固性能检验、疲劳荷载试验及周期荷载检验的一般规定

试验用的预应力筋锚具、夹具或连接器组装件应由全部零件和预应力筋组装而成，组装时不得在锚固零件上添加影响锚固性能的物质，如金刚砂、石墨等（设计规定的除外）。束中各根预应力筋应等长平行，其受力长度不得小于 3m。单根预应力筋试件的受力长度不得小于 0.6m；生产厂的形式检验和新产品试验所用的试件，应选用同一品种、同一规格中最高强度级别的预应力钢材。用于多品种预应力钢材的锚具、夹具和连接器，应对每个品种进行试验。

试验用的测力系统，其不确定度不得大于 2%；测量总应变用的量具，其标距的不确定度不得大于标距的 0.2%，指示应变的不确定度不得大于标距的 0.1%。试验台座承载力应大于组装件中各预应力筋计算极限拉力之和的 1.5 倍，千斤顶额定张拉力和测力传感器额定压力应大于组装件中各预应力筋计算极限拉力之和。试验设备及仪器每年至少标定 1 次。

锚具组装件试验之前必须对单根预应力筋进行力学性能试验，其试件应同组装件的预应力筋试件，从同一盘钢丝或钢绞线中抽取。单根预应力筋力学性能试验每次随机抽取 6 个试件。

3. 预应力锚具、夹具和连接器检测试验项目

项目 1：静载试验

1）试验仪器：传感器、千斤顶。

2）不同预应力体系的静载试验步骤：

① 将锚具、预应力筋、传感器、千斤顶安装于试验机或试验台座上，将各根预应力筋的初应力调匀，初应力取预应力筋抗拉强度标准值的 5%~10%，紧固锚具螺钉或敲紧夹片。

② 可直接用试验机或试验台座加载，并测量锚圈内侧之间的距离 L_0 及千斤顶活塞的初始行程 L_1，并做测量记录。

③ 加载步骤为：按预应力钢材抗拉强度标准值的 20%、40%、60%、80% 分 4 级等速加载，加载速度每分钟宜为 100MPa，达到 80% 后，持荷 1h 随后逐步加载至破坏。

④ 试验过程中观察和测量项目应包括：

a. 各级荷载作用下，各根预应力筋与锚具、夹具或连接器之间的相对位移 Δa 及锚具、夹具或连接器各零件之间的相对位移 Δb。

b. 观察在达到预应力钢材抗拉强度标准值的 80% 后，在持荷 1h 时间内的锚具、夹具和连接器的变形。

c. 试件的实测极限应力 F_{apu}。

d. 观察试件的破坏部位与形式，记录试件破坏时活塞终了行程读数 L_2 及此时各根预应力筋与锚具、夹具或连接器之间的相对位移 Δa。

e. 计算达到实测极限应力时的总应变 ε_{apu}。

$$\varepsilon_{apu} = \frac{L_2 - L_1 - \Delta a}{L_0} \times 100\% \qquad (10\text{-}16)$$

⑤ 根据试验结果记录计算锚具、夹具和连接器的锚固效率系数 η_a 或 η_g，编写试验报告。

锚具效率系数按下式计算：

$$\eta_a = \frac{F_{apu}}{\eta_p F_{apu}^c} \qquad (10\text{-}17)$$

式中　F_{apu}——预应力筋锚具组装件的实测极限拉力；

F_{apu}^c——预应力筋锚具组装件中各根预应力钢材计算极限拉力之和，$F_{apu}^c = f_{ptm}A_p$；

f_{ptm}——预应力钢材中切取的试件极限抗拉强度的平均值；

A_p——预应力筋锚具、夹具组装件中预应力钢材截面面积之和；

η_p——预应力筋的效率系数。

对于锚具、夹具产品出厂检验，预应力筋为预应力钢丝、钢绞线和热处理钢筋时，1~5 根，η_p 取 1.0；6~12 根，η_p 取 0.99；20 根以上，η_p 取 0.97。

夹具效率系数按下式计算：

$$\eta_g = \frac{F_{gpu}}{\eta_p F_{gpu}^c} \qquad (10\text{-}18)$$

式中　F_{gpu}——预应力筋夹具组装件的实测极限拉力；

F_{gpu}^c——预应力筋夹具组装件中各根预应力钢材计算极限拉力之和。

项目2：疲劳试验

1）试验仪器：疲劳试验机（一般采用脉冲千斤顶）。

仪器要求：脉冲频率不应超过 500 次/min。当疲劳试验机的能力不够时，只要试验结果有代表性，在不改变试件中各根预应力钢材受力的条件下，可以将预应力筋的根数适当减少，或用较小规格的试件，但最小不得低于实际预应力钢材根数的 1/100，试验台的长度应大于或等于 3m，试验台的承载力应满足试验要求。

2）检测步骤：

a. 选取试验应力值。预应力锚具组装件进行疲劳试验时根据预应力筋种类不同选取试验应力上限和应力幅度：预应力筋为钢丝、钢绞线或热处理钢筋时，试验应力上限取预应力钢材抗拉强度标准值的 65%，应力幅度取 80MPa；预应力筋为冷拉 Ⅱ、Ⅲ、Ⅳ 级钢筋时，试验应力上限取预应力钢材的抗拉强度标准值的 80%，应力幅度取 80MPa。

b. 以 100MPa/min 的速度加载至试验应力的下限值，再调节应力幅度达到规定值后，开始记录循环次数。试验过程中观察记录锚具和连接器部件与钢绞线疲劳损伤情况及变形情况，疲劳的钢绞线的断裂位置、数量和相应的疲劳次数。并做疲劳试验结果用标准表记录。

项目3：周期荷载试验

1）试验仪器：传感器、千斤顶。

2）检测步骤：

a. 选取试验应力值。预应力锚具组装件进行周期荷载试验时，预应力钢材为钢丝、钢绞线或热处理钢筋时，试验应力上限取预应力钢材抗拉强度标准值的80%，下限取预应力钢材抗拉标准值的40%。预应力钢材为冷拉Ⅱ、Ⅲ、Ⅳ级钢筋时，试验应力上限取预应力钢材抗拉强度的标准值，下限取预应力钢材抗拉强度标准值的40%。

b. 试件组装，周期荷载设备、仪器的锚具组装形式和静载试验相同。

c. 以约 100MPa/min 的速度加载至试验应力上限值，再卸荷至试验应力下限值为第一周期，然后荷载自下限值经上限值再恢复到下限值为一个周期。重复50个周期。周期荷载试验结果用标准表记录。

项目4：辅助性试验

对于新型锚具、夹具和连接器应进行辅助性试验，包括锚具、夹具的内缩量试验、锚口摩阻损失试验和张拉锚固工艺试验。

1）锚具和夹具的内缩量试验。内缩量试验使用的设备、仪器及试件安装与静载试验相同，试验施加的张拉力为有关规范规定的最大张拉控制应力，内缩量可由测量锚固处预应力筋相对位移计算出。试件组装后测量每根预应力筋的 a_i 值，用试验设备张拉试件至预应力筋张拉控制应力后锚固，测量每根预应力筋的 a_i' 值，计算出每根预应力筋的内缩量 Δa_i 和锚具组装件的内缩量 Δa，即

$$\Delta a_i = a_i - a_i' \tag{10-19}$$

$$\Delta a = \frac{1}{n}\sum_{i=1}^{n}\Delta a_i \tag{10-20}$$

式中 n——锚具组装件中预应力筋的根数。

内缩量试验试件数不少于3个，试验结果取其平均值，并用标准表记录。

2）锚口摩阻损失试验。锚口摩阻损失试验使用的设备和仪器也和静载试验相同，试件安装好后，用试验设备张拉组装件至预应力筋的张拉控制应力，进行锚固，测出锚具前后预应力筋拉力差值 ΔF，按下式计算锚口摩阻损失：

$$u = \frac{\Delta F}{npF_{pk}} \times 100\% \tag{10-21}$$

式中 n——锚具组装件中预应力筋的根数；

F_{pk}——预应力筋抗拉强度标准值；

p——最大张拉控制应力与预应力筋抗拉强度值标准之比，对钢丝和钢绞线 $p=0.8$，对于冷拉粗钢筋 $p=0.95$。

锚口摩阻损失试验试件数不应少于3个，试验结果取其平均值，并用标准表记录。

3）张拉锚固工艺试验。试验设备仪器及试件组装形式与静载试验相同，用试验设备按

预应力筋最大张拉控制应力的 25%、50%、75% 和 100% 分 4 级张拉锚具组装件，每张拉 1 级荷载锚固 1 次，张拉完毕后，放松张拉应力。通过张拉、锚固工艺试验观察：

① 分级张拉或因张拉设备倒换行程需要临时锚固的可能性；

② 经过多次张拉锚固后预应力筋内各根预应力钢材受力的均匀性；

③ 张拉发生故障时，将预应力筋全部放松的可能性。

4. 锚具、夹具或连接器试件抽样及检验判定

对于同类型、同一批原材料和同一工艺生产的锚具、夹具或连接器作为一批验收，每批验收不超过 1000 套。

1）外观检验：应从每批中随机抽取 10% 的锚具，且不少于 10 套；如表面无裂缝影响锚固能力，尺寸符合设计要求，判定为合格，如有 1 个零件不合格，则应另取 2 倍数量的零件再做检验，如仍有 1 套不符合要求，应逐个检验，合格者方可使用。

2）硬度检验：应从每批中随机抽取 5% 的锚具，且不少于 5 套；交通运输部标准《公路桥梁预应力钢绞线用锚具、夹具和连接器》（JT/T 329—2010）规定钢绞线锚具，连接器硬度检验抽取 10%，且不少于 10 套；每个零件测试点 3 点，当硬度值符合设计范围应判为合格，如有 1 个零件不合格，则应另取 2 倍数量的零件再做检验，如仍有 1 套不符合要求，应逐个检验，合格者方可使用。

3）静载锚固性能检验、疲劳荷载试验及周期荷载试验（静载锚固性能检验）、疲劳试验和周期荷载试验各抽取 3 套试件。如符合技术要求的规定，判为合格，如有 1 个试件不合格，则应另取 2 倍数量的零件再做检验，如仍有 1 个试件不符合要求，则该批为不合格。

4）辅助性试验，不做合格与否的判定。

利用实测值 ΔL_s 和相应的理论值对比，校核控制张拉力。

四、水泥浆的技术条件

对后张法，粘结预应力构件管道内压注水泥浆一般采用纯水泥浆，管道较粗时可采用加入细砂的水泥砂浆。水泥浆采用强度等级不低于 42.5 的硅酸盐水泥和普通硅酸盐水泥；水灰比宜采用 0.4~0.45，掺入适量减水剂时水灰比可减小至 0.35。采用的拌和水及减水剂须对预应力钢材无锈蚀作用，水泥浆经试验后可掺入适当膨胀剂，掺入膨胀剂后水泥浆的自由膨胀应小于 10%、水泥浆的泌水率最大不超过 4%，拌和后 3h 泌水率宜控制在 2%，24h 以后泌水应全部被浆吸回。水泥浆稠度宜控制在 14~18s 之间；自水泥浆拌制到灌入管道的延续时间，一般不超过 30~45min。压浆时每一班应留取不少于 3 组 7.07cm × 7.07cm × 7.07cm 的试件，进行抗压强度试验，并作为水泥浆质量评定的依据。

1. 水泥浆泌水率和膨胀率试验

1）试验仪器：试验容器用有机玻璃制成，带有密封盖，直径 100mm，高 120mm，置于水平面上。

2）试验方法：将拌制好的水泥浆装入试验容器约 100mm 深，测量水泥浆填灌高度并做记录，然后盖严。放置 3h 和 24h 后量测其离析水面和水泥浆膨胀张面，然后按下列公式分别计算其泌水率和膨胀率：

$$泌水率 = \frac{(\alpha_2 - \alpha_3)}{\alpha_1} \times 100\% \qquad (10\text{-}22)$$

$$膨胀率 = \frac{(\alpha_3 - \alpha_1)}{\alpha_1} \times 100\% \qquad (10\text{-}23)$$

2. 水泥浆稠度试验

1）试验仪器：水泥浆稠度试验漏斗。

2）稠度试验步骤：测定时先将漏斗调整放平，关上底口活门将搅拌均匀的水泥浆倾入漏斗内，直至浆液表面触及点测规下端。打开活门，让水泥浆自由流出，水泥浆全部流完的时间 s，即为水泥浆的稠度。

课堂测试

一、单选题

1. 在常温条件下，对没有明显屈服现象的钢材标准试样进行拉伸试验，由于应力-延伸率曲线没有明显的屈服现象，通常取塑性延伸率为（　　）所对应的应力作为规定塑性延伸强度。

A. 0.2%　　　　　　B. 0.3%　　　　　　C. 0.4%　　　　　　D. 0.5%

2. 某预应力混凝土构件中，预应力钢筋初始应力为 325MPa，一段时间后测得钢筋的应力为 316MPa，则该预应力混凝土钢筋的应力松弛率为（　　）%。

A. 97.23　　　　　　B. 2.85　　　　　　C. 2.77　　　　　　D. 102.85

3. 按结构形式划分，用 7 根钢丝捻制的标准型钢绞线的代号为（　　）。

A. 1×7I　　　　　　B. 1×7C　　　　　　C. （1×7）C　　　　　　D. 1×7

4. 现有三种公称直径分别为 9.50mm、11.10mm、12.70mm 的 1×7 结构钢绞线（$L_0 \geqslant$ 400mm）时，这三种钢绞线最大力总伸长率分别不小于（　　）。

A. 2.0%，2.5%，3.0%　　　　　　B. 3.5%，3.5%，3.5%

C. 3.0%，3.0%，3.0%　　　　　　D. 2.5%，3.0%，3.5%

5. 在钢绞线的应力松弛性能中，当初始负荷相当于公称最大力的 80% 时，1000h 后的应力松弛率应不大于（　　）。

A. 1.5%　　　　　　B. 2.5%　　　　　　C. 3.5%　　　　　　D. 4.5%

6. 钢筋连接接头应满足强度及变形性能的要求，接头连接件的屈服承载力和受拉承载力的标准值不应小于被连接钢筋的屈服承载力和受拉承载力标准值的（　　）倍。

A. 1.0　　　　　　B. 1.1　　　　　　C. 1.2　　　　　　D. 1.3

7. 在锚具的疲劳荷载试验中，试件需经过（　　）循环荷载后，锚具零件不应发生疲劳破坏。

A. 200 万次　　　　B. 100 万次　　　　C. 75 万次　　　　D. 50 万次

8. 在锚具的周期荷载试验中，将钢绞线、锚具与试验台组装时，初应力最大可取钢绞线抗拉强度标准值的（　　）。

A. 40%　　　　　　B. 20%　　　　　　C. 30%　　　　　　D. 10%

9. 对于锚具中钢绞线的内缩量试验，下列描述正确的是（　　）。

A. 试验用钢绞线需在台座上张拉，不可在混凝土梁上张拉

B. 试验用钢绞线需在混凝土梁上张拉，不可在台座上张拉

C. 钢绞线的受力长度为4m

D. 试验用试样为3个，试验结果取平均值

10. 锚具摩擦损失试验中，锚口（含锚下垫板）摩擦损失率合计不大于（　　）。

A. 3%　　　　　　B. 4%　　　　　　C. 5%　　　　　　D. 6%

二、判断题

1. 在常温条件下，对有明显屈服现象的钢材标准试样进行拉伸试验，通常取上屈服强度作为屈服强度特征值。（　　）

2. 钢筋拉伸试验一般在室温10～35℃范围内进行。对室温要求严格的试验，试验温度应为23±5℃。（　　）

3. 依据国家行业标准《预应力筋用锚具、夹具和连接器》，永久留在混凝土结构或构件中的连接器力学性能要求与夹具的相同。（　　）

4. 锚具在静载锚固性能试验过程中，若钢绞线相对位移 Δa、夹片相对位移 Δb 与预应力筋的受力增量不成比例，可说明锚具已经失去可靠的锚固能力。（　　）

5. 锚具的静载锚固性能试验试样数量为三个组装件，试验结果取三个试件的平均值（　　）

6. 锚具静载试验过程中，若试验值不满足效率系数 $\eta_a \geq 0.95$、实测极限拉力时的总应变 $\varepsilon_{apu} \geq 2\%$，而钢绞线在距夹片 d（钢绞线公称直径）处破断，则试验结果判定为锚具不合格。（　　）

7. 锚具静载试验过程中，若试验值满足效率系数 $\eta_a \geq 0.95$、实测极限拉力时的总应变 $\varepsilon_{apu} \geq 2\%$、锚具出现滑丝时，则该试验应重做。（　　）

8. 对锚具的外观及尺寸检验，如表面无裂缝，尺寸符合设计要求，判为合格；如有一套表面有裂缝并超过允许偏差，则结果判定为不合格。（　　）

三、多选题

1. 钢绞线的产品标记包括（　　）。

A. 结构代号　　　B. 公称直径　　　C. 强度级别　　　D. 标准号

2. 根据国家标准，锚具按照锚固方式的差异分为不同类型，以下正确的是（　　）

A. 夹片式　　　　B. 挤压式　　　　C. 支撑式　　　　D. 锥塞式

E. 握裹式

3. 锚具、夹片、连接器的标记由（　　）组成。

A. 产品型号　　　　　　　　　B. 产品代号

C. 预应力钢绞线直径　　　　　D. 预应力钢绞线根数

4. 锚具的静载锚固性能应满足（　　）的力学性能要求，且锚具不破坏、断裂、失效时，才可判为合格。

A. $\eta_a \geq 0.95$　　B. $\eta_a \geq 0.92$　　C. $\varepsilon_{apu} \geq 2\%$　　D. $\varepsilon_{apu} \geq 2.5\%$

5. 在锚具静载锚固性能试验过程中，应按照预应力钢绞线抗拉强度标准值的（　　）进行分级等速加载，加载至（　　）。

A. 10%　　　　　　B. 20%　　　　　　C. 40%

D. 60%　　　　　　　E. 80%

6. 锚具的辅助性试验项目包括（　　）。

A. 钢绞线的内缩量试验　　　　　B. 锚具摩擦损失试验

C. 张拉锚固工艺试验　　　　　　D. 静载锚固性能试验

四、简答题

1. 锚具与连接器的检测项目与技术要求有哪些?

2. 桥涵钢筋混凝土结构或构件的试验检测项目有哪些?

3. 桥涵预应力混凝土结构或构件的试验检测项目有哪些?

4. 简述钻芯法对水泥混凝土构件强度检测方法。

5. 简述回弹法对水泥混凝土构件强度检测方法。

6. 简述预应力钢材的检测方法。

7. 简述预应力钢绞线锚具和连接器的检测方法。

警示角

重庆綦江彩虹桥垮塌事件

重庆綦江彩虹桥始建于1994年11月5日，竣工于1996年2月15日，垮塌于1999年1月4日。此次垮塌事故共造成40人死亡，其中包括18名年轻的武警战士，直接经济损失约631万元。

当时，经事故调查组调查，彩虹桥突然垮塌是由两方面原因造成:

（1）工程质量问题:彩虹桥的主要受力拱架钢管焊接质量不合格，存在严重缺陷，个别焊缝并有陈旧性裂痕;钢管内混凝土抗压强度不足;连接桥梁、桥面和拱架的拉索、锚具和锚片严重锈蚀。

（2）工程承（发）包不合法:设计手续不全;施工承包者不具备进行市政工程建设的技术力量和设备，不具有合法的市政工程施工资质。

作为一名"公路人"，我们必须恪守职业操守，按图施工，按规范施工，保证工程质量。

参 考 文 献

［1］盛海洋. 道路工程检测技术［M］. 武汉：华中科技大学出版社，2015.

［2］董祥. 道桥检测技术［M］. 北京：机械工业出版社，2011.

［3］钱进. 公路工程现场检测技术［M］. 北京：人民交通出版社，2011.

［4］金桃，张美珍. 公路工程检测技术［M］. 3版. 北京：人民交通出版社，2009.

［5］王加弟，朱芳芳. 路基路面工程检测技术［M］. 北京：人民交通出版社，2010.

［6］梁新政，丁武洋. 路基路面试验检测技术手册［M］. 北京：人民交通出版社，2009.

［7］交通运输部公路科学研究院. 公路路基路面现场测试规程：JTG E60—2008［S］. 北京：人民交通出版社，2008.

［8］交通运输部公路科学研究院. 公路工程质量检验评定标准　第一册　土建工程：JTG F80/1—2017［S］. 北京：人民交通出版社股份有限公司，2018.

［9］罗骐先，王五平. 桩基工程检测手册［M］. 3版. 北京：人民交通出版社，2010.